부동산 경매

무작정 따라하기

부동산 경매 무작정 따라하기

The Cakewalk Series – Real Estate Auction

개정판 1쇄 발행 · 2022년 10월 26일
개정판 4쇄 발행 · 2024년 10월 10일

지은이 · 이현정
발행인 · 이종원
발행처 · (주)도서출판 길벗
출판사 등록일 · 1990년 12월 24일
주소 · 서울시 마포구 월드컵로 10길 56(서교동)
대표 전화 · 02)332-0931 | **팩스** · 02)323-0586
홈페이지 · www.gilbut.co.kr | **이메일** · gilbut@gilbut.co.kr

책임 편집 · 유나경(ynk@gilbut.co.kr) | **제작** · 이준호, 손일순, 이진혁
마케팅 · 정경원, 김진영, 조아현, 류효정 | **유통혁신** · 한준희
영업관리 · 김명자, 심선숙, 정경화 | **독자지원** · 윤정아

교정교열 · 김혜영 | **디자인** · 신세진 | **전산편집** · 김정미 | **표지 일러스트** · 정민영
CTP 출력 및 인쇄 · 정민 | **제본** · 정민

ISBN 979-11-407-0167-4 13320
(길벗도서번호 070503)

정가 21,000원

독자의 1초까지 아껴주는 길벗출판사

(주)도서출판 길벗 IT교육서, IT단행본, 경제경영, 교양, 성인어학, 자녀교육, 취미실용 www.gilbut.co.kr
길벗스쿨 국어학습, 수학학습, 어린이교양, 주니어 어학학습, 학습단행본 www.gilbutschool.co.kr

부동산 경매
무작정 따라하기

이현정 지음

길벗

"처음 이 책을 집필한 지
3년이 지났습니다."

맞습니다, 시장이 바뀌었습니다.

이 책의 출간 당시 부동산 시장은 활황이었습니다. 책이 출간된 지 얼마 지나지 않아 코로나 팬데믹 사태가 터졌고, 세상에는 돈이 넘쳐나는 시대가 되었지요. 주식과 코인은 물론이고 부동산 투자를 하지 않으면 안 되는 시장이었습니다. 정부의 대출제한과 세금 폭탄에도 부동산 가격은 하늘 높은 줄 모르고 올랐지요.

그런데 어느 순간, 시장은 다른 얼굴을 하고 있습니다. 계속 이어질 것만 같던 저금리 시대가 가고, 지금은 어느덧 연 7% 금리를 눈앞에 두고 있습니다. 정점을 찍었던 아파트 가격은 제자리에서 움직이지 않고 있습니다. 시장에는 부동산 가격이 대폭락할 것이다, 혹은 집을 싸게 살 수 있는 절대적인 기회다 등등 의견이 분분합니다.

부동산 시장은 과연 어떻게 될까요?

이러한 시기에 《부동산 경매 무작정따라하기》 개정판을 출간하게 된 것을 기쁘게 생각합니다. 개정판을 출간하기 위해 전체 내용을 다시 꼼꼼히 체크하고, 현재 상황에 맞게 수정하고자 하였습니다. 그런데 예시를 최신 물건으로 변경하고, 얼마 전 발표한 정부의 규제완화에 대한 내용을 추가하는 정도만으로도 충분하다는 것을 다시 한번 확인했습니다(물론 개정 전에도 정부의 규제내용은 재쇄를 찍을 때마다 수정 및 추가해 왔습니다).

이는 부동산 시장이 상승장일 때나 하락장일 때나 투자의 근간은 다르지 않기 때문입니다.

시장이 어떻게 바뀌어도 경매는 살아남습니다.

마냥 좋은 것만 계속되거나 끝없이 나쁜 것만 계속되지 않는 것이 자연의 이치입니다. 오르막이 있으면 반드시 내리막이 있습니다. 지난 10년간 상승장이었으니, 현재 하락장이 온 것이 자연의 이치에 크게 거스르지 않습니다. 지난 몇 년간 이어진 팬데믹과 정부의 지나친 규제 때문에 조금 더 자연스럽게 하락장을 맞지 못하는 것이 아쉬울 뿐입니다.

제가 처음 경매를 시작했던 2009년에도 부동산은 하락장이었습니다. 저는 과거 부동산 하락장에서 경매를 통해 큰 부를 이룬 사람들을 수없이 목격했습니다. 부동산 시장이 하락세일 때 특히 부동산 경매는 큰 기회가 됩니다. 막힌 돈의 흐름을 원활하게 하고, 시세보다 저렴하게 부동산을 취득할 수 있는 안전한 투자방법입니다.

이 책이 여러분의 새로운 시작에 여전히 작은 도움이 되기를 기원합니다.

마지막으로, 도움을 준 이지현 편집자님에게 고마운 마음을 담습니다.

이현정

경제적 자유를 이루고 싶다면 부동산 경매를 공부하세요!

내 자산을 지키고 불리고 싶다면 경매 지식은 필수!

경매를 한다고 하면 주위 사람들이 "왜 그런 걸 해?"라고 묻던 때가 있었습니다. 지금은 "대단한데? 그거 어떻게 해?"라고 질문합니다. 요즘 경매는 돈을 버는 '꽤 괜찮은 투자방법'으로 인정받고 있습니다. 하지만 경매는 투자이기 전에 부동산을 처분하는 마지막 수단입니다. 과일 가게에서 떨이로 사면 저렴하게 사듯이 부동산도 경매를 통하면 저렴하게 살 수 있습니다. 이때 상한 과일을 고르지 않기 위해 입찰자는 물건을 꼼꼼하게 살펴봐야 합니다. 경매에서는 이익을 보는 사람만큼 손해를 보는 사람도 있습니다. 가장 흔한 피해자는 임차인입니다. 하지만 경매 지식이 있다면 임차인도 자신의 권리를 챙겨서 보증금을 지킬 수 있습니다. 투자자가 아닌 전세, 월세로 사는 임차인도 경매를 공부해야 하는 이유입니다.

경매 공부는 돈 공부의 시작!

물려받은 재산이 있으면 세상 살기가 무척 편합니다. 부모님께 받은 집에서 신혼을 시작하면 저만치 앞선 출발선에 서 있는 것과 같죠. 물론, 출발이 빠르다고 꼭 앞서는 것은 아닙니다. 인생은 아주 긴 마라톤이니까요. 부족하게 시작해도 열심히 노력한다면 출발선 조금 뒤에 있는 것쯤은 아무것도 아닐 수 있습니다. 그런데 왜 부자들은 대를 이어도 여전히 부자일까요? 부자 아빠가 자녀에게 물려주는 것이 돈만이 아니기 때문입니다. 부자 아빠는 자녀에게 돈에 대한 철학과 지식을 가르칩니다. 그리고 어린 나이의 자녀에게도 주식과 부동산에 대해 가르칩니다. 세상을 살아가기 위한 필수 지식이기 때문이죠. 경매 역시 세상을 살아가기 위한 필수지식입니다. 학교에서는 가르쳐주지 않았고, 그동안 모르고 살았지만 내 재산을 지키고 불리고 싶다면 지금부터 경매 공부를 시작해야 합니다. 경매는 돈 공부의 시작입니다.

경매로 부의 선을 넘으세요! 이제는 여러분의 차례입니다!

과거에는 소수의 사람이 다수의 우량 부동산을 차지했지만 지금은 그렇지 않습니다. 요즘은 많은 부동산 정보가 인터넷에 공개되고 있고, 정부의 개발계획은 물론 관련 법률까지 클릭 한 번으로 열람할 수 있습니다. 더 이상 정보의 불균형이 핑계가 될 수 없습니다. 부자와 가난한 자를 나누던 정보의 경계가 흐릿해진 요즘입니다. 선을 넘어 부자가 되고 싶으신가요? 이제 선을 넘을 때입니다. 경매로 부의 선을 넘어보세요. 이 책에는 경매에 대한 방대한 지식이 담겨 있습니다. 저는 독자님의 손을 잡고 하나하나 알려드리는 마음으로 이 책을 집필했습니다. 목적에 맞는 물건을 검색하는 방법부터 권리분석, 현장조사, 입찰, 낙찰, 명도까지 단계별로 설명했습니다. 어려운 법률 용어들은 가능한 한 풀어썼고, 독자님들의 이해를 돕기 위해 다양한 사진 자료와 예시로 설명했습니다. 아무쪼록 여러분의 돈 공부에 작은 도움이 되길 기원합니다.

이현정

나의 부동산 경매 상식 지수는?

✔ 나의 부동산 경매 상식 지수는 얼마일까요? 가벼운 마음으로 풀어보세요! (정답은 다음 장에)

01 부동산 경매에 대한 올바른 설명이 아닌 것은?

ⓐ 부동산 경매는 비공개 입찰이다.

ⓑ 아파트, 오피스텔, 단독주택 등 다양한 부동산 물건이 나온다.

ⓒ 시세보다 저렴하게 낙찰받을 수도, 아닐 수도 있다.

ⓓ 국가가 부동산 가격을 정한다.

02 부동산 경매는 1년에 딱 하루만 참여할 수 있다.

ⓐ ○   ⓑ ×

03 권리분석의 기준이 되는 것으로, 말소와 인수의 기준이 되는 권리는?

ⓐ 말차기준권리   ⓑ 말소기준권리

ⓒ 인수기준권리   ⓓ 부동산기준권리

04 대항력을 지닌 임차인이 사는 집은 낙찰받을 수 없다.

ⓐ ○   ⓑ ×

05 경매 입찰자에게 물건의 권리관계를 알려주기 위해 법원이 만드는 공적서류는?

ⓐ 공시지가   ⓑ 등기부등본

ⓒ 전세권   ⓓ 매각물건명세서

06 권리분석에 대한 올바른 설명이 아닌 것은?

ⓐ 권리분석은 누구나 할 수 있다.

ⓑ 집주인이 받은 대출을 알 수 있다.

ⓒ 등기부등본 열람은 무료다.

ⓓ 경매가 시작한 날을 알 수 있다.

---

07 세입자가 대항력을 갖추기 위해 필요한 것이 아닌 것은?

ⓐ 전입신고   ⓑ 이사

ⓒ 소득증명서   ⓓ 임대차계약서

---

08 과거에 실제 거래된 부동산 매매 가격을 뜻하는 단어는?

ⓐ 실거래가   ⓑ 호가

ⓒ 감정가   ⓓ 입찰가

---

09 명도란 낙찰받은 부동산에 살고 있는 점유자를 강제로 쫓아내는 것이다.

ⓐ ○   ⓑ ✕

---

10 경매 입찰에서 벌어지는 다양한 사건 중 올바른 설명은?

ⓐ 입찰표에 금액을 잘못 쓴 경우 화이트로 지운 후 다시 써도 된다.

ⓑ 금액을 잘못 써서 제출해도 나중에 고칠 수 있다.

ⓒ 위임장을 가지고 있다면 대리인도 입찰할 수 있다.

ⓓ 신분증이 없어도 낙찰받을 수 있다.

✔ **맞힌 정답의 개수를 세어보세요. (정답은 아래에)**

9개 이상

부동산 경매 척척박사

이 정도 부동산 경매 상식은 누워서 떡 먹기인가요? 조금만 더 공부하면 위험한 물건에도 도전할 수 있는 실력입니다!

7~8개

어디서 부동산 경매 좀 안다고 말할 수 있지

들으면 아는데 정확하게는 모른다고요? 하나하나 되짚으면서 부동산 경매를 완전히 정복하세요!

4~6개

이제 막 시작한 부동산 경매

용어들은 낯이 익은데 왜 이렇게 헷갈리죠? 도전하기가 무섭다고요? 기초 용어도 다지고, 실전 투자자가 되기 위한 지식도 갖춰보세요.

3개 이하

부동산 경매의 세계에 퐁당 빠져볼까요?

경매를 난생처음 접하는 당신! 경매를 왜 하는지도, 용어도 하나도 모른다고요? 차근차근 이 책만 따라오세요. 재미를 붙이는 게 먼저입니다.

> 그럼 다 같이 즐거운 부동산 경매 속으로 출발~!

정답 ─────────────────────────────────

1 ⓓ | 2 ⓑ | 3 ⓑ | 4 ⓑ | 5 ⓓ | 6 ⓒ | 7 ⓒ | 8 ⓐ | 9 ⓑ | 10 ⓒ

첫째마당

나에게 딱 맞는 물건 찾는 법

둘 째 마 당

권리분석, 핵심만 알면 누워서 떡 먹기!

넷째마당

실전! 법원 입찰 무작정 따라하기

다섯째마당

낙찰 이후, 자금 마련을 위한 대출 정복

여 섯 째 마 당

경매 성공의 마지막 단계, 명도

부동산 경매
맛보기

부동산 경매
무작정 따라하기

001

경매 공부가
곧 돈 공부다!

돈 공부, 지금이라도 시작하자

'채무자는 빚진 사람, 채권자는 빌려준 사람……' 저는 처음 부동산을 배울 때 영어를 배우는 사람처럼 공부했습니다. 낯선 용어를 접하고, 낯선 서류를 보는 방법부터 익혔지요. 살면서 배울 것이 참 많지만 특히 돈 공부는 끝이 없습니다.

 용어 해설

등기부등본
토지·건물에 대한 권리관계를 일반인에게 알리기 위한 문서로 정식명칭은 등기사항전부증명서입니다.

여러분은 등기부등본을 볼 줄 아시나요? 등기부등본은 집에 대한 서류 중 가장 기본이 되는 서류입니다. 그런데 이사를 자주 다녀도 등기부등본을 볼 줄 모르는 사람이 수두룩합니다. 등기부등본을 볼 줄 모른다는 것은 거액의 전세금을 그저 주인의 양심에 맡기는 것과 같습니다.

우리가 등기부등본을 볼 줄 모르거나 볼 생각을 안 하는 것은 어리석어서가 아닙니다. 배운 적이 없기 때문입니다. 권리를 배운 적이 없는 노동자는, 고용주에게 부당한 대우를 받아도 당당하게 대처하는 방법을 모릅니다. 마찬가지로 임차인은 임차인의 권리를 배운 적이 없어서 전입신고를 생략하기도 하고, 임대인의 갑작스러운 요구에 항변하지 않고 이사를 나가기도 합니다. 이대로는 안 됩니다. 지금의 나에게 꼭 필요한 생존 공부를 시작해야 합니다. 실생활에 필요한 진짜 지식을 배울 때죠.

돈에 관한 공부는 따로 하는 것이 맞습니다. 부동산에 대한 지식을 익히고, 주식에 대한 공부를 해야 합니다. 돈을 다루는 이들은 그들만의 언어로 대화하는데, 바로 경제용어와 법률용어입니다. 예전에는 특정한 소수만 이런 용어를 이해하고 돈을 좌지우지했지요. 하지만 지금은 많은 정보가 공개되어 있어 누구나 돈 공부를 할 수 있고 전문용어를 이해할 수 있습니다.

은행 예금이자로는 물가 상승률을 이길 수 없다

재테크 열풍인 시대에 아직도 은행 적금만으로 재테크하는 사람이 얼마나 될까 싶지만, 은근히 많은 분들이 여전히 은행에 매달리고 있습니다. 저도 사회초년생일 때는 은행에 적금을 들었습니다. 그때는 예금금리가 꽤 높아서 이자를 제법 받았죠. 그러나 이후 저금리 시기가 찾아왔고, 이 시기에는 한동안 예금이자율이 1~2%까지 내려가기도 했습니다. 최근에는 예금 금리가 3%대로 올랐지만, 매달 100만원씩 적금을 부어도 1년 동안 원금 1,200만원에 대한 이자가 20만원이 채 안 됩니다. 여기서 이자소득세를 제하고 나면 약 15만원에 불과하죠. 사실 은행 적금은 이자를 받기 위해서가 아니라 받은 월급을 홀랑 다 쓸까 봐 보관하는 용도에 더 적합한 것 같습니다.

적금으로 돈을 모으거나 보관하는 이유는 어딘가에 써야 하기 때문이지요. 결혼을 하기 위해, 집을 사기 위해, 혹은 투자를 하기 위해서 허리띠를 졸라매고 돈을 모읍니다. 그런데 1년간 열심히 모은 그 돈으로 집을 사려 하면 어느새 1년 전보다 집값이 훨씬 올라버린 뒤입니다. 그저 허탈할 뿐이죠. 단순히 돼지저금통에 저금하듯이 돈을 모으기만 하면 그동안 물가는 더 높이, 성큼 올라버려 원하는 것을 얻을 수 없게 됩니다. 은행금리보다 물가가 더 빨리 올라서 결국 마이너스가 되는 거지요. 그럼에도 적금이 꼭 필요한 사람도 있습니다. 가진 돈이 정말 땡전 한 푼 없어서 목돈을 모아야 하거나, 이제 막 직장생활을 시작해서 돈을 모아본 경험이 없는 사람들이 그러합니다.

이런 상황이 아닌데도 무조건 저축만 고집하고 있다면 지금 당장 생각을 바꾸어야 합니다. 통장에 적어도 1,000만~2,000만원 정도가 있고, 직장생활도 꽤 했으며, 낭비벽도 심하지 않은데 안전하다는 이유로 은행적금만 고집하고 있다면 당신은 금융맹입니다. 당장 서점에 달려가서 재테크 책 몇 권만 읽어보세요.

투자했는데 집값이 떨어지면 어쩌죠?

서브프라임 모기지
2007년에 발생한 금융위기로 미국의 초대형 대부업체들이 파산하며 생긴 국제 금융시장의 위축이 전 세계 금융위기로 이어진 사건을 말합니다.

한동안 일본의 부동산 붕괴나 미국의 서브프라임 모기지 사태를 예로 들며 부동산 폭락설을 주장하는 사람들이 있었습니다. 장기불황으로 인해 집값이 하락한 일본의 전철을 우리나라도 밟을 것이라고 주장했죠.

어떤 이들은 금리 폭등으로 부동산이 폭락하여 많은 사람들이 신용불량자가 될 거라고도 하였습니다. 부동산 버블이 일었던 2007년에 신규분양하는 대형평형의 아파트에 무리하게 투자했던 이들이 하우스푸어가 된 예가 있습니다. 그들은 높은 분양가에도 불구하고 시세차익을 기대하고 무리하게 분양을 받았습니다. 폭탄 돌리기의 마지막 선수가 되어

버렸던 겁니다.

지금도 매일 부동산 뉴스나 신문을 보면 서울의 아파트 매매가격이 과도하게 폭등하고 있다, 혹은 수도권 아파트 매매가격이 연속 하락하고 있다고 합니다. 뉴스만 보면 당장이라도 무슨 일이 일어날 것 같습니다. 누군가는 더 오른다고 하고, 누군가는 부동산은 이제 끝났다고 합니다. 저마다 나름대로 이유와 근거를 들어 논쟁을 펼칩니다. 누가 맞을까요? 저는 그런 논쟁에 끼어들지 않습니다. 둘 다 맞는 이야기거든요.

첫째, 뉴스는 평균적인 이야기입니다

거래가 잘되지 않을 때에도 누군가는 거래해서 수익을 냅니다. 부동산 시장이 좋을 때에도 어떤 이는 손해를 입기도 합니다. 우리 아이 반의 전체 성적이 매우 좋다고 해서 우리 아이의 성적이 무조건 좋은 것이 아닌 것처럼 말이죠.

둘째, 자신과 관련 있는 정보에 집중합니다

용어 해설

종합부동산세
부동산의 보유 정도에 따라 조세에 형평성을 두어 고가 혹은 많은 부동산을 보유한 사람에게 세금을 높게 부과하는 제도입니다. 매년 6월 1일이 과세기준일로, 주택 및 토지의 공시가격 합계가 유형별 공제금액을 초과하는 경우 초과분에 대해 세금이 부과됩니다.

6억원 이상의 주택을 소유하고 있지 않다면 종합부동산세가 인상되어 세금이 늘어난다는 뉴스에 신경 쓰지 않아도 됩니다(단, 1세대 1주택자는 11억원을 초과할 때 종부세가 부과됩니다. 종부세는 더 완화될 예정이나 2022년 10월 기준 아직 법안이 통과되지 않았어요). 아직 내 집이 없다면 더더군다나 별 상관이 없는 이슈들이지요. 괜한 '카더라'에 마음이 흔들리기보다는 여러분과 관련된 뉴스에 집중하는 것이 낫습니다. 가까이서 보면 매일 무슨 일이 일어나는 것 같지만 멀리서 보면 평화로운 곳이 부동산 시장입니다.

셋째, 부동산 가격은 변동합니다

부동산은 평균거래가격이 하락할 때는 조금씩 하락하고, 오를 때는 가

파르게 오르는 경향이 있습니다. 평소 물가상승률 이상으로 가격이 상승하면서, 가끔 조금 하락하고, 크게 폭등합니다. 때문에 물가상승률보다 낮은 금리의 저축으로 돈을 모아 집을 사는 것은 현실적으로 어렵습니다.

아직 내 집이 없다면 수준에 맞는 집을 마련하는 것이 좋습니다. 우리는 어디선가 살아야 하니까요. 내 집이 없으면 전세금을 마련하거나 월세를 내야 합니다. 월세는 보통 은행이자보다 높습니다. 좋은 직장이 있는 지역의 월세는 세계 어디나 저렴한 법이 없습니다.

왜 부동산 경매일까?

부동산 경매는 성인인 만 19세부터 남녀노소 누구나 할 수 있습니다. 경매를 하기 위한 특별한 자격조건은 필요 없습니다. 경매법정은 모두에게 개방되어 있습니다. 자유롭게 입찰하고, 그저 그에 대한 책임을 지면 됩니다. 일반 매매보다 저렴하게 낙찰받아 살 때부터 수익을 내는 경매, 여러분도 할 수 있습니다.

만약 부동산에 대해 전혀 모르는 왕초보라면 경매로 부동산 공부를 시작하세요. 경매는 부동산에 투자하는 방법이기 이전에 내 재산을 지키는 필수지식입니다. 경매의 권리분석은 등기부등본에서 시작합니다. 전세를 구한다면, 이사하려는 전셋집에 어떤 권리가 있는지, 그 권리에는 어떤 위험이 있는지 등기부등본을 보고 판단할 수 있어야 합니다. 임차인의 권리를 알고, 주택임대차보호법을 이해하면 소중한 보증금을 안전하게 지킬 수 있습니다. 경매지식은 내 집을 마련할 때 더욱 빛을 발합니

 용어 해설

주택임대차보호법
국민의 주거생활 안정을 목적으로 제정된 법률로 보증금과 전세 보증금 보호, 주거권리 유지 등이 대표적입니다.

다. 경매를 공부하며 물건의 가치를 판단하는 눈을 가지게 되면 저렴한 급매를 한눈에 알아볼 수 있습니다. 반드시 투자를 하지 않더라도 경매는 살아가는 데 꼭 필요한 지식입니다.

부동산 경매로 경제적 자유를 이루자!

14년 전 저는 세 아이의 엄마이자 평범한 워킹맘이었습니다. 경매를 알게 된 후 9,000만원의 전세 보증금으로 아파트 경매를 시작하였고, 3년 만에 21채의 집주인이 되었지요. 그 이야기를 《나는 돈이 없어도 경매를 한다》라는 책으로 쓰기도 했습니다. 지금은 상가, 토지에도 투자하고 있습니다. 스물두살 둘째아들이 종잣돈 700만원으로 첫 부동산 투자를 시작한 이야기를 담은 책 《오늘부터 1000만원으로 부동산 투자 시작》을 내놓기도 했습니다.

가진 돈이 적어도 할 수 있고, 평범한 사람도 할 수 있는 것이 경매입니다. 저를 비롯한 많은 분들이 경매로 일반 근로자에서 벗어나 경제적 자유를 이루었습니다. 네, 그렇습니다. 경매는 특별한 재능과 대단한 지식이 없는 일반인이 자산가가 될 수 있는 길 중 하나입니다. 우리는 지금부터 경매를 기초부터 찬찬히 공부할 것입니다. 자신의 목적에 맞는 물건을 고르는 것에서 시작하여 위험을 확인하는 권리분석을 익히고, 인터넷답사와 현장답사를 하는 방법을 배울 것입니다. 법원에서 실수 없이 입찰하고, 최선의 대출방법을 찾고, 원활하게 명도하는 비법까지 알려드리겠습니다. 저만 따라오세요.

부동산 경매
한 번에 이해하기

경매에서는 판매자가 아닌 구매자가 가격을 정한다

시장에서 파는 물건의 가격은 판매자가 정하고, 누구나 같은 가격으로 물건을 삽니다. 하지만 어떤 물건은 거래할 때마다 가격이 달라져서 판매자가 아니라 구매자가 가격을 정하기도 합니다. 많은 사람이 경쟁적으로 가격을 제시하여 판매가격을 정하는 방식을 경매라고 합니다. 경매에서는 물건의 원래 가치 외에 희소성이나 구매희망자의 욕구에 따라 가격이 결정됩니다. 예를 들어볼까요?

① 물건의 가치가 달라지는 경우

방금 수확한 농산물은 같은 품질이라도 공급되는 양이 많으면 저렴하게 낙찰되고, 태풍으로 농사를 망친 경우에는 물건이 귀해서 비싸게 거래됩니다. 막 잡은 생선도 경매를 통해 거래됩니다. 생선을 원하는 도매상은 경매에 참여하여 원하는 가격을 제시하고, 생선은 가장 높은 가격을 제안한 도매상에게 판매됩니다.

② 가치를 정할 수 없거나, 희귀한 물건

영화에서 그림 경매 장면을 보신 적이 있나요? 멋진 걸작을 앞에 놓고 앉은 사람들이 가격을 부릅니다. 그림이나 골동품의 가치는 그 가치를 인정하는 사람에 따라 달라집니다. 그림은 가격을 정하기 어렵고, 골동품은 희귀해서 여러 사람이 갖고 싶어 합니다. 경매를 통하면 소유자는 높은 가격에 팔 수 있고, 꼭 갖고 싶은 사람은 원하는 물건을 가질 수 있으니 서로에게 이득입니다.

③ 그 외 다양한 경매

요즘에는 미술품, 골동품뿐 아니라 사업권, 골프회원권, 자동차 등 다양한 물건이나 권리도 경매의 대상이 됩니다. 온라인을 이용한 경매도 다양한 방법으로 이뤄지고 있습니다. 천원경매는 가격을 1,000원부터 시작하고, 정해진 시간 안에 가장 높은 가격을 제시한 사람이 낙찰받는 방식입니다. 역경매는 소비자가 아닌 판매자가 저렴한 가격을 제시하는 방식입니다. 소비자가 같은 조건의 서비스 중에서 가장 저렴한 가격을 제시한 업체를 선택할 수 있습니다. 이사나 인테리어 등 서비스업종에서 많이 이용합니다.

부동산 경매란?

부동산 경매는 채권자의 신청에 따라 법원이 부동산을 최고 가격을 제시한 사람에게 파는 강제적인 방법을 말합니다. 경매는 국가기관이 주체가 되는 공경매와 개인이 주체가 되는 사경매로 나눌 수 있으며, 공경매에는 법원경매와 공매가 있습니다.

법원경매와 공매를 헷갈려 하는 분이 많은데 간략하게 설명하면 각각 주체가 다릅니다. 둘 다 국가기관이 주체가 되지만 경매는 법원에서, 공매는 법원 이외의 기관에서 처리합니다.

경매의 주체가 되는 법원은 「민사집행법」에 따라 채권자의 요청이 있을 때 채무자의 물건을 매각하여 채권자에게 돈을 돌려줍니다. 공매는 한국자산관리공사(캠코)가 주체가 되어 「국세징수법」에 따라 세금 미납자의 재산을 압류해 공개적으로 매각하는 것을 말합니다. 다시 말하면 경매는 빚을 진 개인이 빚을 갚게 하는 것, 공매는 세금을 내지 않는 국민이 세금을 내게 하는 것이라고 말할 수 있겠네요.

경매는 법원을 통해, 공매는 온비드(www.onbid.co.kr)를 통해 입찰할 수 있습니다. 온비드는 한국자산관리공사가 운영하는 인터넷 공매시스템으로 국가가 보유하고 있는 국유 재산, 세금 체납으로 인한 압류 재산 등의 물건을 매각합니다(18장 참고).

임의경매와 강제경매

법원경매는 신청하는 방식에 따라 임의경매와 강제경매로 나눌 수 있습니다. 임의경매는 채권자가 채무자로부터 담보로 제공받은 부동산에 설정한 저당권·근저당권·유치권·질권·전세권·담보가등기 등의 담보권을 실행하는 경매이므로 집행권원이 필요 없는 반면, 강제경매는 실행할 담보가 없으므로 법원의 집행권원을 부여받아야 경매할 수 있습니다.

말이 어렵다고요? 걱정 마세요. 임의경매, 강제경매는 채권자가 어떤 권리로 경매를 신청했느냐에 대한 것일 뿐 입찰자에게는 별 차이가 없습니다.

용어 해설

민사집행법과 국세징수법
민사집행법은 법원에서 경매 진행과 절차를 규정하기 위한 법이고, 국세징수법은 국세징수에 관한 사항을 규정하기 위한 세법을 말합니다.

용어 해설

저당권, 근저당권
저당권은 집을 담보로 빌린 대출의 표시로, 담보금액 자체만 표시합니다. 근저당권은 저당권 중 하나로 장래 이자까지 포함한 금액입니다.

용어 해설

집행권원
국가의 강제력에 의하여 실현될 청구권의 존재와 범위를 표시하고 또한 집행력이 부여된 공정증서를 말합니다. 법원의 집행판결, 지급명령 등이 있습니다.

부동산 경매는 비공개경매다

경매에는 공개입찰과 비공개입찰이 있습니다.

① 공개입찰

다른 말로 경쟁입찰이라고 합니다. 진행자가 시작 가격을 정한 뒤 호가를 높이면서 입찰하는 방식입니다. 입찰자는 경쟁적으로 가격을 높여 부릅니다. 영화 속에서 보곤 하는 그림경매가 공개입찰이지요. 공개된 장소에서 호가를 부르면서 경쟁을 유도하는 방식이기에 경쟁이 치열한 나머지, 입찰 전후로 간혹 분쟁이 일어나기도 합니다.

② 비공개입찰

입찰자가 다른 경쟁자의 입찰가격을 알 수 없는 방식입니다. 입찰 전에 다른 경쟁자가 얼마에 입찰하는지 알 수 없어 공정하게 경쟁할 수 있습니다. 현재 부동산 경매는 공정한 입찰을 위하여 비공개입찰을 원칙으로 하고 있습니다.

> **토막상식**
>
> ### 경매는 언제부터 시작되었을까?
>
> 193년 로마황제 페르티낙스가 살해된 후 귀족들이 로마황제 자리를 경매에 부친 것이 첫 경매기록입니다. 역사적으로 보면 주로 노예거래에 경매방식이 많이 쓰였지요. 미국 노예들도 경매방식으로 거래되었습니다. 우리나라에서는 1897년 〈독립신문〉에 "중남포와 목포에 조계를 정했고, 땅을 구분해 공박(公拍)한다"라는 기사가 실린 적이 있습니다. 이 기록을 우리나라의 첫 경매로 봅니다. 법원경매가 제대로 시작된 것은 「민사소송법」(현재의 민사집행법)이 제정된 1960년입니다.

법원경매와 법원경매 물건들

일반적으로 부동산 경매라고 하면 법원경매를 말합니다. 경매는 법원에서 진행하며, 경매를 개찰하는 곳은 법원 안에 있는 경매법정입니다. 모든 과정은 법원에 소속된 담당 계장과 집행관들이 진행합니다. 법원경매에서는 채권자의 접수를 받은 후 경매진행 여부를 결정합니다. 그 후 경매의 준비와 진행, 개찰과 배당의 과정을 거쳐 진행됩니다.

법원에서는 경매를 투명하고 공정하게 진행합니다. 혹 절차상에 미흡한 점이 발견되면 기존 낙찰을 무효화하고 처음부터 다시 진행하기도 합니다. 법원경매에서 다루는 주요 물건은 부동산이 대표적이지만, 그 외에도 여러 가지가 있습니다.

① 자동차도 경매에 나옵니다

자동차는 소비재이기에 사는 순간 중고가 되지요. 자동차 경매는 중고차를 저렴하게 살 수 있는 방식입니다. 특히 세금압류로 인한 공매를 통하면, 비싼 고급 자동차를 아주 저렴하게 살 수 있습니다.

② 여러 가지 권리도 경매에 나옵니다

경매 물건 중에는 물고기를 잡을 수 있는 권리인 어업권, 광물을 캘 수 있는 광업권도 있습니다. 세월호의 쌍둥이 배로 불렸던 오하마나호도 선박경매 물건으로 나와 헐값에 매각되었습니다.

③ 운영권도 경매 물건 대상입니다

학교 매점의 운영권이나 고속도로 휴게소의 식당운영권도 공매로 나오는 물건입니다. 국가 혹은 시 소유의 지하철 상가점포 운영권도 임대형

용어 해설

개찰

경매 입찰이 끝난 후 집행관이 서류를 취합해서 최종 낙찰자를 결정하는 과정을 말합니다.

식으로 경매에 나옵니다. 이때 경매의 주체가 국가라서 공매로 진행됩니다. 이런 물건을 낙찰받으면 소유권을 가지지는 못하지만, 일정기간 임대하여 운영할 수 있는 권리를 갖습니다.

④ 우리가 관심 있는 물건은 부동산입니다

부동산은 크게 땅과 건물로 구분합니다. 땅은 토지 그대로 거래되기도 하고, 그 위에 건물이 있으면 건물과 함께 매각되기도 합니다. 건물은 용도가 다양합니다. 건물에 사람이 살면 주거용이고, 장사를 하면 상가입니다. 물건을 보관하는 곳이면 창고, 물건을 만드는 곳이면 공장이지요. 이 용도는 처음에 건물을 지을 때부터 정해지는데, 한번 정해진 용도는 쉽게 바뀌지 않습니다. 태생이 주거용이면 주거용으로 쓰이고, 태생이 상업용이면 상가로 계속 쓰이는 것입니다.

주거용 부동산 경매가 가장 쉽다

우리는 이 책에서 주거용을 기준으로 이야기할 것입니다. 부동산 경매 중에서 주거용이 가장 쉽기 때문이에요. "전 상가가 가장 쉬운데요."라고 말하는 분도 있을 수 있습니다. 부모님께서 오랫동안 장사를 했거나, 본인이 상가를 잘 아는 분이라면 충분히 그럴 수 있습니다. 만약 여러분이 상가와 상권을 잘 안다면 상가입찰을 권합니다. 괜찮은 상가는 주거용보다 임대수익이 훨씬 좋습니다. 작은 편의점도 좋은 길목에 있다면 월 임대료로 수백만원대를 받을 수 있습니다. 이런 상가는 웬만한 아파트 몇 채를 합친 것보다 수익이 낫지요.

하지만 이제 막 경매에 뛰어든 초보자에게 상가는 어렵습니다. 상가를 잘못 낙찰받았다가는, 임대수익은커녕 비싼 관리비까지 주인이 부담해야 합니다. 팔고 싶다고 맘대로 팔리나요. 장사가 안되는 지역에 위치한 상가는 아무리 헐값에 내놓아도 아무도 사주지 않습니다. 상권은 동물과 같아서, 살아서 움직이고 이동합니다. 좋은 상권도 몇 년 후 죽은 상권이 되기도 합니다. 상가는 한마디로 다루기가 무척 까다로운 물건입니다.

이에 비하면 집은 쉽습니다. 우리는 누구나 집에서 사니까요. 집과 관련한 정보는 대개 정확하고, 일반에 공개되어 있습니다. 나라에서는 부동산을 팔고 사는 가격을 신고하도록 법으로 정했습니다. 실제 거래한 가격을 국토교통부에 신고하고, 이 신고한 내용을 누구나 확인할 수 있도록 했습니다. 2015년부터 분양권 거래가격도 투명하게 공개하고 있습니다. 집은 가격정보가 투명하고 익숙한 물건이라, 처음 부동산 경매를 접하는 사람도 쉽게 접근할 수 있습니다.

처음으로 경매에 입문한다면 주거용 부동산부터 시작하는 것을 추천합니다.

경매, 어떤 사람이 해야 할까?

나도 회사 그만두고 경매나 할까?

직장인 정○○ 씨

월급은 겨우 300만원이고, 걸핏하면 야근이라 내 시간도 없어요. 경매를 하고 싶어도 시간이 없어서 못해요. 1년간 돈 벌어서 한 푼도 안 써도 3,600만원밖에 못 모으는데, 언제 돈을 모을까요? 차라리 직장을 그만두고 경매나 할까요?

정○○ 씨는 직장생활 10년 동안 차분히 적금으로 돈을 모았습니다. 펀드도 하고, 개인연금도 넣고 있는 성실한 직장인이지요. 모아놓은 돈도 있으니 경매를 하고 싶은데, 막상 시작하려고 하니 현장답사를 갈 시간도 없고, 입찰을 하러 갈 수도 없어서 퇴사를 고민하고 있습니다. 그 마음은 이해합니다. 하지만 경매 초보자인 정○○ 씨는 직장을 좀 더 다니는 것이 좋습니다. 그 이유는 크게 세 가지입니다.

① 300만원의 월급은 현금 3억원과 같습니다

직장인의 월급은 소중합니다. 매달 받는 월급으로 먹고, 입고, 생활을 해야 합니다. 통장이 바닥나면 다음 달에 또 월급이 입금됩니다. 그 돈으로 또 한 달을 살지요. 회사를 그만두면 당장 다음 달에 입금되는 월급이 없습니다. 수입이 없으면 어떻게 살까요? 모아둔 돈으로 살아야 하겠지요.

그럼, 투자는 무슨 돈으로 할까요? 모아둔 돈으로 생활을 하면서 투자까지 할 수는 없습니다.

월급 300만원이 너무 적다고 생각하나요? 월세를 보증금으로 환산하는 방식을 환산보증금이라고 합니다. 이때 월 10만원은 보증금 1,000만원과 같습니다. 월 300만원이면 무려 3억원의 보증금에 해당합니다. 만약 은행 예금 이자로 월 300만원을 받으려면 무려 15억원을 예치해야 합니다. 은행금리를 2%로 가정하고, 세금은 고려하지 않았을 경우입니다. 월급의 가치에 대해 다시 생각해볼 필요가 있습니다.

용어 해설

환산보증금 계산법
환산보증금은 원래 상가건물임대차보호법에서 쓰는 개념입니다. 환산보증금 = 보증금 + (월세 × 100)으로 계산합니다.

② 직장인이 경매투자에 더 유리합니다

직장인은 대출을 받을 때 유리합니다. 경매투자를 할 때는 자기 돈은 물론 대출도 활용해야 합니다. 은행은 매달 월급을 받는 직장인에게 대출해주는 것을 좋아합니다. 변동성이 큰 사업자보다 고정 월급이 있는 직장인이 이자연체 위험이 적기 때문이지요. 대기업에 다닐수록 자금을 융통하기 좋습니다. 대출금리도 할인해줍니다.

자신의 직종에 따라 전문가보다 경매를 잘할 수도 있습니다. 음식점 영업직원은 장사가 잘되는 상가를 알아보는 눈이 있고, 건설회사에 다니는 건축전문가는 집을 보는 안목이 있습니다. 컴퓨터 앞에 있는 시간이 많은 직장인은 경매 물건 검색에 유리합니다. 직장에서 보고 듣는 작은 정보가 투자에 도움이 되기도 합니다.

③ 직장에 다니면서도 충분히 경매할 수 있습니다

직장에 다니면서 우리는 다양한 활동을 합니다. 대학원에 진학하거나, 봉사활동을 하기도 하지요. 업무가 끝나면 동료와 술을 마시기도 하고,

휴가를 내고 여행을 가기도 합니다. 경매도 그렇게 하면 됩니다. 취미활동을 하듯이 말이죠. 술자리 모임에 가는 대신 경매 공부를 하고, 한 시간 일찍 출근해서 물건검색을 할 수도 있습니다. 토요일에는 데이트 삼아 부부가 함께 현장답사를 갈 수도 있지요. 입찰할 시간이 안 된다면 가족이 대신 가면 됩니다. 비용을 내고 입찰대리인을 이용할 수도 있습니다. 명도할 시간이 없다면 이 부분만 경매 컨설턴트에게 맡길 수도 있습니다. 직장 다니느라 시간이 없다고요? 아니요, 의지가 없는 것입니다.

④ 직장을 다니다가 전업투자자가 되어도 늦지 않아요

여러분은 돈을 벌기 위해 전업투자가가 되고 싶은가요, 탁월한 경매전문가가 되고 싶은가요? 탁월한 경매전문가가 되고 싶다면 경매전문법인 회사로 직장을 옮기세요. 돈을 버는 게 목적이라면 일단 지금 나오는 월급을 쉽게 포기하지 마세요. 경매는 직장을 다니면서 시작하는 것이 낫습니다. 현재 월급 수준의 월세가 나올 수 있게 준비하고, 투자를 할 수 있을 만한 일정 수준의 목돈이 준비되면 그때 직장을 그만두고 전업투자자가 되어도 늦지 않습니다.

집에 대한 전문가, 전업주부!

전업주부 오○○ 씨
남편이 주는 생활비로 생활하는데, 생활비는 그야말로 생활하는 돈이잖아요. 먹고 입고, 아이들 학원 보내고 나면 남는 돈이 없어요. 남편도 언제까지 일할 수 있을지 모르겠고, 애들은 커가고, 저희 노후도 걱정돼요. 경매로 돈을 벌고 싶은데, 집에만 있는 주부도 경매할 수 있을까요?

전업주부 오○○ 씨는 경매를 시작하기 위해 생활비를 줄여 종잣돈을 마련했습니다. 어렵게 모은 종잣돈으로 하는 경매, 전업주부도 잘할 수 있을까요?

① 주부는 집을 가장 잘 아는 사람입니다

경매 초보자들이 목표로 삼는 주택은 주부에게 익숙한 공간입니다. 어떤 아파트가 인기 있는지, 어떤 아파트 가격이 오르는지, 이 동네에서 인기 있는 학교는 어느 지역 학군인지 주부가 가장 잘 압니다. 잘 아는 사람이 잘할 수 있습니다. 주부보다 집을 잘 아는 사람이 있을까요?

집의 가치를 높이는 일에도 주부들이 탁월합니다. 저렴한 자재를 이용한 소품으로 인테리어를 하기도 하고, 조명 하나로 실내 분위기를 바꾸기도 합니다. 꾸미기에 손재주가 있는 주부는 낡은 집을 낙찰받아 가치를 높여 임대를 놓을 수 있습니다. 다만, 한 가지 주의할 점은 주부의 눈높이가 아닌 임차인의 눈높이로 봐야 합니다. 엄마의 시선으로는 맘에 들지 않는 유흥가 근처의 집도 임차인에게는 재미있고 살기 편한 집일 수 있습니다.

② 남편 월급으로 현재를 살고, 아내는 미래를 준비해요

남편의 월급으로 오늘을 살고, 아내는 경매로 내일을 준비하면 어떨까요? 오늘에 충실히 임하는 동시에 내일을 준비하는 방법 중 하나입니다. 안정적인 월급이 있어 현금흐름이 좋다면, 당장 월세가 나오는 물건보다 미래에 시세가 오를 만한 물건에 투자하는 편이 좋습니다. 부부가 함께 넉넉한 은퇴를 즐길 수 있게 말이죠. 아내 덕분에 남편은 어깨에 짊어진 무거운 짐을 한결 덜 수 있을 것입니다.

③ 시간이 자유로운 워킹맘처럼 일해요

직장인이 가장 갖고 싶어 하는 것이 시간입니다. 돈이 있어도 시간이 없으면 원하는 삶을 살 수 없습니다. 사실 주부는 누구보다 바쁩니다. 가정의 모든 일에 주부의 손길이 필요하니까요. 하지만 마음만 먹으면 시간을 만들 수 있습니다. 집안일은 좀 미뤄두고 아이가 어린이집이나 학교에 가 있는 시간에 경매를 해보세요. 자신이 잘하는 일로 소득을 만들어 낸다는 것은 의미 있는 일입니다.

④ 경매는 부부가 함께할 수 있는 좋은 취미입니다

경매도 취미가 될 수 있습니다. 제가 아는 부부 경매단(?)이 꽤 있는데, 남편이 물건을 검색해 오면 부부가 함께 현장답사를 다녀옵니다. 멀리 떠난 김에 맛있는 음식을 먹으면서 데이트하는 기분도 냅니다. 아내가 법원입찰로 낙찰을 받고, 명도를 마치면 가족의 자산이 차곡차곡 늘어납니다. 가족명의로 투자법인을 설립한 부부도 있습니다. 대표이사는 아내이고 남편은 직원, 아이들은 주주입니다. 회사와 가족이 함께 성장하는 가족형 투자법인회사입니다. 부부가 함께 경매투자를 하다 보니, 대화 시간도 자연히 많아집니다. 부부가 같은 취미를 가지면 가정이 화목합니다.

은퇴 없는 전문직, 경매투자자!

예비 은퇴 공무원 강○○ 씨
지금까지 일만 열심히 했는데, 눈 깜짝 하니 은퇴가 5년 정도밖에 안 남았어요. 늦게 결혼해서 아이들이 아직 학교에 다니고 있고요. 저도 아내도 아직 일할 수 있는데 특별한 기술도 없네요. 나이 많은 저 같은 사람도 경매, 괜찮을까요?

① 경매에는 은퇴가 없어요

나이는 걱정하지 마세요. 누군가에게 고용되는 일이 아니니까요. 경매에는 특별한 자격조건이 없습니다. 스스로 자신의 목적에 맞는 물건을 골라 자신의 수익률 기준대로 입찰을 하고 수익을 내면 됩니다.

경매는 일하고 싶을 때 일하고, 쉬고 싶을 때 쉴 수 있는 매력적인 평생직업입니다. 1년에 한두 건만 투자할 수도 있고, 1년 내내 부지런히 입찰을 할 수도 있습니다. 어떤 방식으로 투자해도 좋습니다. 스스로 결정하고 투자에 대한 책임을 지면 됩니다. 경매투자는 직장인이 아닌 사업자의 마인드로 해야 합니다.

② 생활비는 따로 떼어놓으세요

퇴직금으로 생활도 해야 하고 경매투자도 해야 한다면, 생활비는 미리 분리하세요. 매달 200만원으로 생활을 한다면 생활비는 1년에 2,400만원, 2년이면 4,800만원입니다. 생활비를 생활비통장으로 옮겨 놓으면 생활이 안정됩니다. 가진 돈을 털어 무리하게 투자를 하면 현금흐름이 막혀 생활이 궁핍해지고, 투자판단도 흐려지게 됩니다. 불리한 시장에서 기다릴 수 없게 되고, 적정 매도시기가 되기 전에 팔아 손해를 입을 수도 있습니다. 투자수익보다 생활안정이 먼저입니다.

③ 투자수익은 불로소득이 아닌 근로소득입니다

경매투자자는 누구보다 부지런합니다. 물건을 찾고, 현장답사를 하고, 입찰하고 명도하는 일련의 과정은 쉽지 않은 노동입니다. 남들보다 저렴하게 낙찰을 받기 위해, 조금이라도 더 시세차익을 내기 위해 부지런히 일합니다. 경매투자자의 수익은 분명 근로소득입니다. 오랜 투자로 임대사업자가 되어도 크게 다르지 않습니다.

경매를 하면 안 되는 사람

법원에서 개찰을 기다리고 있는데, 옆자리의 신사분이 제게 말을 걸었습니다.

"개찰하면 낙찰을 바로 알 수 있는 건가요?"

초보자가 참관을 오신 듯하여 입찰 과정을 간단하게 설명해 드렸습니다. 그 신사분은 모든 과정을 처음 들었다는 듯이 고개를 끄덕였지요. 잠시 후 전 매우 놀랐습니다. 집행관이 입찰자들을 호명할 때 신사분이 앞으로 나가셨거든요. 천만다행인지 낙찰은 받지 못하셨더군요.

경매의 기초를 모르면서 입찰을 하는 것은 무모한 용기입니다. 경매는 누구나 할 수 있지만, 아무나 할 수 있는 일은 아닙니다. 법률용어를 익히고, 물건의 가치를 판단하는 것은 물론 사람을 상대하는 껄끄러운 과정을 거쳐야 합니다. 적당히 하려다가는 큰일 납니다. 준비되지 않은 경매 입찰은 비싼 수업료로 돌아옵니다. 이외에도 경매를 하면 안 되는 사람은 많습니다.

① 걱정이 취미인 사람

경매는 도전의 연속이고 늘 선택의 기로에 서야 합니다. 걱정을 사서 하는 사람이 경매에 도전하면 스트레스만 쌓입니다.

② 지름신을 신봉하는 사람

경매에는 첫눈에 반하는 물건이 없습니다. 물건에 정 주지 마세요. 제대로 된 물건을 객관적으로 판단하여 골라야 합니다.

③ 한 방을 노리는 사람

경매에는 절대적인 시간과 노력이 필요합니다. 큰 거 한 방을 노린다면 도박판으로 가세요.

경매는 부동산 지식을 쌓고자 하는 사람에게도 유용하다!

경매에서 물건의 가치를 판단하는 것은 매우 중요합니다. 아무리 초보자라도 스스로 부동산 가치를 파악한 후 적정한 입찰 가격을 판단해야 합니다. 이 때문에 부동산의 가치를 제대로 알아보지 못하는 사람은 경매를 어려워합니다. 경매 공부는 부동산의 가치를 파악할 수 있는 능력을 키우는 일입니다. 또 경매를 하면 사람과 사람 사이의 문제를 해결하는 민법부터, 세법, 공법까지 법률에도 해박해집니다. 게다가 억지로 하는 공부가 아니라 필요에 의한 공부라 머리에 쏙쏙 들어옵니다.

경매는 부동산을 가장 재미있게 공부할 수 있는 방법 중 하나입니다. 부동산 지식을 쌓고 싶은 초보자라면 경매 공부를 시작하는 것을 추천합니다.

경매의 시작은
집주인으로부터

빚 때문에 집이 경매에 넘어갈 위기에 처했다

경매는 누군가의 빚에서부터 시작합니다. 어떤 이유로 집주인에게 갚아야 할 빚이 생겼고, 그 빚을 갚지 못해 집이 경매에 넘어가게 된 것이죠. 빚을 지는 이유는 여러 가지입니다. 집주인의 집은 어떤 빚 때문에 경매에 넘어갈까요?

대출로 집을 사면 생기는 근저당

주거용 부동산에서 가장 흔한 빚은 근저당입니다. 집을 살 때 은행에서 대출을 받으면 은행에 빚을 지게 되고, 은행에서는 근저당을 설정합니다. 근저당 설정이란 등기부등본에 "이 집에는 얼마의 대출이 있습니다."라고 기재를 한다는 뜻이에요. 근저당이 설정된 집을 담보로 또 다른 대출을 받는 것을 방지하기 위해서지요. 대부분의 집주인은 은행에서 대출을 받아 집을 삽니다. 대출을 받아 집을 산 모든 집주인은 채무자입니다. 은행은 돈을 받을 권리가 있는 채권자, 집주인은 빚을 갚을 의무가 있는 채무자가 됩니다. 은행이 아닌 개인도 돈을 빌려주고 개인근저당을 설정할 수 있어요.

돈을 못 갚으면 집을 내놔! 압류

집을 담보로 한 것은 아니지만, 집주인에게 받을 돈이 있는 경우 집을 압류할 수 있습니다. 카드대금을 연체하면 카드사에서 압류를 하고, 자동차 할부금을 못 갚으면 캐피탈회사에서 압류를 하지요. 세금을 체납하면 관할관청에서 압류를 합니다. 개인 간의 금전거래에서도 적법한 이유가 있으면 압류를 할 수 있어요.

임차인의 보증금도 빚이 된다

전세보증금, 월세보증금을 임차인에게 돌려주지 못해서 경매에 나오는 집도 있어요. 전세권을 설정한 집에 사는 임차인이 전세보증금을 돌려받지 못하면 경매를 진행할 수 있어요. 전세권을 설정한다는 것은 등기부등본에 "이 집에는 전세권이 있습니다."라고 기재하는 것입니다. 전세권설정은 하지 않았지만, 전세보증금을 내고 주민센터에 전입신고를 한 임차인도 채권자로서 보증금을 돌려받기 위해 경매를 신청할 수 있습니다.

이 세 가지 외에도 다양한 빚이 있습니다. 이혼을 하면서 재산을 나누기 위해, 상속받은 재산을 공평하게 나누기 위해 경매를 하기도 하죠. 적법한 유치권이 성립해 공사비를 돌려받으려고 경매를 하는 경우도 있습니다. 월급을 받지 못한 직원들의 임금채권으로 인한 경매도 있고요.

용어 해설

유치권

타인의 물건에 채권이 있는 사람이 채무 문제가 해결되기 전까지 해당 물건을 점유할 수 있는 권리를 말합니다. 가장 대표적인 예시는 공사업체 혹은 업자가 받지 못한 공사비를 받기 위해 해당 부동산을 점유하는 것입니다. 이때 건물에 '유치권 행사'라는 팻말이 붙어있는 것을 볼 수 있죠.

집주인 집에 서류가 한 통 날아왔어요

돈을 받아야 할 채권자는 정당한 절차를 거쳐 법원에 경매를 신청합니다. 집주인은 채권자에게 돌려줘야 할 돈을 갚지 않았기 때문에 경매를 당하게 됩니다. 법원에서는 집주인이 억울하게 피해를 보는 일이 없도록 어떤 공인중개사보다도 꼼꼼하고 확실하게 서류를 확인합니다. 절차상에 잘못이 있으면 이미 낙찰된 후라도 불허가가 되기도 합니다.

집주인은 경매가 진행되기 전에 자신의 집이 경매에 부쳐질 것임을 알 수 있어요. 은행 등의 채권자가 여러 번 고지를 하고, 경매 신청이 된 후에는 법원으로부터 송달을 받게 되거든요.

용어 해설

송달

법원이 법적 절차에 따라 서면으로 보내는 공고문을 말합니다.

만약 여러분이 경매를 당하는 집주인이라면 어떻게 하시겠어요? 여러분의 집을 경매로 넘기겠다는 은행의 통고가 있었다고 생각해보세요. 그냥 가만히 있을 수 있을까요? 뭔가 방법을 찾아야겠지요. 집주인은 변호사, 법무사를 찾아다니며 적당한 방법을 찾으려고 노력할 거예요. 집주인에게는 두 가지 길이 있습니다. 첫째, 빚을 갚아 경매를 취하시키거나 둘째, 어쩔 수 없이 경매가 진행되어야 한다면 손해를 줄여야 합니다.

첫째, 경매를 피하려면 빚을 갚아야 합니다

집을 팔아서 빚을 갚는 것이 가장 쉽습니다. 부동산 시장이 호황일 때는 집이 바로 팔리지만, 불황일 때는 제때 팔지 못해 빚을 갚지 못하고, 경매로 처분되기도 합니다. 집주인의 빚이 적은 금액이라면 다른 곳에서 빌려 현재 채권자에게 갚을 수도 있습니다. 10억원짜리 집에 1억원만큼의 채권밖에 없다면 집주인은 추가대출을 받아 경매를 취하할 수 있습니다. 집주인에게는 또 다른 빚이 생기지만, 시간을 벌 수 있지요. 채권이 적은 물건의 경매가 쉽게 취하되는 이유입니다.

둘째, 집주인이 갚을 수 없는 빚도 있어요

부동산이 하락하는 시장에서는 집 가격보다 전세가가 더 커지는 수도 있습니다. 물론 일반적으로 전세가는 집의 가격보다 낮지요. 임차인의 전세보증금이 집 가격보다 더 높은 것을 역전세라고 합니다. 집을 팔아도 전세보증금보다 부족하다면 집주인은 임차인의 보증금을 반환할 수 없겠지요. 집주인이 보증금을 돌려주지 못한 물건은 경매 시장에 나오게 됩니다.

사업실패로 빚을 져 부동산이 경매에 넘어갔다면 채권이 너무 커서 빚을 갚아 경매를 취하하기 어려운 경우가 많습니다. 1억원짜리 집에 10억원의 채권이 있으면 갚을 수 없겠지요. 근저당은 집의 가치만큼의 빚만 생기지만, 사업 등으로 인한 압류채권은 금액이 얼마든지 클 수 있습니다. 이런 경우 집주인은 집을 포기하고, 낙찰자에게 이사비를 요구하는 등 손해를 줄이는 방법을 찾게 됩니다.

예비 입찰인들이 집에 찾아오다

경매 입찰 기일이 다가오면, 집주인은 자기 집을 기웃거리는 낯선 사람들을 만나게 됩니다. 바로 현장답사 온 예비 입찰인들이지요. 초보 경매 투자자는 무조건 집의 내부를 확인하고 싶어 하지만, 이는 만만치 않은 일입니다. 여러분이 집주인이라면 다짜고짜 집을 보여 달라는 경매투자자들이 반가울 리 없겠지요.

그래서 저는 특별한 경우가 아니면 입찰 전 경매 물건의 내부를 보지 않습니다. 처음에는 집의 내부를 보고 싶어서 벨을 눌렀고, 무수히 욕을 먹었지요. 그러고도 집의 내부를 보지 못하는 일이 다반사였습니다. 오랜 경험으로 내린 결론은 물건이 아파트라면 "아파트의 내부는 다 똑같다." 라는 것입니다. 내부구조는 인터넷에서 충분히 확인이 가능합니다. 다만 집에 누수가 있을 가능성이 있거나, 집 상태가 노후하여 걱정될 경우에는 내부를 반드시 확인합니다. 확인이 어렵다면 매물로 나온 같은 라인의 아랫집, 윗집이라도 꼭 확인해보세요!

낙찰자, 집주인을 만나다!

낙찰자는 명도를 하기 위해 현재 거주하고 있는 집주인을 만나야 합니다. 집을 날리고 만 집주인이 낙찰자에게 요구하는 것은 크게 두 가지입니다.

첫째, 넉넉한 이사비입니다

대부분의 낙찰자가 집주인을 만나면 처음 듣는 말이 "이사비는 얼마나 주실 건데요?"입니다. 그런데 그 말을 그대로 받아들이지 마세요. 그들이 원하는 이사비와 낙찰자인 여러분이 생각하는 이사비는 차이가 매우 큽니다. 만약 1,000만원의 이사비를 요구하는 집주인이 있다면 어떻게 해야 할까요? 이럴 때는 협상이 필요합니다.

협상을 할 때는 내가 해줄 수 있는 것을 정확하게 알려주는 것이 좋습니다. 이사비 1,000만원은 애초에 염두에 두고 있지 않았다는 것을 알려주어야 합니다. 줄 수 있는 이사비용이 100만원이라면 협상은 50만원부터 시작합니다. 협상할 여지를 남겨두기 위해서이지요. 50만원부터 협상을 시작하여 100만원 안에서 협상을 완료합니다. 한 가지 분명한 것은 어떤 금액도 집주인에게 넉넉한 느낌을 주지 못한다는 것입니다. 이사비는 원활한 명도를 위해 작게나마 위로금을 주는 것일 뿐, 반드시 지급해야 하는 비용은 아닙니다.

둘째, 넉넉한 이사 준비 기간입니다

집주인은 이사할 때까지 시간을 요구하기도 합니다. 집주인에게 아이들이 있다면 학교 때문에 당장 거처를 옮기는 것이 쉽지 않을 겁니다. 그렇지만 이사 날짜를 마냥 연기해줄 수는 없다고 확실히 이야기하세요. 정확한 날짜를 정해서 알려주면 얘기가 쉽습니다. 이사 날짜도 조금 촉박하게 잡아 통보하고, 조금씩 양보하는 것이 좋습니다.

집주인과 협의가 이루어지지 않으면 최후에는 법적인 조치를 취하게 됩니다. 법원의 힘을 빌려 집주인을 강제로 내보내는 강제집행은 집주인과 낙찰자 모두에게 쉽지 않은 일입니다. 비용과 감정을 소모하게 되지요. 가능한 한 대화와 협상으로 명도를 하는 것이 좋습니다. 이는 명도 부분에서 자세히 이야기하겠습니다. 집주인이 이사하면 이 물건은 마무리됩니다.

세 들어 사는 집이
경매에 넘어갔다면?

상황에 따라 경매에 대응하는 방식이 달라진다

경매 물건에 살고 있는 사람, 즉 점유자가 임차인일 경우도 있습니다. 전세나 월세로 남의 집을 빌려 사는 사람을 임차인이라고 합니다. 임차인은 수백만원에서 수억원에 이르는 보증금을 내고 집을 빌려서 살고 있는데, 이 집이 경매에 넘어가 보증금을 돌려받지 못할 위기에 처한다면 그것만큼 날벼락도 없을 것입니다. 경매에서 임차인의 상황은 크게 네 가지로 나눌 수 있습니다.

① 보증금을 전액 돌려받는 임차인

임대한 집에 다른 권리가 없다면 임차인의 권리를 제대로 갖춘 임차인은 보증금을 전액 돌려받습니다. 그러니 손해가 없지요. 경매라는 번거로운 일을 겪기는 하지만, 그리 나쁜 상황은 아닙니다. 때로는 이익을 보기도 합니다. 경매가 진행되는 기간에 보증금 인상을 하지 않아 저렴하게 살 수도 있고, 월세를 내던 임차인은 경매가 진행되는 기간에 매달 내던 월세를 내지 않기도 합니다. 하루빨리 이사 가기를 기다리던 임차인이라면 입찰예정자와 낙찰자를 반기기도 합니다. 이런 집에 현장답사를 가면 집 안을 둘러볼 기회가 생기기도 합니다.

② 보증금을 일부만 돌려받는 임차인

보증금을 일부만 돌려받는 임차인은 사정이 조금 다릅니다. 잃는 보증금의 크기에 따라 상심하는 정도도 다르겠지요. 이들은 못 받는 보증금을 낙찰자에게 요구하기도 하고, 낙찰자에게 감정의 날을 세우기도 합니다. 이럴 때는 그들이 일부라도 보증금을 받게 된 것이 낙찰자의 잔금 납부 덕분이라는 것을 알려주어야 합니다. 그 보증금을 받기 위해서는 낙찰자에게 협조해야 한다는 것도 함께 말이죠. 임차인은 못 받은 보증금을 낙찰자가 아니라 전 집주인에게 따로 청구하여야 합니다.

③ 보증금을 한 푼도 돌려받지 못하는 임차인

법에서는 임차인에게 막강한 권리를 부여하고 있습니다. 하지만 임차인의 지위를 제대로 갖추지 못하면 임차인의 권리를 가지지 못합니다. 가장 기본이 되는 것은 주민센터에 전입신고를 하는 것입니다. 자격을 갖추지 못한 임차인은 법원의 배당에서 제외되고, 보증금을 돌려받지 못합니다. 임차인이 보증금을 돌려받지 못하면 순순히 이사를 나가려 하지 않을 가능성이 높으니, 명도를 대화로 풀기는 쉽지 않을 것입니다. 그러나 법적으로는 강제집행이 가능합니다.

한편, 권리가 있어도 법원배당을 받지 못하는 임차인도 있습니다. 이들은 낙찰자에게 보증금을 요구합니다. 이런 물건은 인수할 보증금 액수만큼 저렴하게 낙찰받아야 합니다. 인수해야 할 보증금을 모르고 낙찰받으면 실제 가격보다 비싸게 낙찰받게 됩니다. 이런 물건은 조심해야 합니다.

④ 임차인의 자격이 불분명한 임차인

임차인의 자격이 분명하지 않은 경우에는 임차인의 자격이 확실해지고 나서 배당이 되기도 합니다. 지위가 불분명한 임차인의 권리가 분명해질 때까지는 법적으로 강제집행도 어렵습니다. 그래서 애매한 임차인이 점유하고 있는 집은 제대로 된 소유권을 행사하기 어렵지요. 가장 난이도가 높은 물건입니다.

경매를 당했을 때 임차인의 두 가지 대응 방법

집주인은 스스로 진 빚 때문에 경매라는 일을 겪지만, 임차인은 무슨 죄일까요? 임차인은 살고 있는 집이 경매에 넘어갔다는 사실을 어느 날 날아온 법원등기우편물로 알게 됩니다. 이때 임차인은 두 가지 중 하나를 선택해야 합니다. 하나는 '법원이나 법무사를 찾아가서 무슨 내용인지 정확하게 확인한다.'이고 다른 하나는 '삶이 너무 바빠 무슨 일인지 확인하지도 못한다.'입니다.

용어 해설

우선변제권
임차인이 보증금을 우선변제 받을 수 있는 권리로, 임차인은 사전에 전입신고와 확정일자 등의 대항력을 갖춰야 합니다.

물론 대부분의 임차인은 전자를 선택해 자신의 보증금을 지킵니다. 임차인은 배당요구를 해야 우선변제권을 가지는데 이 부류의 임차인은 늦지 않게 배당요구를 합니다. 사실 임차인에게 가장 중요한 것은 대항력이 있느냐인데, 대항력의 유무는 이사할 때 이미 결정됩니다. 이미 대항력을 가지고 있다면, 이들은 보증금을 전부 배당받거나 거의 대부분을 배당받을 것입니다.

가끔 후자를 선택하는 임차인들이 있는데, 이들은 대부분 먹고살기 바쁜 소시민입니다. 가난한 임차인들은 하루 벌어 하루 먹고살기 바쁩니다. 하루 일을 못 하면 당장 먹고살기 어렵고, 하루 일을 쉬면 회사에서 잘릴지 모릅니다. 그래서 이것저것 알아볼 여유가 없어 배당요구를 하지 못하기도 합니다.

임차보증금이 일정 금액 이하인 사람들을 소액임차인이라고 합니다. 나라에서는 가난하고 소외된 소액임차인을 보호하기 위해 법을 만들었습니다. 소액임차인이 보증금을 지킬 수 있도록 다른 빚쟁이(채권자)들보다 먼저 배당받게 하는 법인데, 이것을 최우선변제권이라고 합니다. 최우선변제권은 다른 채권자들보다 먼저 배당을 받을 수 있는 권리로 시기별, 지역별로 보증금의 기준이 조금씩 다릅니다(27장 참고).

입찰자에게 친절한 임차인도 있다

입찰 전 임차인이 사는 집을 기웃거리는 사람들이 있습니다. 바로 현장답사를 간 예비 입찰자입니다. 임차인이 있는 집은 집주인이 사는 집과 다릅니다. 보증금을 모두 배당받는 임차인이라면 경매에 협조적이기도 하지요.

다가구물건을 보러 갔을 때의 일입니다. 대문 앞에서 임차인과 딱 맞닥뜨리게 되었습니다. 당황하는 제게 그녀가 웃으며 말을 건네옵니다.
"경매 때문에 오셨나봐요?"
"아, 네."
나쁜 짓하다 걸린 아이처럼 엉거주춤하게 선 제게 그녀가 웃으며 말했습니다.
"그러시구나. 들어오실래요?"
그녀는 저를 집 안으로 안내했습니다.
"집이 괜찮은데, 한쪽 방은 결로가 좀 있어요. 환기를 열심히 해주셔야 할 거예요. 옆집에는 젊은 부부가 살고요, 아랫집에는 아저씨가 사세요. 저희는 몇 달 후에 입주를 해야 해서 빨리 마무리되면 좋겠어요."

친절한 그녀는 전액 배당을 받는 임차인이었습니다.

보증금을 전액 배당받는 임차인은 입찰자에 대한 거부감이 없는 경우가 많습니다. 이사를 하고 싶어 하는 임차인은 빨리 경매가 끝날 날만 기다립니다. 이 집에 계속 살고 싶은 임차인은 재계약을 원하기도 합니다. 재계약을 원하는 월세입자라면 경매 낙찰 후 집주인의 계좌번호만 바뀌는 셈입니다. 물론 사람은 각양각색이라 배당받는 모든 임차인이 협조적인 것은 아닙니다. 반대로 보증금을 한 푼도 배당받지 못하는 임차인이라면 현장에서 마주치지 않는 것이 좋습니다. 입찰자에게 그리 상냥하지 않을 가능성이 높습니다.

임차인도 경매에 참여할 수 있다

임차인도 종종 경매에 참여합니다. 입찰하는 이유는 여러 가지이지요. 살다 보니 정이 들어서기도 하고, 집의 가치를 잘 알기 때문이기도 합니다. 보증금을 전액 돌려받지 못해 울며 겨자 먹기로 낙찰을 받기도 하지요. 대항력 있는 임차인은 직접 경매에 참여할 목적으로 일부러 배당요구를 하지 않기도 합니다. 왜 배당요구를 안 할까요? 대항력 있는 임차인이 배당요구를 하지 않으면 현재 임차인의 상태를 알 수 없어서 초보자들은 섣불리 입찰하지 못하기 때문입니다. 똑똑한 임차인은 이렇게 경쟁자를 줄인 후 본인이 낙찰을 받기도 합니다.

어려운 경매만 피해도
절반은 성공이다

경매를 잘하는 사람

경매투자를 하는 사람들은 정말 각양각색입니다. 다양한 직종에서 일하는, 우리 주변에서 만날 수 있는 평범한 사람들이 경매투자를 하고 있지요. 대학교수, 세무사, 회계사, 연구원 등 전문직도 있지만 대학생, 가정주부, 은퇴자 등 평범한 사람들이 더 많습니다. 그들에게는 공통된 특징이 있습니다.

① 돈을 좋아합니다

가장 중요한 특징입니다. 돈은 누구에게나 필요하지만, 절실함은 저마다 다릅니다. 돈에 대해 부정적인 생각을 가진 분들은 쉽게 그만둡니다. 돈도 자기를 좋아하는 사람을 좋아합니다. 여러분이 돈을 좋아한다면 경매 잘하는 사람의 가장 중요한 특징을 가지고 있는 것입니다.

② 스스로 해결하려 무던히 노력합니다

투자는 스스로 결정하고 스스로 책임지는 일입니다. 모든 일이 순조롭지는 않습니다. 어떤 일은 앞뒤가 꽉 막히고 힘들지요. 그럼에도 스스로 문제를 해결해야 합니다. 다른 사람에게 의지하지 않고 스스로 해결해

내는 힘이 있는 사람이 경매에 유리합니다.

③ 상황보다 문제해결에 집중합니다

부동산은 시장상황과 정부정책에 민감합니다. 아무리 원해도 상황이 좋지 않다면 부동산 시장은 움직이지 않습니다. 현명한 경매투자자는 마음에 들지 않는 상황을 원망하기보다 해결방법에 집중합니다.

세입자 구하기가 어렵다면 새로 인테리어를 할 수도 있고, 월세를 낮출 수도 있습니다. 다른 공인중개사무소를 찾아 임대를 내놓기도 하고, 온라인을 통해 세입자를 구하기도 하지요. 계절적 요인이나 정치적 상황이 좋지 않다면 기다리는 것도 방법입니다.

어려운 경매 쉽게 하는 법

탁월하게 잘하는 것은 어렵겠지만 그냥 경매를 하는 것은 쉽습니다. 몇 가지 필수적인 지식을 배우고, 원하는 물건을 알고, 가진 돈의 크기에 맞추어 경매 입찰을 하면 됩니다.

시작은 법률용어 습득입니다. 가압류, 가등기, 법정지상권, 임대차보호법, 배당 등 알 수 없는 용어들은 법에 문외한인 사람들에게는 그저 글자일 뿐입니다. 그래서 어떤 경매책은 영자신문같이 낯설게 느껴지기도 하는데 그렇더라도 경매책을 읽으면 도움이 됩니다. 다양한 경매투자의 예시를 볼 수 있기 때문입니다.

사람 사는 모습이 가지각색이듯이 경매로 나온 집들의 사연도 다양합니다. 집주인이 집의 대출을 연체해서 나오기도 하고, 집을 담보로 사채를 써서 나오기도 하고, 때로는 회사직원의 월급을 못 줘서 사장의 집이 경매에 나오기도 합니다. 이혼하는 부부들의 재산분할을 이유로 나오기도 하지요. 이런저런 사연이 있는 집들이 법원의 경매절차를 거쳐 경매에 나오면 투자자인 우리는 "이 집은 아버지가 죽은 뒤 자식들이 싸웠구나." 혹은 "이 집은 정말 땡전 한 푼 없구나." 하고 그 내용을 미리 다 볼 수 있습니다.

법원은 이 집의 시세가 얼마인지는 감정평가서에, 이 집의 이러저러한 사연은 등기부등본과 매각물건확인서에 친절하게 표시해서 투자자들에게 알려줍니다. 우리는 이 내용을 대법원이나 유료경매사이트에서 미리 보고, 내가 해결할 수 있는 내용인지 아닌지를 판단할 수 있습니다.

경매가 쉬운 집은 어떤 집일까?

경매 초보자라면 간단한 사연을 가진 집들만 골라서 입찰하면 됩니다. 초보자가 고를 수 있는 쉬운 집은 어떤 집일까요?

① 잘 아는 지역의 집

어느 지역이 좋을지 모를 때는 한 지역만 마스터해보세요. 한 지역에만 익숙해지면 그다음은 쉽습니다. 여러분이 살고 있는 지역, 잘 아는 지역, 집을 꼭 사고 싶은 지역 중에서 고르면 됩니다. 한 지역을 정하고 인터넷을 통해 그 동네의 모든 아파트 시세를 파악해보세요. 그러고 나서 현장을 방문합니다. 부동산중개사무소에 다니면서 매물이 얼마에 나왔는지, 월세가 잘 나가는지, 전세가 잘 나가는지 물어보세요. 이렇게 한 지역을 조사해 자신만의 데이터를 만들면 그 지역의 전문가가 될 수 있습니다.

경매에서 가장 잦은 실수는 시세를 잘못 파악하여 비싸게 낙찰받는 것입니다. 시세파악을 제대로 하여 좋은 집을 싸게 잘 사는 것이 가장 중요합니다. 중요한 것은 경매 공부가 아니라 좋은 집을 싸게 사는 것임을 잊지 마세요.

② 말소기준권리보다 앞선 권리가 없는 집

등기부등본에는 집에 관련된 여러 가지 사연이 쓰여 있습니다. 만약 빚이나 유산 분쟁 등 사연 있는 물건을 일반 매매로 사면, 여러 가지 사연을 그대로 인수하게 됩니다. 하지만 경매를 통하면 이런 사항들이 싹 사라집니다. 그야말로 '말소'되는 것입니다. 그 기준이 되는 것을 말소기준권리라고 합니다. 말소기준권리를 포함해 그 뒤에 있는 모든 빚은 그냥 다 사라집니다. 집이 1억원인데, 말소기준권리 뒤에 빚이 10억원이 있다 해도 완전히 말소되어 버린다는 이야기지요. 몇 가지 예외가 있는데 뒤에서 자세히 설명하겠습니다.

문제는 말소기준권리 앞에 있는 것들입니다. 이것은 사라지지 않고 낙찰 후에도 따라오기 때문에 입찰보증금을 날리기도 하고, 추가비용이 생기기도 하지요. 바로 이것 때문에 경매 공부를 해야 합니다. 처음부터 말소기준권리 앞에 아무것도 없는 것을 고르는 게 간단합니다.

③ 살고 있는 사람이 잘 나갈 집

집에는 집주인 또는 임차인이 살고 있습니다. 누가 됐든 그 집에 살고 있는 사람을 내보내야 이사를 들어가거나, 새로 임차인을 들일 수 있습니다. 집에 현재 살고 있는 사람을 점유자라고 하고, 점유자를 내보내는 것을 명도라고 합니다. 점유자가 쉽게 나가는 집이 명도가 쉬운 집입니다.

임차인이 보증금을 배당받는 집은 명도가 쉽습니다. 임차인은 낙찰자의 '명도확인서'가 없으면 법원으로부터 보증금 반환을 받지 못합니다. 일부만 배당받는 임차인도 '명도확인서' 때문에 명도에 협조하는 편입니다.

집주인이 살고 있는 집도 배당금이 얼마라도 남는다면 명도가 쉽습니다. 낙찰가가 1억원인데 빚이 8,000만원이라면 경매수수료를 제외하고도 집주인은 약 2,000만원을 돌려받을 수 있을 것입니다. 경매 관련 용어의 많은 부분이 명도를 하기 위해 쓰이는 용어입니다. 명도가 쉬운 집을 골라 낙찰받으면 어려운 법률용어를 쓸 일이 없습니다.

 용어 해설

명도확인서

임차인이 경매 배당금을 수령하려면 매수인에게 부동산을 넘겼다는 사실을 입증하는 서류가 필요합니다. 이 서류가 명도확인서이며 낙찰자의 인감도장이 날인되어 있어야 합니다.

007

경매 과정
한눈에 살펴보기

경매 물건이 법원에서 어떤 과정을 거쳐 우리 앞에 나오는지 살펴보겠습니다. 법률용어에 겁먹지 마세요. 낯선 용어라 어렵게 느껴지지만, 알고 보면 별거 아닙니다.

경매 과정을 먼저 표로 한눈에 보고 나서, 하나하나 자세히 살펴볼까요?

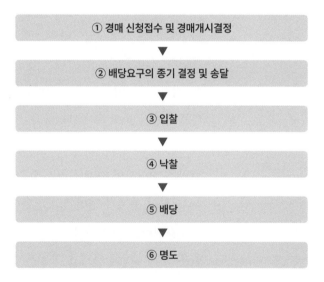

① 경매 신청접수 및 경매개시결정

▼

② 배당요구의 종기 결정 및 송달

▼

③ 입찰

▼

④ 낙찰

▼

⑤ 배당

▼

⑥ 명도

1. 경매 신청접수 및 경매개시결정

경매는 채권자가 경매 신청을 하면서부터 시작됩니다. 채권자가 "채무자의 집을 경매로 처분하여 제 돈을 받아주세요."라고 법원에 경매 신청 접수를 하면, 법원은 이 물건이 경매로 처리되는 것이 합당한지 여부를 판단합니다. 경매를 해도 될지 파악하기 위해 채권자로부터 근거가 되는 서류를 받고, 서류가 부족하면 추가로 요청하여 경매 여부를 결정합니다.

채권자가 은행이라면 신청이 간단합니다. 집주인이 대출을 받을 때 "이자를 못 갚으면 내 집을 마음대로 경매로 넘기세요."라고 대출 관련 서류에 서명을 했으니까요. 이처럼 은행이 근저당 등으로 경매 신청을 하는 것을 임의경매라고 합니다.

반면에 채권자가 개인이라면 소송하여 판결을 받아 경매 신청을 넣어야 합니다. 집행권원으로 경매 신청을 넣게 되는 것을 강제경매라고 합니다. 강제경매, 임의경매는 경매를 시작하는 절차상의 문제이므로 입찰자들에게는 별 의미가 없습니다.

법원은 채권자의 경매 신청서류를 접수받고, 경매진행 여부를 결정합니다. 서류상 문제가 없어 경매진행이 결정되면, 부동산을 압류하는 경매개시결정이 이루어지고 이 집은 경매예정물건이 됩니다. 이때부터 법원은 경매 시장에 물건을 내놓기 위해 준비를 합니다. 사람을 보내 현황을 조사하고, 조사 내역을 대법원법원경매정보 사이트(www.courtauction.go.kr)에 게시합니다. 조사 내역은 크게 다음 세 가지입니다.

용어 해설

압류
채권자의 신청을 받아 국가 기관이 강제로 소유자가 해당 물건을 처분하거나 권리를 행사하지 못하도록 하는 것을 말합니다.

현황조사서

집행관사무원 등을 보내 현황조사서를 만듭니다. 법원소속 집행관이 직접 현장을 방문해 조사하는데, 기본정보, 부동산현황, 점유관계조사서, 임대차관계조사서로 이루어져 있습니다.

감정평가서

법원이 감정평가회사에 의뢰를 하면, 감정평가회사에서는 감정평가사를 보내 감정평가서를 만듭니다. 감정평가서의 감정가는 근래 거래가격과 인근 거래 사례 등을 분석해서 만든 부동산 가격입니다. 이때 감정가격은 경매 신청접수 후 조사한 가격인데, 입찰을 하는 경매기일까지는 6개월 정도 시간 차이가 있습니다. 그래서 시장의 부동산 가격 변동이 클때에는 감정가와 실거래가의 차이가 커지게 됩니다. 또 경매는 채권자에게 돈을 돌려주는 것이 목적이기에 감정가는 실거래가에 비해 후하게 결정되는 편입니다. 참고로 KB국민은행에서 책정하는 부동산 가격은 대출한도를 정하는 기준이기에 가격이 박한 편입니다.

매각물건명세서

입찰자가 매각물건에 대한 중요 정보를 알 수 있도록 그 내용을 기록한 문서를 말합니다. 해당 물건에 집주인이 사는지 임차인이 있는지를 확인하고, 임차인이 있다면 임차인에게 전월세계약서 등의 서류를 확인한 후 작성합니다. 임차인의 권리가 기록되는 중요한 서류로, 혹 소멸되지 않는 중요한 내용이 있다면 하단에 따로 기재합니다. 매각물건명세서는 첫 입찰기일 1주일 전에 게시되며, 새로운 접수가 있으면 수정될 수 있습니다.

경매투자자가 이용하는 유료경매사이트(스피드옥션, 굿옥션, 지지옥션 등)의

정보는 대법원법원경매정보의 내용을 그대로 옮겨온 것입니다. 대법원 법원경매정보는 무료이지만 추가 서류열람은 유료이기에, 이용료를 사전에 지불하면 서류열람과 권리분석을 무료로 할 수 있는 유료경매사이트가 유용합니다. 유료경매사이트에서는 기본적인 권리분석을 해주고 등기부등본 등을 바로 볼 수 있게 해주어 빠른 물건검색과 분석이 가능합니다.

2. 배당요구의 종기 결정 및 송달

경매가 시작되면 법원은 채권자들이 배당요구를 할 수 있는 기간을 정하고 배당요구종기를 공고합니다. 특별한 채권자를 제외하고 모든 채권자는 배당요구종기일 내에 배당요구를 해야 낙찰 후 돈을 배당받을 수 있습니다.

 용어 해설

배당요구종기
경매가 시작된 후 채권자들이 자신의 돈을 돌려받을 수 있도록 배당 신청을 할 수 있는 기간을 말합니다. 쉽게 말해 배당요구를 할 수 있는 마감일입니다.

법원은 경매진행과정을 이해관계인들에게 우편으로 계속 알려주는데, 이것을 송달이라고 합니다. 이해관계인은 경매를 신청한 채권자, 기타 다른 채권자, 집주인인 채무자, 집에 세 들어 사는 임차인 등입니다. 낙찰을 받게 되면 낙찰자도 이해관계인이 됩니다. 송달할 때 드는 비용 등, 경매집행에 필요한 비용은 경매를 신청하는 사람이 미리 납부를 하는데, 이 비용은 나중에 배당할 때 가장 먼저 배당됩니다.

3. 입찰

경매기일이 되면, 관할법원에서 경매가 진행됩니다. 입찰하려는 사람은 정해진 날, 정해진 법원에서 입찰에 참가하면 됩니다. 감정가격이 실제 거래가격과 비슷하거나 높으면, 아무도 입찰에 참가하지 않을 것입니다. 입찰자가 없으면 그 물건은 유찰이 되고, 약 한 달 후 다시 경매일자가 정해집니다. 이때 감정가격보다 20~30% 저렴한 금액으로 최저가격이 정해집니다. 패찰이 되면 그 자리에서 입찰보증금을 돌려받고, 낙찰되면 낙찰영수증을 받습니다.

경매진행 도중 변경, 정지, 취하가 되기도 합니다. 변경은 입찰기일이 변경된다는 뜻인데, 다른 날짜를 다시 잡아 재경매를 실시합니다. 정지는 일단 정지했다가 다시 재경매를 하기도 하고, 취하하기도 합니다. 취하는 집주인이 빚을 갚거나 채권자가 경매를 진행하지 않기로 하여 경매를 철회하는 것입니다.

용어 해설

패찰
입찰 금액으로 쓴 가격이 낮아 낙찰받지 못하는 경우를 말합니다.

4. 낙찰

가장 높은 금액을 쓴 입찰자에게 낙찰이 되면 집행관이 이렇게 말합니다.

"2022타경 1234의 최고가매수인은 이○○입니다. 차순위매수신고 하실 분 계십니까?"

최고가매수인은 낙찰자를 말합니다. 차순위매수신고를 하는 사람은 낙찰자가 잔금납부를 하지 못했을 때 낙찰자가 됩니다. 차순위매수신고를 한 사람은 낙찰자의 잔금납부일까지 보증금을 돌려받지 못합니다. 때문에 차순위매수신고는 낙찰자가 잔금납부를 하지 못할 것으로 예상되는 경우에만 하는 것이 좋습니다. 차순위매수신고자는 2등을 말하는 것이 아닙니다. 낙찰금액에서 입찰보증금액을 뺀 금액보다 높은 가격으로 입찰가를 쓴 사람이라면 누구나 가능합니다.

예를 들어 감정가가 3억 2,000만원, 입찰보증금이 3,200만원인 물건의 낙찰가가 3억 3,320만원일 때 차순위매수신고인은 3억 120만원(낙찰가 3억 3,320만원 - 보증금 3,200만원) 이상을 쓴 사람이라면 누구나 할 수 있습니다.

5. 배당

용어 해설

매각불허가신청

낙찰받은 이후 매각허가결정이 선고되기 7일 전 신청하여 낙찰을 포기하는 것을 말합니다. 신청이 받아들여지면 입찰보증금을 돌려받으며 낙찰을 포기할 수 있는데 경매절차에 중대한 잘못이 있을 때, 천재지변, 물건에 중대한 흠이 있을 때 등 조건이 까다롭습니다.

낙찰 후 1주일이 지나면 매각허가결정이 납니다. 만약 이해관계인 중 이 매각에 이의가 있는 사람이 있다면 1주일 안에 매각불허가신청을 해야 합니다. 매각허가가 난 이후에는 매각허가결정취소신청을 해야 합니다. 매각불허가도 어렵지만, 매각허가결정취소는 더 어렵습니다. 매각에 이의가 있다면 미리미리 신청하면 좋겠지요? 다만, 매각불허가신청은 낙찰자의 잘못이 아니라 절차상의 문제나 법원도 알지 못한 결정적인 문제가 있을 때 받아들여집니다. 법원은 경매진행을 방해받는 것을 좋아하지 않습니다.

별다른 문제가 없다면, 낙찰 후 약 4주 전후로 잔금납부기일이 정해집니다. 정해진 잔금납부기일까지 잔금을 납부하지 못하면, 입찰할 때 냈던 보증금을 법원에서 몰수합니다. 몰수당한 보증금은 이후 배당금에 합해져서 채권자들에게 배당되죠. 잔금납부기일이 지나고, 재경매가 진행되더라도 재경매일 3일 전까지 잔금을 납부하면 소유권을 가질 수 있는데,

납부지연에 따른 벌금으로 잔금의 지연이자 연이율 20%를 함께 납부해야 합니다.

잔금납부일로부터 약 4주 후 배당기일이 정해집니다. 배당받을 권리가 있는 채권자, 임차인은 배당기일에 법원에서 배당을 받습니다. 배당을 하고 나면 법원의 경매일정은 끝이 납니다. 이를 배당종결이라고 합니다.

6. 명도

법원은 배당으로 사건이 종결되지만, 낙찰자에게는 명도가 되어야 진정한 종결입니다. 명도란 해당 물건을 점유하고 있는 집주인 혹은 임차인에게 최종적으로 물건을 넘겨받는 것을 말합니다. 명도 과정에 들어오면 이제 물건번호는 '타경'이 아닌 사건번호 '타인'을 쓰게 됩니다. 경매번호인 타경은 이제 더는 쓸 일이 없는 것이죠. 인도명령결정문에 '2022 타인 1234' 같은 형식의 사건번호가 부여되고, 점유이전금지가처분이나 강제집행 때도 이 사건번호를 씁니다.

용어 해설

점유이전금지가처분

명도 과정에서 점유자가 임의로 부동산에서 퇴거하여 소송이 진행되지 못하는 상황을 막기 위해 점유자가 다른 사람에게 점유를 넘기지 못하도록 막는 제도입니다.

용어 해설

강제집행

국가가 채무자로 하여금 법을 따르도록 강제로 조치하는 제도입니다.

첫째 마당

나에게 딱 맞는 물건 찾는 법

경매 물건에는
무엇이 있을까?

별걸 다 파는 경매 시장

경매 시장에는 정말 다양한 물건들이 나옵니다. 자동차를 포함해 오토바이, 선박, 비행기 등 온갖 탈것들은 물론 물고기를 잡을 수 있는 어업권, 광물을 캘 수 있는 광업권 등의 권리도 경(공)매로 살 수 있습니다. 한우, 볏짚 등 농축산물부터 중장비, 산업 부품 등 동산(움직일 수 있는 물건)도 경(공)매로 낙찰받을 수 있지요.

우리가 관심 있는 물건은 바로 부동산입니다

부동산은 크게 네 가지로 분류할 수 있습니다. 사람이 먹고 자며 생활하는 주거용, 상업행위를 하는 상업용, 건물이 없는 토지 그리고 그밖에 특별한 용도로 정해진 '기타'입니다. 여러분은 다양한 부동산 중에 어떤 물건에 관심이 있으신가요?

① 다듬어지지 않은 원석, 토지

도시 한복판에 있는 20층짜리 건물의 토지는 아름다운 바닷가 시골 마을의 토지보다 가치가 있습니다. 토지는 위에 어떤 건물이 올라가느냐에 따라 가치가 달라집니다. 나라에서는 토지 위에 아무렇게나 건물을 올릴 수 없도록 법으로 규제하고 있습니다. 건물의 활용도가 높을수록, 건물이 높으면 높을수록 토지의 가치도 높습니다. 또 개발행위에 따라 토지의 가치가 달라질 수 있습니다. 모든 토지는 개별성이 강해서 적당한 가격을 책정하기 어렵습니다. 이런 이유로 토지는 초보자가 평가하기에 조금 어렵습니다.

② 상업활동을 위한 상업용 물건

상업활동을 한다는 것은 돈을 벌기 위해 무언가를 팔거나, 서비스를 제공한다는 것입니다. 영업행위를 하는 사장님이 돈을 잘 벌어야 월세도 낼 수 있습니다. 손님이 오지 않는 상가라면 아무리 번듯하게 인테리어를 해도 아무도 임차인으로 들어오지 않습니다. 상권만 좋으면 물건이 허름하고 별 볼 일 없어도 임차인들이 영업을 할 수 있지요. 물건 자체보다 입지와 상권이 더 중요합니다.

용어 해설

권리금
소유주 및 전 임차인이 영업시설, 비품, 권리 등을 새 임차인에게 양도하거나 이용하게 할 때 보증금, 월세 외에 받는 금전을 말합니다.

장사가 잘되는 곳이라면 임차인은 비싼 월세를 감수합니다. 심지어 경매낙찰물건은 권리금도 없습니다. 상권을 이해할 수 있다면 상가를 경매로 낙찰받을 경우 매우 유리합니다. 상가의 임대수익률은 주택과는 비교할 수 없을 정도로 좋습니다. 주택은 월세로 100만원을 받기가 쉽지 않은데, 상가는 1,000만원의 월세를 받을 수도 있습니다. 임대수익을 원한다면 상가에 투자해야 합니다. 하지만 경매 공부 전에 상가 상권을 먼저 이해하는 것이 중요합니다.

③ 가장 쉬운 주거용 부동산

우리는 누구나 집에 삽니다. 낡은 집, 새집, 아파트, 빌라, 자가, 전세, 월세 등 형태나 방식은 달라도 집은 우리에게 익숙하지요. 어떤 집이 가치 있는지는 어렵지 않게 알 수 있습니다. 주거용은 크게 아파트, 빌라, 오피스텔, 단독주택으로 나눌 수 있지요. 이 중 가장 쉬운 것은 아파트입니다. 아파트는 똑같은 집이 한두 채가 아닌 수백, 수천 채가 있는 집의 형태입니다. 같은 형태의 집이 수백 채가 있으니 비교하기 쉽습니다. 거래 가격이 투명하고, 전월세가도 예측이 가능합니다. 사기 쉽듯이 팔기도 쉽습니다. 부동산을 처음 시작한다면 주거용, 그중에서 아파트부터 시작하는 것이 좋습니다. 그래서 우리는 이 책에서 주거용을 중심으로 이야기하려 합니다.

④ 기타

특별한 용도로만 쓰이는 부동산입니다. 가축을 기르는 건축물인 축사, 객실 단위로 분양을 하여 구입자가 사용하지 않는 기간에는 관리 회사에 운영권을 맡기고 임대료 수입을 받는 형태의 호텔인 콘도, 학생을 교육하기 위한 학교, 차량을 세워두도록 마련한 장소인 주차장 등이 기타 용도의 부동산에 속합니다.

| 경매 물건의 용도 분류 |

주거용	아파트, 주택, 다세대(빌라), 다가구(원룸 등), 근린주택, 오피스텔, 도시형생활주택, 빌라형아파트, 농가주택
상업용	근린생활시설, 근린상가, 상가, 상가 점포, 상가 주택, 아파트형공장, 숙박시설, 주유소, 오피스텔(업무), 병원, 아파트상가, 창고, 상가사우나, 목욕탕, 노유자시설, 장례식장, 공장
토지	대지, 임야, 전, 답, 과수원, 잡종지, 공장용지, 도로, 구거, 유지, 목장용지, 수도용지, 철도용지, 체육용지, 창고용지, 제방, 하천, 유원지, 사적지, 광천지
기타	축사, 콘도, 학교, 주차장, 묘지, 광업권, 어업권, 농가관련시설, 종교시설, 염전, 양어장, 기타

주거용 물건,
어떤 것들이 있을까?

건물은 목적별로 다른 이름을 갖습니다. 사람이 사는 것이 목적인 주거용 물건을 주택이라고 합니다. 건축법에서 주택은 크게 단독주택과 공동주택으로 나뉩니다.

단독주택은 한 건물에 집주인이 한 명

단독주택의 종류에는 크게 단독주택, 다중주택, 다가구주택의 세 가지가 있습니다.

단독주택

한 집에 한 가구가 사는 집입니다. 도시의 단독주택과 시골의 농가주택이 있습니다. 단독주택은 토지와 건물로 이루어집니다. 단독주택은 어느 곳에 위치하느냐에 따라 가격 차이가 많습니다. 단독주택에서 중요한 부분은 토지가격입니다. 도시의 단독주택은 가격이 높습니다. 당연한 말이지만 땅값이 비싸기 때문이죠. 경매 물건 분류로는 주택 혹은 농가주택에 해당합니다.

다중주택

여인숙, 기숙사와 같이 여러 명이 거주하며 주방과 화장실을 공동으로 사용하는 주택을 말합니다. 건축법상 다중주택은 3층 이하이며, 연면적 330㎡(100평) 이하입니다. 경매 물건분류에서 여인숙은 숙박시설로, 기숙사는 근린생활시설로 분류됩니다. 경매에서 다중주택은 주거용 물건이라기보다는 상업용 물건에 해당합니다.

다가구주택

주택으로 쓰이는 층수(지하층 제외)가 3개 층 이하이고, 연면적이 660㎡(200평) 이하이며, 19세대 이하가 거주하는 주택을 말합니다. 다가구주택은 각 구획마다 화장실과 주방이 따로 있어 독립적인 생활이 가능합니다. 독립된 여러 세대가 살지만 집주인은 한 명인 단독주택입니다. 다가구주택은 세대가 많아도 1채로 치기 때문에 다주택자 중과세를 피할 수 있습니다. 그야말로 똘똘한 한 채이지요. 월세를 받는 수익형부동산으로 인기 있는 경매 물건입니다.

2022 타경 ▨▨ (강제)		매각기일 : 2022-09-05 10:00~ (월)		경매8계 031-737-1333	
소재지	경기도 성남시 수청구 태평동 ▨▨외 1필지				
용도	다가구(원룸등)	채권자	장▨▨	감정가	1,285,649,280원
대장용도	단독주택 근린생활시설	채무자	양▨▨	최저가	(100%) 1,285,649,280원
토지면적	134.6㎡ (40.72평)	소유자	양▨▨	보증금	(10%) 128,564,928원
건물면적	295.92㎡ (89.52평)	매각대상	토지/건물일괄매각	청구금액	717,502,465원
제시외	50㎡ (15.12평)	배당종기일	2022-04-12	개시결정	2022-02-07

기일현황 ⊙ 입찰11일전

회차	매각기일	최저매각금액	결과
신건	2022-09-05	1,285,649,280원	

모의입찰가 [0]원 [입력] [?]

다가구주택 경매 내역서 예시

공동주택은 한 건물에 집주인이 여러 명

주인이 다른 여러 세대가 한 건물에 사는 집이지요. 다세대주택, 연립주택, 아파트, 도시형생활주택이 여기에 속합니다.

주거용 물건 중에서 가장 쉽게 접하는 물건은 아파트와 빌라입니다. 아파트와 빌라는 한 동에 여러 세대가 독립된 형태로 살고 있습니다. 같은 토지 위에 여러 층에 걸쳐 여러 세대가 함께 살고 있지요. 때문에 각 세대는 독립된 토지를 가지지 못하고 토지지분을 갖게 됩니다. 건물의 층이 낮으면 토지지분이 많고, 층이 높으면 적은 지분을 가지게 됩니다. 재개발을 염두에 둔 낡은 빌라라면 토지지분이 얼마나 되는지가 매우 중요합니다. 일반 아파트의 경우에는 토지지분보다 입지와 매매가, 전월세가격 등을 중요하게 체크합니다.

다세대주택

1개 동의 연면적이 660㎡ 이하이고, 4개 층 이하를 주택으로 쓰는 주택입니다. 보통 빌라라고 합니다. 경매에서는 다세대(빌라)로 분류합니다.

연립주택

1개 동의 연면적이 660㎡를 초과하고, 4개 층 이하를 주택으로 쓰는 주택을 말합니다. 다세대주택과는 연면적만 차이가 있습니다. 역시 경매에서는 다세대(빌라)로 분류합니다.

아파트

주택으로 쓰는 층수가 5개 층 이상인 주택입니다. 일반 아파트와 빌라형 아파트가 있습니다.

대한민국 사람들에게 아파트는 익숙합니다. 오래된 아파트보다 새 아파트가 더 인기 있습니다. 가장 인기 있는 평형은 59㎡(25평형)입니다. 인기 있는 층은 흔히 로열층이라고 부릅니다. 로열층은 아파트마다 달라서 어떤 아파트는 정원 딸린 1층이 로열층이고, 어떤 아파트는 복층으로 이루어진 탑층이 로열층입니다. 일반적인 로열층은 전체 층 중에서 중간보다 높은 층입니다.

아파트는 다른 부동산보다 실거래가와 전월세가가 투명하며, 다른 부동산에 비해 똑같은 형태의 거래 빈도가 높고, 다운계약서 등의 불법거래를 하기 어렵습니다. 또한 원하는 사람들, 즉 수요가 많아 환금성이 좋습니다. 대단지 아파트는 경매를 처음 시작하는 초보자가 접근하기에 좋은 물건입니다.

 용어 해설

다운계약서

집을 사는 사람과 파는 사람이 합의해 실제 거래가격이 아닌 가짜 거래가격으로 만든 계약서를 말합니다. 대개 세금을 탈세하기 (줄이기) 위해 작성하는데, 이는 불법입니다.

도시형생활주택

1~2인 가구를 위해 2009년 5월 정부가 도입한 주택유형입니다. 다른 공동주택보다 완화된 기준으로 지어졌기에 주차장 등의 시설이 부족하고 열악한 편이지만, 최대 50㎡였던 기존의 면적제한이 최대 60㎡(최대 18평형)로 완화되고 각종 규제에서 자유로워지면서 적은 투자금으로 투자하는 투자자가 늘고 있습니다.

근린생활시설과 오피스텔, 1층 상가주택

근린생활시설과 오피스텔은 상업물건이지만 주택으로도 사용할 수 있습니다.

근린생활시설

단독주택 중에서 점포가 함께 있는 집을 말합니다. 1층에 상가(근린생활시설)를 두고, 2~4층은 주거용으로 이용하는 다가구건물은 근린생활시설로 분류합니다. 다가구(원룸)건물을 지을 때 1층을 상가로 지으면 됩니다. 월세수익을 내기 좋아 은퇴자에게 인기 있는 주거용 물건입니다.

오피스텔

'오피스+호텔'의 개념으로 낮에는 업무를 보고, 밤에는 잠을 잘 수 있는 공간입니다. 원래 업무 용도이지만, 취사가 가능하고 화장실이 있는 오피스텔은 주택으로 인정될 수 있습니다. 적은 투자금으로 임대수익을 낼 수 있는 주거용 물건입니다.

주택으로 이용하는 근린생활시설 등 1층 상가

근린생활시설, 사무실, 학원, 음식점 등의 용도로 허가받아 지어졌으나 주택으로 이용하는 1층 상가는 법적으로 인정받지 못하는 주택입니다. 건축물대장의 용도가 아닌 다른 용도로 이용하는 것은 불법이니까요. 주택으로 이용하는 상가는 주로 건물의 1층에 위치하고 있으며 일반 집과 같은 구조를 가지지만, 태생이 상가이기에 주택으로 인정받지 못합니다. 취득할 때 세금과 대출은 상가 기준입니다.

그렇다면 이런 집을 왜 지을까요? 건축법상 다세대주택은 4개 층까지 주택으로 인정되기에 1층에는 점포를 만들고, 2층에서 5층까지 4개 층을 주택으로 만들 수 있습니다. 그래서 1층의 집을 점포로 허가받았다가, 나중에 주택으로 불법용도변경을 하는 경우가 있지요. 상가(주택)는 일반 주택보다 저렴하며 임대수익을 낼 수 있습니다. 하지만 불법이기에 과태료를 물 수 있고, 원상복구를 해야 할 수도 있어서 추천하지 않습니다.

부동산 경매,
어떤 순서로 시작할까?

왜 경매하고 싶으세요?

대다수의 사람들이 경매로 집을 살 때 목적은 셋 중 하나입니다. 첫 번째는 내 집 마련을 하는 것, 두 번째는 바로 팔아 시세차익을 내는 것, 세 번째는 임대수익을 내는 것입니다.

"그냥 돈 되는 물건에 투자하고 싶어요."처럼 애매한 목표는 곤란합니다. "임대수익도 얻으면서, 나중에 시세차익을 낼 수 있는 내 집 마련을 하고 싶다."라는 것은 마치 "돈 많고, 잘생기고, 전문직에, 성격도 좋고 게다가 로맨틱하기까지 한 남자와 결혼하고 싶다."라는 것과 같습니다. 세상에 그런 남자가 없진 않겠지만, 그런 완벽남이 남편이 되는 일은 쉬운 일이 아니겠지요. 현실에서는 적당한 타협이 필요합니다.

경매도 마찬가지입니다. 경매 시장에서 위치 좋고, 층 좋고, 방향 좋고, 인테리어 좋고, 명도도 문제없는 완벽한 물건을 찾으면 곤란합니다. 그런 물건이 없진 않지만, 귀하기에 저렴한 가격을 기대하기 어렵습니다. 때문에 물건을 고를 때는 정확하고 현실적인 목표를 가지는 것이 중요합니다.

나에게 딱 맞는 경매 물건 고르는 순서

① 목적을 정하는 것이 우선입니다

앞서 세 가지 목적 중 하나를 고르는 것이 좋다고 말씀드렸지요. 물론, 임대수익을 목적으로 하더라도 시세차익이 날 수도 있습니다. 그리고 실거주용 목적으로 집을 샀는데 시세차익이 날 수도 있죠. 다만 주가 되는 목적을 하나로 정하면 물건을 고르기가 쉬워집니다. 뒤에서 각각의 목적에 맞는 물건 찾는 법을 소개할 것입니다.

② 지역도 알아보세요

목적에 따라 선택지역이 달라집니다. 내 집 마련이 목적이라면 물건 선택범위가 정해져 있습니다. 살고 있는 동네를 떠날 수 없다면 선택의 폭이 좁을 것이고, 이사를 고려한다면 더 넓은 범위의 물건을 비교하여 선택할 수 있습니다.

임대수익이 목적이라면 여러분이 사는 동네가 아닌, 월세를 낼 임차인이 있는 곳을 공략해야 합니다. 월세를 내는 임차인 중에는 가족보다 젊은 직장인, 학생 등 혼자 사는 사람들이 많습니다. 그들은 직장이나 학교에서 가깝고, 생활이 편리한 곳을 중요하게 생각하되 학군 등에는 비교적 신경 쓰지 않는 편입니다. 이런 임차인들은 서울 인근 수도권, 지방도시에서 쉽게 찾을 수 있습니다. 특히 지방산업단지 인근 소도시의 저렴한 소형아파트는 임대수익용으로 적합합니다.

시세차익이 목적이라면 서울, 부산 등 대도시가 좋습니다. 개발계획이나 교통 호재가 있는 곳은 더욱 좋습니다. 매매가와 전세가의 차이가 적은 곳을 저렴하게 낙찰받아 전세를 주면 적은 돈으로 투자할 수 있습니다.

③ 목적에 맞는 물건을 찾으세요

경매 물건은 마치 창고개방 세일에 아무렇게나 쌓여 있는 옷 더미와 같습니다. 쇼윈도를 화려하게 꾸미고 아름다운 마네킹을 이용하여 보기 좋게 디스플레이한 백화점과는 다르죠. 하루에 진행되는 전국 경매 물건이 약 1만~1만 2,000여 건입니다. 아무렇게나 널린 경매 물건을 검색하는 일은 만만한 작업이 아닙니다. 많은 물건 중에서 고르고 골라 목적에 맞는 물건을 찾아야 합니다.

④ 물건을 고르고 난 후 권리분석을 합니다

권리분석 전에 목적에 맞는 물건을 고르는 것이 먼저입니다. 권리분석에는 시간이 많이 걸리므로 꼭 필요한 물건만 하는 것이 좋습니다. 권리분석은 '과연 내가 해결할 수 있을까?'를 판단하는 일입니다.

다시 창고개방 세일의 옷을 예로 들어볼까요? 단추가 떨어진 옷은 적당한 단추를 사서 달아주면 되고, 실밥이 떨어진 옷은 실로 꿰매면 다시 말짱한 물건이 되지요. 그런데 치명적인 하자가 있다면 어떨까요? 하얀 옷감의 색이 누렇게 바랬거나, 옷의 한쪽이 찢어졌다면 수선 자체가 어렵습니다. 이런 물건은 입을 수도, 팔 수도 없기에 헐값에 팔거나 폐기처분해야 합니다. 하지만 얼룩을 제거하는 전문가라면 특별한 기술로 바랜 부분을 다시 하얗게 원상복구할 수 있습니다. 어떤 전문가는 옷감이 찢어진 부분에 예쁜 장식을 달거나, 다른 옷감을 멋들어지게 배치할 수도 있을 것입니다.

이런 치명적인 하자를 해결할 능력을 가진 사람을 '고수'라고 부릅니다. 경매에서는 탐정같이 증거를 모으고, 법적 하자를 찾아내서 유치권을 해결하는 사람, 사방에 길이 없어 쓸모없는 맹지를 도로 앞 땅주인과 담판을 지어 금싸라기 땅으로 만드는 사람, 재개발예정지역의 정보를 미리 알아내어 일찌감치 알박기를 하는 사람을 우리는 '고수'라 여기지요.

해결할 수 있는 능력에 따라 취할 수 있는 물건의 범위가 달라집니다. 도전정신이 남다르지 않고, 위험이 싫다면 그냥 중간 정도도 나쁘지 않습니다. 배당받는 임차인이 사는 집을 낙찰받아 명도하는 것은, 멋진 재킷을 골라 그저 단추만 새로 다는 것과 비슷해 고수가 아니어도 얼마든지 할 수 있습니다. 약간의 수고를 더하면, 백화점 품질의 물건을 보다 저렴하게 살 수 있지요.

경매 물건의 권리분석은 내가 해결할 수준인지 아닌지 체크하는 것입니다. 경매 물건이라면 대부분 사람들이 일단 어느 정도 하자가 있다고 여깁니다. 하지만 자세히 들여다보면 그리 대단한 하자가 아닌 경우도 많습니다. 살고 있는 임차인을 적당한 협상으로 내보내고, 페인트칠이나 도배를 하는 정도로 해결할 수 있는 경우가 많습니다. 권리분석에 대한 자세한 이야기는 둘째마당에서 소개하겠습니다.

부동산 경매
무작정 따라하기

011

경매의 목적 ①
나도 내 집을 갖고 싶다!

앞서 경매의 세 가지 목적으로 내 집 마련, 임대수익, 시세차익을 들었습니다. 각각의 목적에 따라 물건을 찾는 법도 다른데요. 하나하나 살펴볼까요?

왜 우리는 세입자로 머물러 있을까?

우리는 집에서 먹고 자며 생활을 합니다. 집을 사용하는 방법은 두 가지입니다. 돈을 주고 사거나, 빌려 쓰는 것입니다. 어딘가에서 먹고 자야 할 집이 필요하다면, 기왕이면 내 집을 가지는 것이 맞습니다. 비싼 월세를 내거나, 2년에 한 번씩 힘들게 전세보증금을 올려주지 않고 말이지요. 그런데 왜 많은 사람들은 내 집 마련을 하지 못하고 세입자로 머물러 있을까요?

집이 너무 비싸요

맞습니다. 하지만 모든 집이 비싼 건 아닙니다. 마음에 드는 집이 비싼 것이지요. 혹시 저렴하고 낡은 자가가 아닌, 비싸고 마음에 드는 집의 임차인으로 머무르길 원하시나요? 물려받을 재산이 있고, 뚜렷한 전문직이며, 부양할 가족이 없다면 평생 부유한 임차인으로 사는 것도 좋겠지요. 그렇지 않다면 가능한 한 빨리 내 집 마련을 하는 것이 좋습니다.

괜히 샀다가 집 가격이 떨어질까봐 두려워요

주택가격이 하락하던 2009~2010년에는 과도한 주택담보대출의 원리금 상환 부담으로 고통받는 하우스푸어가 사회·경제적 문제였습니다. 강남 재건축 단지, 1기 신도시와 2기 신도시, 서울 도심의 뉴타운, 경제자유구역 그리고 수도권 분양시장에서 무리하게 대출을 받아 집을 산 이들의 이야기로 언론이 시끄러웠지요. 가격이 오를 것을 기대하며 비싼 가격에 분양받은 아파트는 시세차익은커녕 대출밖에 남지 않은 깡통아파트가 되었습니다.

당시 출간된 책 《하우스푸어》(더팩트출판사, 2010년 출간)에서는 기존 주택과 신규 분양물량 매입을 통해 발생한 하우스푸어가 수도권에만 95만 가구, 전국적으로는 198만 가구에 이른다고 하였습니다. 이것을 지켜본 사람들은 내게도 그런 일이 생길까 두려워하였고, 집을 사면 망한다고 생각하는 사람들까지 생겼습니다. 그리고 이들이 집 사기 두려운 임차인으로 머물러 있는 동안 부동산 가격은 폭등했습니다.

왜 이렇게 폭등했을까요? 집은 없으면 안 되는 필수재이기 때문입니다. 평소에는 물가수준으로 상승하고, 가끔 하락하다가, 오를 때는 거침없이 오릅니다. 전세로 살던 사람들은 재계약 시기가 되어 문득 깨닫습니다. 2년 전 매매가가 지금의 전세가가 된 것을 말이죠. 힘겹게 저축한 돈으로 전세금을 올려줄 것이 아니라 무리하지 않는 선에서 내 집 마련을 해야 합니다. 주택가격은 수요와 공급, 정치, 경제상황에 따라 오르기도 하고, 내리기도 합니다. 가까운 예로 2019년부터 약 3년간 부동산이 상

용어 해설

하우스푸어

집을 가지고 있지만 무리한 대출로 인한 이자 부담으로 빈곤한 삶을 사는 사람을 말합니다.

용어 해설

깡통아파트

전세를 끼거나 과도하게 대출을 받아서 샀는데, 가격이 떨어지거나 분양가보다 시세가 낮아진 아파트를 말합니다.

승하기도 하였고, 2023년에는 부동산 하락론이 팽배했습니다. 신규 분양한 아파트일수록 부침이 심한 편입니다. 하지만 평범한 소시민이 사는 주택의 가격이 폭락하는 일은 흔치 않습니다.

경매로 내 집 마련을 할 때 이것만 알아두자!

요즘 예비부부들, 신혼부부들, 젊은 엄마 아빠들은 경매로 내 집 마련을 하는 것에 대해 거리낌이 없습니다. 이들은 경제적으로도 준비가 되어 있고, 살고 싶은 집의 모습도 구체적입니다. 저는 경매로 내 집 마련을 하는 것에 찬성합니다. 다만, 주의할 점이 있습니다. 아래 사례를 먼저 볼까요?

> 일산에서 사는 유○○ 씨는 경매로 내 집 마련을 하고 싶습니다. 그래서 몇 개월간 인근 경매 물건을 계속 찾아봤지만, 맘에 드는 물건이 쉽게 나타나지 않았습니다. 드디어 같은 단지 내에서 마음에 드는 물건을 발견한 유○○ 씨는 몹시 기뻤습니다. 권리분석을 하고, 현장에 가서 특이사항은 없는지 확인했습니다. 입찰 당일 회사에 휴가를 내고 법원을 찾았습니다. 시세보다 저렴하게 정한 입찰가를 쓰고 입찰에 참가했지요. 그런데 개찰을 할 때 깜짝 놀라고 맙니다. 입찰자가 자그마치 스무 명이 넘는 데다 낙찰가도 96%입니다. 일반 매매가와 비슷한 낙찰가에 입찰하는 사람들은 도대체 왜 그러는 것일까요? 유○○ 씨는 크게 낙담했습니다. 내 집 마련을 위한 경매는 어떻게 해야 할까요?

경매로 내 집 마련을 하고 싶은 사람들의 목적은 하나입니다. 일반 매매가보다 싸게 내 집을 구하고 싶다는 것이겠죠. 그렇기에 다소 복잡한 권리분석 과정을 거치고 휴가를 내면서까지 법원을 찾아 입찰하는 것입니다. 하지만 이런 과정을 거쳤음에도 일반 매매가와 비슷한 가격에 낙찰을 받는다면 허탈할 수밖에 없겠죠? 그렇다면 내 집 마련을 목적으로 하는 경매에는 어떤 자세로 참여해야 할까요?

실수요자라면 경매만 고집하지 마세요!

내 집 마련을 하고 싶어 하는 실수요자가 선호하는 곳은 대단지 아파트가 밀집해 있고, 교통이 편리하며, 생활여건이 쾌적합니다. 모두에게 인기가 있는 대중적인 곳이지요. 내 집 마련을 하고자 하는 실수요자들끼리 경쟁을 하게 되고, 경쟁이 치열하다 보니 경매낙찰가가 매매가와 차이가 크지 않은 경우가 많습니다. 때로는 낙찰가격이 단지 내 아파트의 매매가보다 높기도 합니다. 매매가보다 높은 가격으로 낙찰을 받을 특별한 이유가 없다면 이러한 낙찰은 잘못된 것입니다.

대다수의 실수요자가 원하는 대단지 아파트의 물건은 낙찰가가 높다.

경매는 집을 싸게 사는 수단으로 이용해야 합니다. 몇 억짜리 집을 10%만 싸게 살 수 있어도 몇 천만원을 아낄 수 있습니다. 하지만 경매에만 이런 물건이 있는 것은 아닙니다. 일반 매매에도 급하게 내놓는 물건이 있습니다. 시세보다 저렴한 급매라면 경매보다 나을 수 있습니다.

경매 물건의 낙찰가와 비교하면서 급매 물건을 보면 일반 매매에서도 남들보다 저렴하게 살 수 있습니다. 경매를 아는 사람이 급매를 알아볼 수 있습니다. 이때 경매의 인근 낙찰가를 알지 못하면 진짜 좋은 급매가 나와도 놓치고 말지요. 내 집 마련을 원한다면 경매는 경매대로 알아보고, 인근 부동산 공인중개사분들에게 집을 구하고 있다는 것을 어필하며 저렴한 급매가 나오면 소개해달라고 부탁해보세요.

실수요자의 한계를 인정하세요

투자자는 정해진 투자수익률대로 움직입니다. 투자자 개인의 목표수익률이 있고, 그 이상으로 입찰가격을 높여 쓰지 않아 고가낙찰을 피합니다. 원하는 가격으로 낙찰을 받을 수 없는 지역이라면 그 지역을 떠나 다른 지역으로 갑니다. 정해진 집의 형태나 조건도 없습니다.

하지만 실수요자는 다른 지역으로 갈 수 없습니다. 필요한 조건이 정해져 있기 때문에 투자자보다 싸게 살 수 없지요. 급한 사람이 돈을 더 지불하게 마련입니다. 투자자가 30% 저렴하게 낙찰받을 때, 실수요자는 10%만 저렴하게 낙찰받아도 괜찮습니다. 일반 매매보다 몇 천만원만 싸더라도 괜찮습니다. 다만 이때 명도비용, 기타비용을 포함해서 계산하세요.

평생 살 집이 아닙니다

실수요자는 완벽한 물건을 기대합니다. 교통도 좋고, 아이들 학군도 좋아야 합니다. 해도 잘 들고, 기왕이면 이웃도 좋은 곳이었으면 좋겠습니다. 마치 잘 포장되어 진열된 백화점 상품 같은 물건을 기대하죠.

하지만 경매는 부동산의 창고개방 세일 매장입니다. 내용물은 멀쩡한데도 100% 마음에 들지 않습니다. 실수요자 마음에 완벽하게 드는 경매 물건은 그리 많지 않습니다. 마음에 드는 물건을 겨우 찾으면, 다른 실수요자들과 경쟁을 해야 합니다. 여러분에게 괜찮은 물건이면 남들 눈에도 그러합니다.

완벽한 물건을 낙찰받으려는 마음을 내려놓으면, 실수요자들끼리의 경쟁에서 벗어날 수 있습니다. 조금 낡은 집은 수리를 해서 가치를 높일 수 있습니다. 현재 살고 있는 지역에서 조금 벗어나면 더 좋은 조건의 집을 낙찰받을 수 있습니다. 시간이 지나면 팔고 이사를 하면 됩니다. 평생 살 집이 아닙니다.

내 집 마련하고 싶다면 꾸준히 도전하자!

부자들은 시간을 돈으로 환산하는 법을 잘 알고 있습니다. 2,000만원은 10개월간 200만원씩 저축해야 겨우 모을 수 있는 큰돈입니다. 200만원을 더 벌기 위해 아르바이트를 한다면 얼마나 많은 시간을 들여야 할까요. 10개월간 200만원씩 모으는 마음으로 경매를 해보세요. 매매가보다 2,000만원 저렴한 금액으로 낙찰받기 위해 꾸준히 입찰에 도전하세요. 한계가 있더라도 경매로 내 집을 마련하는 것은 분명 괜찮은 일입니다.

경매의 목적 ②
월세 받는 집주인 되려면?

임대수익용 물건은 임대수익이 나야 합니다

경매의 목적이 임대수익이라면 과연 임대수익이 얼마나 나는가가 가장 중요합니다. 임대수익률 계산하는 법을 한번 살펴볼까요?

간단히 말하면, 임대수익률은 '집에서 나오는 돈 ÷ 집에 들어간 돈 × 100%'입니다. 임대수익 100만원이 나오는 집에 내 돈 200만원이 들어갔다면 임대수익은 50%가 됩니다. 1억원짜리 집을 낙찰받아 보증금 2,000만원, 월세 50만원에 세입자를 들였다고 가정해볼까요? 아래의 식은 집을 관리하고 유지하는 비용과 공실 기간은 반영하지 않은 간단한 수익률 계산법입니다.

> **집에 들어간 돈(연간)**
> = 낙찰가(입찰보증금 + 잔금) 1억원 - 은행 대출금(70%) 7,000만원 + 취득세 110만원(1.1%로 계산 시) + 법무비, 수리비, 명도비 등 약 490만원 - 보증금 2,000만원
> = 1,600만원

> **집에서 나오는 돈(연간)**
> = 월세 600만원(50만원 × 12개월) - 대출이자 280만원(7,000만원 × 이자율
>   4%)
> = 320만원

위 상황에서 임대수익률을 계산하면 '320만원 ÷ 1,600만원 = 0.2'로 20%입니다. 조금 더 간단하게 정리하면 연간 임대수익률은 '[(월 임대료 × 12) − 연 은행이자] ÷ (낙찰가 − 대출금 − 임대보증금 + 취득세, 법무비, 수리비 등) × 100'입니다. 경매 초보자에게 20% 정도의 수익률이면 훌륭합니다.

내 돈이 안 들어가도 임대수익을 얻을 수 있다?

위의 식에서 만약 대출을 1,000만원 더 받고(이자가 늘어남), 세입자에게 보증금을 1,000만원 더 받으면(월세를 낮춤) 내가 투자한 금액 없이 도리어 400만원을 거슬러 받습니다(간단한 임대수익 계산법이기에 보유하는 동안의 세금과 유지비용 등은 고려하지 않았습니다). 이것을 무피투자라고 합니다. 내 돈을 하나도 들이지 않고 임대수익을 낼 수 있다는 것은 상당히 매력적입니다. 하지만 임대수입이 적고, 임차인 관리는 여느 물건과 같이 해야 하니 번거로울 수 있습니다.

물건을 선택할 때 수익률을 비교한다

간단한 임대수익 계산법은 물건을 선택할 때 도움이 됩니다. 예상 낙찰가와 임대가가 다른 a물건과 b물건 중 어느 물건을 선택하면 좋을지 판

단하기 어려울 때가 있습니다. 명확하지 않은 수익을 임대수익계산 후 숫자로 나타내보면 정확한 판단을 할 수 있습니다.

하지만 임대수익률은 숫자에 불과할 뿐 그 자체가 수익을 나타내는 것은 아닙니다. 임대수익 계산법 외의 다른 요건도 함께 보아야 합니다. 투자금이 많아 임대수익률이 낮아도 시세차익을 낼 수 있는 물건도 있고, 투자금이 들지 않아 무피투자가 되었지만, 시세차익을 전혀 기대할 수 없는 물건도 있습니다.

임대수익률 이외에도 고려할 점이 많다

임대수익을 내기 위한 물건은 임대수익률 이외에 임대 자체에 관련된 사항도 꼼꼼히 확인해야 합니다. 어떤 임차인이 어떤 이유로 내 집에 들어올까요?

① 누가 들어올까?

임차인이 대학생, 직장인 등 어디에 속하느냐에 따라 임대상황이 달라집니다. 임차인이 대학생이라면 학기가 시작되기 직전인 2월, 8월에는 임대가 잘 나가지만, 3월 이후부터 7월까지, 또 9월 이후부터 다음 해 1월까지 공실이 될 수도 있습니다. 학기 중에 낙찰을 받는다면 한동안 공실일 수도 있다는 것을 염두에 두어야 합니다. 대학교의 신축기숙사가 내 물건의 공실을 유도할 수도 있습니다. 학교 앞 임대용 물건은 기숙사가 학생 수보다 적을수록, 학교 기숙사비보다 월세가 저렴할수록 임대하기 유리합니다.

임차인이 직장인이라면 어떤 일을 하는 사람일지 미리 예상할 수 있어야 합니다. 아이가 있는 일반 가정은 보통 월세보다 전세를 선호합니다. 월세로 사는 세입자는 주로 혼자 사는 경우가 많습니다. 제가 가지고 있는 지방 소형아파트의 임차인은 가족과 떨어져 일하는 산업단지 근로자인데, 7년째 살고 있습니다. 안정된 근로자가 있는 지역은 임차인 전출입이 많지 않아 관리하기가 편합니다. 도심 유흥가에 위치한 오피스텔이라면 유흥업소에서 일하는 사람들을 세입자로 들일 마음의 준비를 해야 합니다. 임차인이 오피스텔에서 불법행위를 하다 적발되어 뉴스에 나오는 일은 피하는 게 좋겠지요? 걱정 마세요. 흔치 않은 일입니다.

② 임차인은 왜 내 집을 선택할까?

임차인 입장에서 생각해보세요. 내 집 말고 옆집을 계약하는 것이 낫지 않을까요? 임대용 물건을 고를 때는 주변의 다른 임대물건 상황도 함께 파악해야 합니다. 주변의 오피스텔이 모두 풀옵션이라면 내 집도 같은 수준으로 만들어야 하고, 다른 원룸에 경비실이 있다면 내 집에도 경비실이 있어야 합니다. 만약 그렇지 않다면, 인근의 임대가격보다 내 집의 임대가가 저렴해야 합니다. 임차인 입장에서 내 집에 들어오고 싶은 이유를 찾아보세요. 없으면 만들어야 합니다.

용어 해설

풀옵션
에어컨, 세탁기, 냉장고 등 생활에 필요한 가전기구가 일체 포함된 주거 형태를 말합니다.

③ '깔세'를 받는 임대물건은 어떨까?

깔세란 일정기간의 임대료를 한꺼번에 내는 것을 말합니다. 깔세를 선호하는 사람은 외국인, 타 지방에서 온 공사업체 직원, 혹은 그 외 6개월 이하 단기간만 쓰는 사람들입니다. 깔세로 집을 빌려줄 때는 보증금을 받지 않는 대신, 월세는 기존 가격보다 높게 책정하고 일시에 받습니다.

이태원의 고액 외국인 임차인을 제외하고 대부분의 집주인은 월세를 더 받아도 깔세를 선호하지 않습니다. 단기계약이라 집주인 입장에서는 부동산 중개수수료가 여러 번 지출되기도 하고, 단기간에 집을 마구잡이로 이용하고 떠나는 임차인이 있을 경우 나중에 집을 수리하는 비용이 들 수도 있기 때문입니다. 내 집을 사랑해주고 아껴주는 장기 임차인이 좋습니다.

④ 월세, 전세랑 뭐가 다를까?

전세는 한번 이사 들어오면 계약기간이 끝날 때까지 전화통화 할 일이 없지만, 월세입자는 이것저것 요구가 많습니다. 수도꼭지가 고장 나거나, 전등이 나가도 집주인에게 연락합니다. 그래서 월세 물건은 전세 물건보다 신경 써서 관리해야 합니다. 임대를 내기 전에 수리를 꼼꼼하게 해두면, 임차인이 전화할 일이 줄어듭니다. 방충망, 개수대까지 말끔하게 수리하는 것은 임차인을 위하는 일이면서 동시에 집주인 자신을 위한 일입니다.

한편, 월세 임차인은 집주인에게 임대수익을 주는 소중한 고객이기도 합니다. 집주인은 임차인이 편안하게 살 수 있도록 집과 서비스를 제공하고 임대수익을 얻는 것이지요. 전세는 나중에 집을 팔아 시세차익이 났을 때 비로소 수익이 난다면, 월세는 임대한 다음 달부터 수익이 납니다. 임대료는 집주인에게 매달 나오는 월급과 같습니다.

⑤ 임대사업 전에 대출가능금액을 꼭 확인하세요

주택시장 안정 보완대책(7·10 대책)에 따라 주택임대사업자 제도가(4년 단기, 8년 아파트 장기일반 매입 임대) 일부 폐지되었습니다. 이에 따라 민간 임대사업자의 대출이 어려워졌고, 개인별 대출 상황이 복잡하고 다양해졌습니다. 현시점에서 대출 가능 금액은 법원 앞 대출상담사에게 확인하는 것이 가장 정확합니다.

| 민간임대주택의 구분 |

구분	취득유형	임대의무기간
종류	• 민간건설임대주택 • 민간매입임대주택	• 공공지원민간임대주택(10년) • 장기일반민간임대주택(10년)

2020.8.18. 기준

임대수익률 계산하기

아래의 a, b 물건 중 어느 아파트에 투자하는 것이 좋을까요?

ⓐ 낙찰가 1억 2,000만원 / 보증금 1,500만원, 월세 50만원

ⓑ 낙찰가 8,000만원 / 보증금 300만원, 월세 35만원

정답 및 해설

정답: ⓐ

해설: 두 물건의 임대수익이 어떻게 다른지 계산해보겠습니다. 대출 70%(조정대상지역 외 지방 소도시는 70%까지 대출이 가능합니다), 대출이자 4%라고 가정하였습니다. 편의상 세금과 명도수리비용은 제외합니다.

ⓐ 물건의 임대수익률은 다음과 같습니다.

집에 들어간 돈(연간)

= 낙찰가(입찰보증금 + 잔금) 1억 2,000만원 - 은행 대출금(70%) 8,400만원 - 보증금 1,500만원 = 2,100만원

집에서 나오는 돈(연간)

= 월세 600만원(50만원 × 12개월) - 대출이자 336만원(8,400만원 ×이자율 4%) = 264만원

임대수익률(연간)

나오는 돈 264만원 ÷ 들어간 돈 2,100만원 = 약 0.13

▶ ⓐ 물건의 임대수익률은 약 13%입니다.

ⓑ 물건의 임대수익률은 다음과 같습니다.

집에 들어간 돈(연간)
= 낙찰가(입찰보증금 + 잔금) 8,000만원 - 은행 대출금(70%) 5,600만원 - 보증금 300만원 = 2,100만원

집에서 나오는 돈(연간)
= 월세 420만원(35만원 × 12개월) - 대출이자 224만원(5,600만원 × 이자율 4%) = 196만원

임대수익률(연간)
나오는 돈 196만원 ÷ 들어간 돈 2,100만원 = 약 0.09
▶ ⓑ 물건의 임대수익률은 약 9%입니다.

이렇게 여러 물건 중 어느 물건의 낙찰가와 보증금, 월세 조건이 나은지 판단이 서지 않을 때, 간단하게 임대수익률을 계산하면 비교가 쉽습니다.

경매의 목적 ③
시세차익으로 돈 벌자!

시세차익을 노리는 투자는 시간에 투자하는 것입니다. 낙찰받은 물건을 전세로 주고 가격이 오르기를 기다리는 것이지요. 그럼 시세차익을 기대할 수 있는 물건은 어떤 것일까요?

오를 만한 곳의 물건을 고릅니다

세계 어느 나라나 중심이 되는 도시는 물가 이상으로 부동산 가격이 오릅니다. 대한민국에서도 서울 부동산이 대장입니다. 서울 아파트를 사면 시세차익을 볼 수 있다는 사실은 누구나 알지만, 서민이 평생을 벌어도 살 수 없을 정도로 비쌉니다. 하지만 서울만큼은 아니어도 다른 지역에서도 시세차익을 볼 수 있습니다. 서울 강남으로 향하는 도로가 개통되는 지역이거나, 새로운 일자리가 생기는 지역, 공급이 부족한 지역이 그러합니다. 전세가율이 높은 지역은 매매가 상승으로 이어지는 경우가 많습니다. 평소 뉴스를 볼 때 새로운 교통망이나 대규모 산업단지를 눈여겨볼 필요가 있습니다.

상승하는 전세가율을 활용해 시세차익을 낼 수 있다

전세가율은 주택 매매가 대비 전세가의 비율을 말합니다. 집 가격이 1억원일 때 전세가가 9,000만원이면 전세가율은 90%입니다. 이 경우 전세입자는 1,000만원을 보태서 집을 살 수 있습니다. 이렇게 전세가율이 높은 집은 투자자의 필요 자금을 최소화합니다.

1억원짜리 아파트를 낙찰받아 전세 9,000만원에 임대를 하면 단돈 1,000만원으로 투자를 할 수 있습니다. 2년의 전세기간이 지난 후 집 가격이 1억 2,000만원으로 오르면 9,000만원의 전세금을 반환하고 3,000만원을 회수하게 됩니다. 단돈 1,000만원을 투자하여 2,000만원의 수익을 내게 되는 것이지요.

전세를 이용한 시세차익용 투자방법은 부동산 시장이 상승세일 때 효과적입니다. 반면 부동산 시장이 하락세일 때는 매매가와 전세가의 하락으로 손해를 볼 수도 있습니다.

한국부동산원에서는 매달 전국주택가격동향을 조사하여 공시합니다. 이 중에는 전세가율도 포함되어 있습니다. 금리인상 부담 가중 및 매물 적체 영향 등으로 수도권, 지방 모두 하락폭이 확대되었습니다.

출처: R-ONE 부동산통계뷰어(www.reb.or.kr)

매도시점은 미리 계획합니다

보통 시세차익용 물건은 전세로 임대를 줍니다. 일반 매매 시 전세계약 기간이 남은 집은 저렴하게 매도해야 하기에 보통 전세 만기시점에 맞

취 매도합니다. 전세 임차인은 2년 단위로 계약을 하므로 매도시점은 최소 2년 후, 혹은 4년이나 6년 후입니다. 부동산시장이 활황일 때는 낙찰 후 바로 단기에 매도하기도 합니다. 단기매도 시 양도세는 중과입니다.

세금플랜을 꼼꼼히 세워야 합니다

부동산 투자 시 세전보다 세후 수익이 중요합니다. 1주택자라면 비과세 혜택을 받을 수 있습니다. 단, 2년간 보유해야 하며, 주택이 조정대상지역에 있다면 2년간 실거주해야 합니다. 고가주택이라면 부부 공동명의로 하는 것이 유리합니다. 일정 금액 이상 주택소유자에게 부과되는 종합부동산세는 개인별 과세이기에 부부가 나누면 부과대상에서 제외될 수 있습니다. 또한 양도차익 세율도 부부 공동명의일 때 더 낮습니다.

용어 해설

조정대상지역
주택 가격 상승률이 물가 상승률의 2배 이상, 청약경쟁률이 5 대 1 이상 되는 등 주택 시장이 과열된 지역을 말합니다. 주택 안정을 위해 정부가 각종 규제를 가하는 지역으로, 이외에 투기과열지구, 투기지역이 있습니다(47장 참고).

다주택자는 비용 증빙서류를 잘 챙겨 양도차익을 줄일 수 있습니다. 양도세는 시세차익이 많을수록 많이 내는 세금이니 비용이 늘면 차익이 줄어듭니다. 양도세는 양도차익이 많으면 세율도 높아지는 누진세율입니다. 양도차익이 1,200만원 이하면 세율이 6%, 4,600만원 이하면 15%, 8,500만원 이하면 24%이고, 1억 5,000만원 이하면 35%입니다. 양도차익이 10억원을 초과하면 세율이 45%로 절반에 가까운 금액을 세금으로 내야 합니다. 때문에 한 해에 여러 물건을 팔기보다 매년 나누어 팔면 양도세율이 낮아집니다. 양도차익의 크기에 맞춰 적절하게 매도시기를 조절하는 것이 좋습니다. 단기에 매도하면 양도세는 중과됩니다. 1년 내 매도 시 양도차익의 70%, 1년 이상~2년 내 매도 시에는 60%를 양도세로 내야 합니다.

세금 계획은 처음 입찰할 때부터 세웁니다. 아내 혹은 남편 명의로 할 것인지, 혹은 부부명의로 할 것인지부터 말이죠. 부부명의로 낙찰받은 부동산을 팔 경우 발생하는 차익은 지분 비율에 따라 세율이 적용됩니다. 예를 들어 5,000만원의 시세차익이 났을 때 단독명의라면 24%의 세율이 적용되지만, 공동명의라면 2,500만원씩 15%의 세율이 적용되어 세금을 줄일 수 있습니다.

네이버 부동산에서 전세가율 검색하기

네이버 부동산에서 관심 있는 지역의 전세가율을 검색할 수 있습니다.

① 네이버(www.naver.com)에서 상단의 부동산 탭을 클릭합니다.

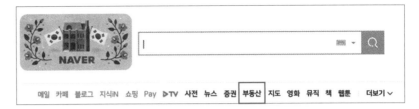

② 메인에 나오는 지도에서 원하는 지역을 클릭합니다.

③ 첫 화면에서 나타나는 정보는 평당 매매가입니다. 상단 오른쪽 '단지' 버튼을 클릭한 후 전세가율로 설정을 바꿔줍니다.

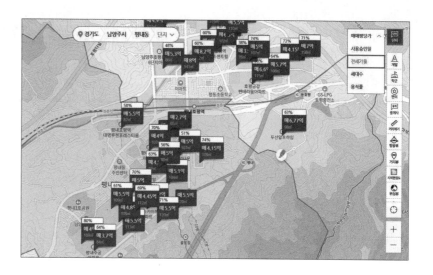

④ 평당 매매가가 전세가율로 바뀌어 나타납니다. 마찬가지로 준공년도, 세대수, 용적률
에 따른 분류도 할 수 있습니다. 그 외에도 인근 부동산공인중개사 정보, 학군, 편의시
설, 항공뷰, 거리뷰, 지적편집도, 위성뷰를 확인할 수 있고 거리도 잴 수 있습니다.

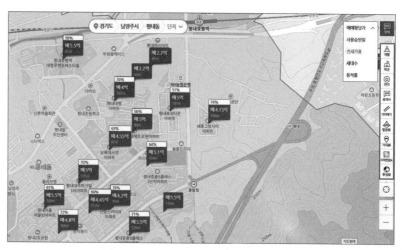

자금은 얼마나 필요할까?

자금은 상황에 따라 달라진다

경매를 시작하는 분들이 가장 많이 질문하는 것이 "경매를 시작하려면 얼마의 자금이 있어야 할까요?"입니다. 필요자금은 원하는 지역에 따라, 대출상황에 따라, 경매 목적에 따라 달라집니다. 가진 돈이 적다면 자금의 크기에 맞추어 지역을 선택할 수 있습니다. 내 집 마련이 아닌 투자용이라면 은행대출과 임차인의 보증금을 이용하여 소액으로 집을 살 수도 있습니다.

대출 말고도 신경 써야 할 돈이 많다

조정대상지역이 아닌 지역에서 낙찰을 받으면 1주택자는 낙찰가의 80%, 다주택자도 최대 60%까지 대출이 가능합니다. 그렇다면 대출 금액 외에 얼마의 자본이 필요할까요? 경기도 이천은 비규제지역으로 최대 낙찰가의 80%를 대출받을 수 있는 지역입니다.

예를 들어 경기도 이천에 있는 2억 6,000만원짜리 30평대 아파트를 2억원에 낙찰받으면, 대출을 빼고 최소 4,450만원[잔금 4,000만원 + 세금 220만원 + 예비비(명도, 수리 등에 필요) 약 230만원]의 추가 자금이 필요합니다.

서울도 무주택자는 80%까지 대출 가능

서울 아파트 가격이 상승하는 동안은 경쟁이 치열해 저렴한 낙찰가를 보기 어려웠습니다. 서울이 투기지역으로 지정된 기간에는 낙찰가의 40%까지만 대출받을 수 있었습니다. 본인 자본금이 어느 정도 있어야 한다는 뜻이죠. 그런데 2024년을 기준으로, 서울의 4개 구(강남구, 서초구, 송파구, 용산구)를 제외한 나머지는 규제지역이 아닙니다. 대출 가능 금액이 많아진다는 뜻입니다. 2023년 한 해 동안 서울에서는 총 910건의 아파트 경매가 진행되었고, 그중 613건이 낙찰되었습니다. 2024년 9월에는 서울 아파트 경매가 1,508건 진행되었습니다.

내 집 마련을 위해 6억 1,600만원에 상계동의 소형아파트를 낙찰받았다고 가정해봅시다. 이때 대출을 제외하고 최소 3억 8,000만원(잔금 3억 6,960만원 + 세금 678만원 + 예비비 362만원)이 필요합니다. 만약 감정가보다 저렴하게 낙찰받고, 무주택자라면 최대 80%까지 대출이 가능합니다. 생애최초주택구입 자격을 갖췄다면 저렴한 이자로 대출이 가능합니다. 이미 서울에 주택담보대출을 가지고 있다면, 새로 낙찰받은 집에 추가 대출이 안 나올 수도 있습니다.

2021 타경 █████ (임의)		매각기일 : 2022-08-23 10:00~ (화)		경매5계 02-910-3675
소재지	(01675) 서울특별시 노원구 상계동 666 상계주공아파트 ████ ███ ████ ████ ████ [도로명] 서울특별시 노원구 노원로 564, ████ ███ █████ [상계동 666 상계주공아파트] ████			
용도	아파트	채권자	안██	감정가	790,000,000원
대장용도	아파트	채무자	유██	최저가	(64%) 505,600,000원
대지권	42.84㎡ (12.96평)	소유자	유██	보증금	(10%)50,560,000원
전용면적	59.2㎡ (17.91평)	매각대상	토지/건물일괄매각	청구금액	33,160,000원
사건접수	2021-09-01	배당종기일	2021-11-15	개시결정	2021-09-02

기일현황

회차	매각기일	최저매각금액	결과
신건	2022-06-14	790,000,000원	유찰
2차	2022-07-19	632,000,000원	유찰
3차	2022-08-23	505,600,000원	매각
김██/입찰15명/낙찰615,970,000원(78%) 2등 입찰가 : 610,870,000원			
	2022-08-30	매각결정기일	

자금이 적다면 지방 아파트로 눈을 돌리자

전북 군산시는 비규제지역으로 낙찰가의 80%까지 대출받을 수 있습니다. 다음 물건은 감정가가 9,100만원인 군산시 소룡동의 25평 소형아파트입니다. 8,600만원에 낙찰받으면 최소 1,940만원[잔금 1,720만원 + 세금 95만원(1.1%) + 예비비(명도, 수리 등에 필요) 약 125만원]이 필요합니다. 이 집을 보증금 2,500만원, 월세 40만원에 임대하면 총 필요자금은 없으며 오히려 560만원이 더 생깁니다. 임대수익용 물건은 임차인의 보증금을 받을 수 있기에 필요자금이 더 적습니다.

2021 타경 ▨▨▨ (임의)		매각기일 : 2022-01-17 10:00~ (월)		경매3계 063-450-5163	
소재지	(54008) 전라북도 군산시 소룡동 663 소룡동제이파크 ▨▨▨▨ ▨▨▨ ▨▨▨▨ [도로명] 전라북도 군산시 해망로 606 ▨▨▨▨ [소룡동 663 소룡동제이파크]				
용도	아파트	채권자	한OOOOOOO	감정가	91,000,000원
대지권	49.0055㎡ (14.82평)	채무자	서OO	최저가	(70%) 63,700,000원
전용면적	59.9546㎡ (18.14평)	소유자	서OO	보증금	(10%)6,370,000원
사건접수	2021-05-20	매각대상	토지/건물일괄매각	청구금액	45,366,515원
입찰방법	기일입찰	배당종기일	2021-08-27	개시결정	2021-06-03

기일현황

회차	매각기일	최저매각금액	결과
신건	2021-12-06	91,000,000원	유찰
2차	2022-01-17	63,700,000원	매각

정▨▨▨/입찰22명/낙찰85,529,000원(94%)

	2022-01-24	매각결정기일	허가
	2022-03-03	대금지급기한 납부 (2022.02.10)	납부
	2022-03-17	배당기일	완료

배당종결된 사건입니다.

자금이 넉넉하다면 어떤 지역을 노려야 할까?

자금이 넉넉하다면 역시 서울입니다. 서울 중에서도 강남에 있는 물건이면 더욱 좋겠지요? 서울 강남의 아파트는 꾸준히 가격이 상승하는 우량물건입니다. 강남에 있는 원룸건물 또한 월세수익까지 만들 수 있는 탁월한 물건입니다.

물건 하나를 예시로 살펴볼까요? 선릉역 도보 5분 거리에 위치한 근린생활시설건물이고 감정가는 73억 4,000만원입니다. 대지 357㎡, 총 5개층 건물로 연면적은 1,130㎡죠. 토지의 감정가만 34억원에 달합니다. 매각물건명세서에 따르면 임차인 보증금 합계는 2억원, 월 임대료는 약 1,200만원입니다. 경매에 나오는 상가건물은 관리소홀로 노후화돼 임대료가 낮은 경우가 많습니다. 고액대출은 대표자와 사업체 신용에 따라 대출 가능금액이 다르기에 입찰 전 꼭 체크해야 합니다.

이 물건을 80억원에 낙찰받고, 70% 대출을 받으면 최소 32억원[잔금 24

억원 + 세금 3억 6,800만원 + 예비비(명도, 수리 등에 필요) 4억~5억원]이 필요합니다. 확인한 인근 건물의 임대료 평균은 보증금 1억~2억원에 월세 1,000만~2,000만원 정도입니다. 5명의 임차인에게 2억원씩 보증금을 받으면 10억원을 회수하여 총 투자금은 22억원이 됩니다. 매달 발생하는 월세수익은 약 5,000만원입니다. 보증금의 크기에 따라 임대료도 달라지고, 임대수익도 달라집니다(원룸건물보다 근생이 투자금이 적게 들어갑니다. 고가주택 구입 시에는 자금력이 더 필요합니다. 실제 투자시기에 대출상황을 다시 한번 체크하세요).

1,000만원은 사회초년생에게는 30만원씩 3년간 저축해야 하는 큰돈이지만, 가족들의 보금자리를 준비하려는 가장에게는 적은 금액입니다. 같은 금액이라도 개인에 따라 돈의 크기가 매우 다릅니다. 분명한 것은 여러분 각자의 기준에서 적은 금액으로 경매를 시작할 수 있다는 것입니다. 자금이 많으면 투자를 시작하기 유리한 것은 사실이지만, 적은 자금으로도 얼마든지 경매투자를 시작할 수 있습니다. 가진 돈이 적으면 조금 더 작고, 낡고, 먼 지역의 물건부터 시작하면 됩니다.

법원경매정보 사이트에서 알 수 있는 정보들

경매 물건 검색은 법원경매정보 사이트에서 시작합니다. 무료로 경매 물건을 열람할 수 있어 이제 막 경매를 시작하는 초보자라면 꼭 즐겨찾기에 추가해두어야 할 사이트입니다. 어떤 정보를 얻을 수 있는지 한번 알아볼까요?

법원경매정보 사이트에 접속한다

법원경매정보 사이트(www.courtauction.go.kr)

메인화면에서 볼 수 있는 것들은 아래와 같습니다.

① 상단메뉴바

• 경매공고: 공지사항, 배당요구종기공고, 부동산매각공고, 동산매각공고, 최고공고로 구성되어 있으며, 서비스 안내 및 법률개정과 각종 공고 내역을 검색할 수 있습니다.

• 경매 물건: 가장 많이 찾는 메뉴입니다. 물건상세검색, 지도검색, 기일별검색, 자동차·중기검색, 다수조회물건, 다수관심물건, 매각예정물건, 매각결과검색, 경매사건검색으로 구성되어 있으며, 경매 물건을 다양한 조건으로 검색할 수 있어 내가 원하는 정보만 선별해서 볼 수 있습니다.

• 매각통계: 연도별 매각통계, 법원별 매각통계, 지역별 매각통계, 용도별 매각통계로 구성되어 있으며, 경매 물건의 매각통계를 다양한 조건으로 검색할 수 있습니다.

• 경매지식: 경매절차, 경매용어, 경매서식, 입찰안내, 매수신청대리안내, 경매비용, 관련 법률로 구성되어 있으며, 부동산/동산경매 전반에 대한 지식 및 관련 법률을 알려줍니다. 기초 지식을 쌓고 싶다면 들어가보세요.

• 이용안내: 제공서비스, 집행기관, 사이트 이용안내, FAQ, 사이트맵으로 구성되어 있습니다. 제공하는 서비스 및 이용안내를 볼 수 있고 집행기관을 검색할 수 있습니다.

• 나의 경매: 회원정보관리, 일정관리, 관심물건, 관심사건, 자주 쓰는 검색, 나의 설정, 나의 동산집행정보로 구성되어 있으며, 회원가입을 하면 나에게 맞는 물건을 저장해서 주기적으로 찾아볼 수 있습니다. 회원

가입은 무료입니다.

② 빠른물건검색

일반검색, 물건상세검색, 지도검색, 자동차·중기검색, 경매사건검색으로 경매 물건을 검색할 수 있습니다.

③ 용도별 물건 정보

인기 있는 용도별로 경매 물건을 검색할 수 있습니다.

④ 다수관심물건

현재 많은 회원들이 관심물건으로 등록한 경매 물건을 검색할 수 있습니다.

⑤ 금주의 경매일정

• 공고: 전국 법원에 매각공고된 경매 물건의 일정을 검색할 수 있습니다.

• 정정: 전국 법원에 정정공고된 경매 물건의 일정을 검색할 수 있습니다.

• 취하/취소: 전국 법원에 취하/취소공고된 경매 물건을 검색할 수 있습니다.

⑥ 경매도우미

경매와 관련된 용어를 검색할 수 있습니다.

'물건상세검색'으로 내가 원하는 물건을 검색한다

물건상세검색에서는 지역을 정하고, 용도를 정한 후, 금액을 설정해 내가 원하는 물건을 쉽게 찾을 수 있습니다. 경기도 광명시의 아파트를 검색해볼까요?

① 법원/소재지

소재지를 체크하고 내가 원하는 지역을 체크합니다.

② 용도

건물, 주거용, 아파트 중 하나를 설정합니다.

③ 감정평가액 혹은 최저매각가격

'감정평가액'이나 '최저매각가격' 중 하나만 설정합니다. 위 예에서는 최저매각가격 5억원 이하로 설정하였습니다.

④ 검색

하단의 검색을 클릭합니다. 이외 다양한 방법으로 검색을 할 수 있습니다.

경매 물건의 간략한 내용을 확인한다

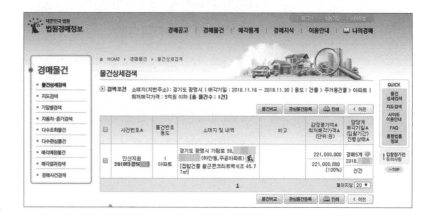

앞의 조건으로 검색한 집을 살펴보겠습니다. 사건번호는 2018타경 50***이며, 관할법원은 안산지원입니다. 주소는 하안동 주공아파트이며, 면적은 45.77㎡입니다. 이 집은 감정가 2억 2,100만원의 신건입니다. 주소를 클릭하면 상세페이지로 이동합니다.

경매 물건의 상세한 내용을 확인한다

① 소재지 우측의 아이콘 세 개

각각의 아이콘을 클릭하면 등기기록열람, 전자지도, 씨:리얼(토지이용계획) 사이트로 이동합니다.

- 등기소 아이콘: 인터넷등기소(www.iros.go.kr)로 연결되어 등기사항전부증명서를 열람하거나 출력할 수 있습니다(열람 700원, 발급 1,000원).
- 전자지도 아이콘: 전자지도를 팝업으로 볼 수 있습니다.
- 씨:리얼 아이콘: 국토교통부 씨:리얼 부동산정보 통합포털(seereal.lh.or.kr)의 토지이용규제 내용을 확인할 수 있습니다.

② 매각물건명세서

법원이 입찰자 등이 매각물건의 중요한 정보를 볼 수 있도록 그 명세를 기록하여 비치한 문서를 말합니다. 임차인의 권리가 기록되는 중요한 서류입니다. 소멸되지 않는 중요한 내용이 있다면 하단에 기재됩니다.

수원지방법원 안산지원

2016타경78

매각물건명세서

사 건	2016타경78 부동산임의경매		매각물건번호	1	작성일자	2018.12.26	담임법관(사법보좌관)	홍	
부동산 및 감정평가액 최저매각가격의 표시	별지기재와 같음		최선순위 설정		2015.8.11. 근저당권		배당요구종기	2016.09.19	

부동산의 점유자와 점유의 권원, 점유할 수 있는 기간, 차임 또는 보증금에 관한 관계인의 진술 및 임차인이 있는 경우 배당요구 여부와 그 일자, 전입신고일자 또는 사업자등록신청일자와 확정일자의 유무와 그 일자

점유자 성 명	점유 부분	정보출처 구 분	점유의 권 원	임대차기간 (점유기간)	보 증 금	차 임	전입신고 일자, 사업자등록 신청일자	확정일자	배당 요구여부 (배당요구일자)
박ㅇ		현황조사	주거 임차인	미상	미상	미상	2011.07.06	미상	

〈비고〉

※ 최선순위 설정일자보다 대항요건을 먼저 갖춘 주택·상가건물 임차인의 임차보증금은 매수인에게 인수되는 경우가 발생 할 수 있고, 대항력과 우선변제권이 있는 주택·상가건물 임차인이 배당요구를 하였으나 보증금 전액에 관하여 배당을 받지 아니한 경우에는 배당받지 못한 잔액이 매수인에게 인수되게 됨을 주의하시기 바랍니다.

등기된 부동산에 관한 권리 또는 가처분으로 매각으로 그 효력이 소멸되지 아니하는 것

매각에 따라 설정된 것으로 보는 지상권의 개요

비고란

주1 : 매각목적물에서 제외되는 미등기건물 등이 있을 경우에는 그 취지를 명확히 기재한다.
 2 : 매각으로 소멸되는 가등기담보권, 가압류, 전세권의 등기일자가 최선순위 저당권등기일자보다 빠른 경우에는 그 등기일자를 기재한다.

매각물건명세서는 업데이트될 수 있으니 입찰 전 반드시 재확인해야 합니다.

매각물건명세서는 매각기일이 열리기 1주일 전부터, 현황조사서와 감정평가서는 2주일 전부터 매각기일까지 조회할 수 있습니다.

③ 현황조사서

법원 소속 집행관이 직접 현장을 방문해 조사한 내용으로 기본정보, 부동산 현황 및 점유관계조사서, 임대차관계조사서로 이루어져 있습니다.

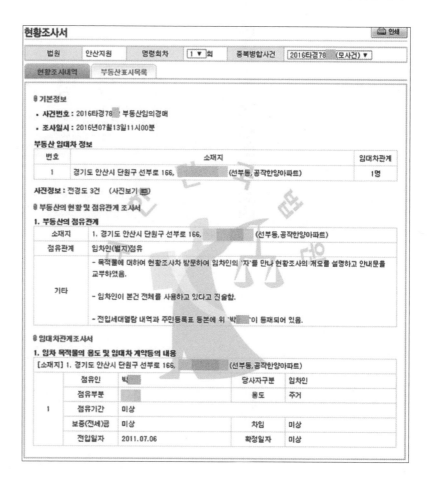

④ 감정평가서

토지 및 건물 등 부동산을 평가하고 평가자의 감정평가 내용을 작성한 문서입니다. 감정평가서는 공인된 감정평가사가 작성하는데, 이때 정해진 감정가격이 첫 입찰기일의 기준가격이 됩니다.

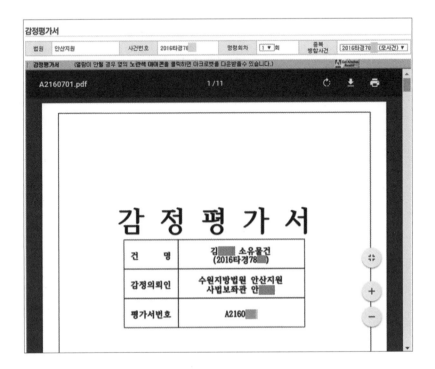

⑤ 기일내역과 목록내역

화면 하단에는 매각기일과 매각결정기일이 나옵니다. 목록내역에는 등기부등본상의 주요내용이 나옵니다. 매각기일은 입찰하는 날이고, 매각결정기일은 매각기일 1주일 후 매각이 최종 결정되는 날입니다.

● 기일내역

기일	기일종류	기일장소	최저매각가격	기일결과
2018. ▓▓ (10:30)	매각기일	112호 경매법정	221,000,000원	
2018. ▓▓ (14:00)	매각결정기일	112호 경매법정		

● 목록내역

목록번호	목록구분	상세내역
1	집합건물	1동의 건물의 표시 경기도 광명시 하안동 경기도 광명시 하안동 ▓ 주공아파트 [도로명 주소] 경기도 광명시 가림로 ▓ 철근콘크리트벽식조 철근콘크리 트지붕 15층 아파트 1층 724.11㎡ 2층 701.18㎡ 3층 701.18㎡ 4층 701.18㎡ 5층 701.18㎡ 6층 701.18㎡ 7층 701.18㎡ 8층 701.18㎡ 9층 701.18㎡ 10층 701.18㎡ 11층 701.18㎡ 12층 701.18㎡ 13층 701.18㎡ 14층 701.18㎡ 15층 701.18㎡ 지하 703.35㎡ 전유부분의 건물의 표시 건물의 번호 : ▓▓▓ 구　　　조 : 철근콘크리트벽식조 면　　　적 : 45.77㎡ 대지권의 목적인 토지의 표시 토 지 의 표시 : 2. 경기도광명시하안동 ▓ 　　　　　　　대 84859.5㎡ 　　　　　　3. 경기도광명시하안동 ▓ 　　　　　　　대 316.9㎡ 대지권의 종류 : 2. 소유권

⑥ 감정평가요항표 요약

감정평가서상의 내용을 요약한 표입니다. 해당 물건의 위치와 주위환경, 교통상황을 소개하고, 건물의 구조, 이용상태, 설비내역 등 건축물에 대한 내용이 기재됩니다. 토지의 형태와 이용상태, 인접도로상태, 토지이용계획, 토지제한상태도 표시됩니다.

⑧ 감정평가요항표 요약

1. 구분건물감정평가요항표

1) 위치 및 주위환경
   본건은 경기도 광명시 하안동 소재 "하안북중학교" 북서측 인근에 위치하는 아파트로, 주위는 아파트 단지 및 근린생활시설 등으로 형성된 주거지역임.

2) 교통상황
   본건까지 차량접근이 가능하며, 인근에 버스정류장이 소재하여 대중교통사정은 보통임.

3) 건물의 구조
   철근콩크리트벽식조 철근콩크리트지붕
   (사용승인일자 : 1990.05.08)
   외벽 : 몰탈위 페인팅 마감
   내벽 : 벽지도배 및 일부 타일 붙임
   창호 : 하이샷시 및 알미늄샷시 창호임.

4) 이용상태
   아파트(방1, 방/거실1, 욕실1, 주방/식당, 다용도실 등)으로 이용중임.

5) 설비내역
   위생 및 급배수 설비, 중앙공급식 난방설비, 옥내소화전, 도시가스 공급설비, 승강기 설비 등을 갖추고 있음.

6) 토지의 형상 및 이용상태
   부정형의 평지로, 아파트 건부지로 이용중임.

7) 인접 도로상태등
   단지내 포장도로가 개설되어 있으며, 단지 전체는 왕복2차선 및 왕복4차선 도로에 접합.

8) 토지이용계획 및 제한상태
   하안동 ▓▓▓▓
   제2종일반주거지역, 소로1류(폭 10M-12M)(국지도로)(접합), 소로3류(폭 8M미만)(국지도로)(접합), 중로1류(폭 20M-25M)(보조간선도로X접합), 중로2류(폭 15M-20M)(보조간선도로X접합), 중로2류(폭 15M-20M)(집산도로X접합), 상대보호구역(2014-12-04)(하안북초등학교해당교육청에 문의), 상대보호구역(가림유치원해당 교육청에 문의), 상대보호구역(하안북중학교해당 교육청에 문의), 절대보호구역(가림유치원해당 교육청에 문의), 절대보호구역(하안북중학교해당 교육청에 문의), 과밀억제권역.

⑦ 인근매각물건사례

'인근매각통계'는 인근에서 낙찰된 물건에 대한 통계, '인근매각물건'은 최근에 낙찰된 물건, '인근진행물건'은 지금 입찰할 수 있는 물건을 나타냅니다. 인근매각통계를 보면 최근 3개월 동안 근처에서 매각된 물건은 2건이고, 평균감정가는 6억 1,350만원이며, 평균 매각된 가격은 7억 8,059만원입니다. 평균감정가보다 평균매각가가 높고, 유찰횟수가 0회인 것으로 보아 첫 입찰일에 낙찰된 것을 알 수 있습니다. 최근 3개월의 평균감정가가 12개월의 평균감정가보다 높은 것을 보면 최근에 고가의 물건이 진행되었음을 알 수 있습니다. 혹은 인근의 가격이 급등했을 수도 있습니다. 해당 지역은 평균유찰횟수가 1회 이하로, 인기 있는 지역임을 알 수 있습니다.

⊕ 인근매각물건사례

기간	매각건수	평균감정가	평균매각가	매각가율	평균유찰횟수
3개월	2건	613,500,000원	780,599,450원	0%	0회
6개월	11건	528,454,545원	540,940,073원	0%	0.6회
12개월	18건	483,333,333원	489,548,254원	0%	0.7회

※ 인근매각통계에서 12개월간의 매각건수는 6개월, 3개월간의 매각건수가 포함된 통계입니다.
※ 인근매각물건사례는 '경기도 광명시 중 아파트'를 조건으로 하는 물건을 대상으로 작성되었습니다.

[매각물건명세서] [현황조사서] [감정평가서] [사건상세조회] [관심물건등록] [인쇄] [< 이전]

네이버 부동산에서 경매 정보 검색하기

① 네이버 부동산 상단에서 '경매'를 클릭합니다. 경매 종류와 소재지를 선택할 수 있습니다. 물건에 대한 자세한 정보는 '물건 상세조회'를 이용합니다.

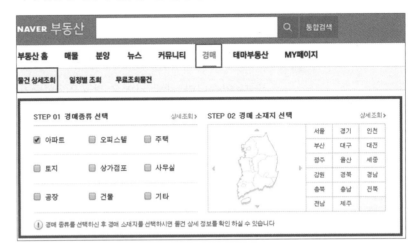

② 법원경매정보 사이트와 동일한 형식으로 이용 가능합니다.

016 스피드옥션으로 경매 물건 검색하기

유료경매사이트는 뭐가 다르지?

법원경매정보 사이트는 모든 정보를 무료로 볼 수 있고, 어떤 물건에 대해 세부적인 내용을 확인하기에는 좋습니다. 하지만 법원경매정보 사이트만으로는 완벽하게 물건을 분석할 수 없습니다. 매번 등기부등본을 확인하기 위해 인터넷 등기소를 방문해야 하고, 여러 물건을 확인하려면 수수료도 만만치 않지요.

정기결제로 정보를 얻을 수 있는 여러 유료경매사이트가 있습니다. 유료경매사이트는 등기부등본을 포함한 정보를 제공하기에 등기부를 보기 위해 매번 결제를 해야 할 필요가 없습니다. 초보자라면 물건검색용으로 무료 사이트를 이용하다가 꼭 필요하다고 판단될 때 유료경매사이트를 이용하는 것을 추천합니다. 다음은 대표적인 유료경매사이트와 특징입니다.

지지옥션 (www.ggi.co.kr)	가장 오래된 경매정보 사이트로 특수물건에 대한 상담서비스가 있습니다. 현장답사정보, 상가임대료 예측정보, 대출 가능금액 예측정보를 제공하고 있습니다(1년 이용료 1,147,000원).

굿옥션 (www.goodauction.com)	네이버에 경매정보를 보내는 업체로 검색은 물론, 간단한 권리분석도 해줍니다. 경매결과정보가 빠르게 업데이트되고 경매결과를 문자로도 받아볼 수 있습니다. 신탁회사공매의 물건정보도 제공합니다(전국 검색 1년 이용료 926,000원).
태인경매정보 (www.taein.co.kr)	다양한 방식의 경매검색을 할 수 있습니다. 경매지식 및 전문가 칼럼 등 볼거리가 많습니다(전국 검색 1년 이용료 740,000원).
스피드옥션 (www.speedauction.co.kr)	경매와 공매정보를 제공합니다. PC보다는 관심물건의 알림 서비스를 제공하는 스마트폰 앱이 편리합니다(1년 이용료 650,000원).

2022년 10월 기준

이러한 유료경매사이트는 검색이 편하고, 간단한 권리분석까지 제공하고 있어 빠른 시간에 많은 물건을 살펴볼 수 있습니다. 또한 등기부등본도 제공하므로 따로 발급받지 않아도 됩니다. 이 책에서는 첨부된 스피드옥션 체험권을 이용한 물건 검색법을 설명하겠습니다.

토막상식

스피드옥션 체험권 등록하기

이 책에 첨부된 스피드옥션 쿠폰을 등록하면 30일 동안 무료로 경매정보를 열람할 수 있습니다. 스피드옥션 홈페이지(www.speedauction.co.kr)에 접속하여 회원가입 후 로그인을 합니다. 상단에 '요금결제 → 쿠폰/머니/알 충전'에서 첨부된 쿠폰번호를 입력 후 등록하세요. 여러 권을 구매해도 한 번만 등록이 가능한 점 참고하세요.

스피드옥션으로 경매 정보 얻기

스피드옥션 홈페이지를 방문합니다. 화면 상단 좌측에서 직접 지역을 검색하여 정보를 얻을 수 있고, 상단 우측에 사건번호를 직접 입력하여 원하는 물건을 빠르게 찾을 수도 있습니다. 주로 '경매검색'과 '마이페이지' 메뉴를 이용합니다.

① 경매검색

상세물건 검색을 합니다. 주로 이용하는 메뉴입니다.

② 예정

아직 준비 중인 예정물건을 검색할 수 있습니다.

③ 공매

온비드 공매의 정보를 검색한 후 상세내용을 열람할 수 있습니다.

④ 경매자료실

입찰서 등 경매 관련 자료가 있습니다.

⑤ 마이페이지

관심물건으로 담아두고 경매결과를 확인할 수 있습니다.

⑥ 기타

동영상강좌, 경매연구실, 경매금융, 경매컨설팅은 컨설팅 관련 내용입니다.

나에게 맞는 물건만 쏙쏙 찾자

경매 시장에 나온 물건은 대략 1만 개가 넘습니다. 이 많은 물건들 중에서 여러분에게 딱 맞는 물건을 찾는 것은 모래밭에서 진주 찾기와도 같은 일이죠. 원하는 물건에 대한 조사를 끝내고, 해당 조건을 선택하여 선별 검색하는 것이 유리합니다. 조건은 소재지, 용도, 가격의 세 가지를 적절하게 설정하여 정합니다. 상단에 '경매검색 → 종합검색'을 클릭하면 앞의 화면이 뜹니다.

① 법원, 소재지

둘 중 하나만 설정합니다.

② 현황용도

주거용 전체를 체크하기도 하고, 아파트, 빌라 등 몇 가지만 체크하기도 합니다.

③ 감정가, 최저가

둘 중 하나를 설정합니다.

④ 기타

유찰수, 건물면적 등 기타 옵션은 기본으로 그대로 둡니다.

한 줄로 알아보는 경매 물건

조건을 입력한 후 검색을 클릭하면 설정한 옵션에 해당하는 물건의 리스트가 나옵니다. 서울에 있는 주거용 물건을 검색하니 총 642건이 있는 것으로 뜨네요.

> ▶ 서울특별시 물건검색 | 총 624건 (2022.08.27~2022.11.27)　　　　▦ 상세용도열기　▦ 상세용도닫기

리스트에 나타난 한 줄 정보만 봐도 해당 경매 물건의 특징을 대략적으로 알 수 있습니다. 한번 살펴볼까요?

법원명 ❶ 사건번호 물건번호	❷ 소 재 지.	❸ 용도	❹ 감정가 최저가	❺ 매각기일 (개찰기일) ❻ [입찰인원] 유찰수 %	결과	❼ 조회 수
서울동부 2021-170	서울특별시 광진구 용마산로7길, (중곡동,) [대지권 5.8평] [전용 9평] [대항력있는임차인,관련사건]	다세대 (빌라)	323,000,000 105,841,000	2022-08-29 (입찰 2일전)	유찰 5회. (33%)	1312
서울동부 2021-1739	서울특별시 광진구 자양동 [토지 6평] [건물 8.6평] [대항력있는임차인,선순위임차권]	도시형생 활주택	295,000,000 295,000,000	2022-08-29 (입찰 2일전)	신건 (100%)	65
서울동부 2021- 50014	서울특별시 송파구 오금동 [대지권 5.6평] [전용 7.7평] [재매각,대항력있는임차인]	다세대 (빌라)	245,150,000 51,412,000	2022-08-29 (입찰 2일전)	유찰 7회. (21%)	2641
서울동부 2021- 53341 물번[1]	서울특별시 송파구 삼학사로3길, (삼전동,) [대지권 5.2평] [전용 8.1평] [대항력있는임차인]	다세대 (빌라)	369,000,000 369,000,000	2022-08-29 (입찰 2일전)	신건 (100%)	92
서울동부 2021- 53341 물번[2]	서울특별시 송파구 삼학사로3길, (삼전동,) [대지권 4.3평] [전용 6.7평] [대항력있는임차인,위반건축물]	다세대 (빌라)	372,630,000 372,630,000	2022-08-29 (입찰 2일전)	신건 (100%)	26
서울동부 2021- 53495	서울특별시 광진구 중곡동 [토지 9.6평] [건물 11.1평] [대항력있는임차인,관련사건]	도시형생 활주택	314,000,000 251,200,000	2022-08-29 (입찰 2일전)	유찰 1회. (80%)	152
서울동부 2021- 53648 물번[1]	서울특별시 강동구 천중로42길, (길동,) [대지권 5.4평] [전용 9평] [대항력있는임차인,선순위임차권,중복사건,관련사건,위반건축물]	다세대 (빌라)	262,000,000 262,000,000	2022-08-29 (입찰 2일전)	신건 (100%)	63
서울동부 2021- 53648 물번[2]	서울특별시 강동구 천중로42길, (길동,) [대지권 8.6평] [전용 14.3평] [대항력있는임차인,선순위임차권,관련사건,위반건축물]	다세대 (빌라)	353,000,000 353,000,000	2022-08-29 (입찰 2일전)	신건 (100%)	47

정보제공 : (주)스피드옥션 http://www.speedauction.co.kr

① 법원명, 사건번호, 물건번호

서울동부는 관할법원입니다. 사건번호는 '2022-1234'처럼 숫자로 이루어져 있으며 해당 물건을 부를 때 사건번호로 부릅니다. 같은 사건에 여러 물건이 있을 때는 물건번호가 부여됩니다. 마이리스트에 담은 관심물건은 '나의 관심메모'로 표시됩니다.

② 소재지

물건의 주소입니다. 지번 주소를 사용합니다. 아파트 등 집합물건은 대지권과 전용면적이 표시됩니다. 대항력이 있는 임차인, 지분매각, 중복사건, 재매각 등 경매 물건의 특이사항도 이곳에 표시됩니다.

③ 용도

물건의 용도가 표시됩니다. 주거용이라면 아파트, 빌라, 오피스텔, 주상복합 등으로 표시되며 상업용은 공장, 창고, 학원 등으로 표시됩니다.

④ 감정가, 최저가

최초 감정가와 현재 최저가를 표시합니다. 저렴한 물건만 찾기보다는 신건부터 지켜보다가 적당한 가격으로 유찰되면 입찰하는 것도 좋습니다.

⑤ 매각기일

입찰하는 날짜가 표시됩니다. 해당 물건에 입찰하고 싶다면 이 날짜에 해당 법원을 방문하면 됩니다.

⑥ 결과, 유찰수

첫 입찰은 감정가로 진행합니다. 이때 아무도 입찰하지 않으면 20~30% 저렴한 가격으로 재경매를 진행하는데, 이것을 유찰이라고 합니다. 감정가 대비 현재 유찰가격을 %로 나타냅니다. 낙찰이 되면 결과도 %로 표시합니다.

⑦ 조회수

스피드옥션에서 이 물건을 조회한 숫자입니다. 많은 사람이 조회한 물건은 경쟁이 치열할 것을 예상할 수 있습니다.

물건상세페이지

리스트에서 소재지를 클릭하면 물건을 상세하게 볼 수 있는 페이지가 아래와 같이 뜹니다.

① 관할법원

이 물건의 관할법원은 수원지방법원 평택지원입니다. 수원지방법원 본원이 아닌 평택지원으로 가야 합니다. 클릭하면 평택지원의 자세한 위치와 입찰시간을 확인할 수 있습니다.

② 매각기일

입찰하는 날짜입니다.

③ 소재지

대표주소는 지번 주소를 사용합니다. 하단에 도로명 주소가 표시됩니다.

④ 용도

아파트, 상가 등 건물의 용도를 표시합니다.

⑤ 대지권

집합건물은 대지권으로 표시합니다.

용어 해설

대지권

공동건물의 구분소유자가 자신의
전유부분(독립하여 개별적으로
소유하는 부분)을 소유하기 위하
여 건물의 대지에 대하여 가지는
권리를 말합니다.

⑥ 전용면적

건물의 면적은 전용면적으로 표시합니다. 59㎡는 분양면적 25평형, 84㎡는 분양면적 32평형입니다. 여러 물건의 가격비교를 할 때 꼭 확인합니다.

⑦ 채권자, 채무자, 소유자

채무자와 소유자가 같은 것이 일반적이나, 다른 경우도 있습니다. 아버지 소유의 집을 담보로 아들이 대출을 받으면 아들이 채무자, 아버지가 소유자입니다.

⑧ 매각대상

토지건물 일괄매각이 일반적입니다. 다른 공유자가 있는 지분매각이나, 건물만 매각, 토지만 매각 등의 경우는 낙찰 후 부가적으로 돈이 들거나 법적 해결이 필요한 특수물건이니 초보자는 피하세요.

⑨ 감정가, 최저가, 보증금

감정가는 감정평가로 정한 가격입니다. 재경매가 아닌 첫 경매에는 감정가 이상으로 입찰해야 합니다. 첫 번째 매각기일에 아무도 입찰하지 않으면, 약 1개월 후 다시 경매가 진행되며 최저입찰가는 감정가의 80%, 혹은 70% 가격으로 낮아집니다. 입찰하고자 하는 사람은 최저가 이상 가격으로 입찰해야 합니다. 입찰보증금은 입찰 시 내야 하는 돈으로 보통 최저가의 10%입니다. 미납 등으로 인한 재경매 시에는 입찰보증금이 20~30%로 달라지니 입찰 전 꼭 확인하세요.

⑩ 기일현황

첫 경매는 '신건'이라고 표시합니다. 아무도 입찰하지 않아 유찰이 되면 다음 매각기일과 최저매각금액이 표시됩니다.

⑪ 사진

클릭하면 법원에서 공개한 사진들을 볼 수 있습니다. 해당 물건의 사진과 지도를 통해 주변 환경을 분석할 수 있습니다.

⑫ 지도

클릭하면 전자지도, 전자지적도, 로드뷰, 경기도지도, 온나라지도를 볼 수 있습니다.

⑬ 감정평가현황

감정평가서의 주요 내용이 표시됩니다. 감정평가서 아이콘을 클릭하면 감정평가서를 팝업으로 볼 수 있습니다.

⑭ 건물현황

건물의 소유권보존등기일이나 총 층수 등 건축물대장의 주요 내용이 표시됩니다. 건축물대장 아이콘을 클릭하면 해당서류를 볼 수 있습니다.

⑮ 문건접수/송달

경매진행을 위한 각종 송달과 열람, 접수의 기록이 있습니다. 잔금 미납으로 재경매에 나온 물건이라면 특히 이 부분을 살펴 미납이유를 알아보아야 합니다. 전 낙찰자가 서류열람을 하고 불허가요청을 했다면 그 이유를 알아야 합니다. 단순한 이유일 수도 있지만 명도에 문제가 있을 수 있으니 현장조사에서 꼼꼼히 확인하세요. 채권자의 서류접수가 있었다면 단순히 경매절차상의 문제일 가능성이 높습니다. 그 외 오른쪽에는 여러 서류로 바로가기가 있습니다.

⑯ 아파트 실거래가, 전월세거래가

국토교통부의 실거래가 가격정보를 볼 수 있습니다.

⑰ 관심등록

쇼핑몰의 장바구니와 같은 기능입니다. 담아두면 낙찰여부나 변동사항을 알림으로 받을 수 있습니다.

⑱ **대지권현황** | 🖥 부동산 통합정보 이음

	지번	용도	대지권비율	면적	감정가격	비고
1	장당동 ▨▨	대지권	29,628㎡ 분의 40.12㎡	40.12㎡ (12.14평)	62,600,000원	
기타	장당초등학교 남동측 인근에 위치 / 주위는 아파트단지, 근린생활시설, 농경지, 임야 등으로 이루어진 지역 / 인근에 버스정류장이 소재하여 대중교통사정은 무난한 편 / 단지내 도로가 개설되어 있으며, 이를 통하여 외곽 공도와 연계됨 / 제3종일반주거지역					

⑲ **임차인현황**　　매각물건명세서상 조사된 임차내역이 없습니다　　🖥 매각물건명세서 🖥 예상배당표

⑳ **건물 등기 사항** ▶ 건물열람일 : 2022-01-04　　　　　　　　　🖥 등기사항증명서

구분	성립일자	권리종류	권리자	권리금액	상태	비고
갑3	2007-12-17	소유권	비엔에스오토테크	(거래가) 120,000,000원	이전	매매
갑6	2019-05-24	소유권	정▨▨	(거래가) 190,000,000원	이전	매매
을7	2019-05-24	(근)저당	중소기업은행	163,800,000원	소멸기준	(주택) 소액배당 5000 이하 1700 (상가) 소액배당 3000 이하 1000
을8	2019-05-28	(근)저당	정▨	60,000,000원	소멸	
갑7	2019-10-31	가압류	방▨▨	160,000,000원	소멸	
갑8	2021-12-17	강제경매	방▨▨	청구: 160,000,000원	소멸	

㉑ **명세서 요약사항** ▶ 최선순위 설정일자 2019.5.24. 근저당권　　　　　　※ 조정대상지역

소멸되지 않는 등기부권리	해당사항 없음
설정된 것으로 보는 지상권	해당사항 없음

주의사항 / 법원문건접수 요약	2022-08-26 채권자 경매신청취하서 제출 ※미납관리비(공용)를 인수할수 있으니 입찰전에 확인 하시기 바랍니다.

㉒ **관련사건내역**

평택지원	2019가단5739	판결정본	관련사건보기

㉓ **부동산종합공부 요약**

지번	631	지목/면적	대 (29,628㎡)	공시지가		기준일 : 2015/01 → 953,000원 / ㎡
* 제3종일반주거지역 * 지구단위계획구역 * 보행자전용도로 * 소로1류 * 중로2류 * 상대정화구역						

⑱ 대지권현황

토지이용계획/공시지가와 부동산정보 통합열람의 내용 중 주요 내용입니다.

용어 해설

공시지가

국토교통부가 조사와 평가를 진행하여 지정한 토지의 ㎡당 가격을 말합니다. 법적으로 공시되는 땅값으로 실거래가와는 차이가 있습니다.

⑲ 임차인현황

임차인에 대한 내용입니다. 임차인이 있으면 임차인의 정보가 있고, 임차인이 없으면 별다른 표시가 없습니다. 임차인의 성명, 전입, 확정일자, 배당여부에 대한 정보는 매각물건명세서에서 확인할 수 있습니다.

⑳ 건물등기사항

권리분석을 할 때 매우 중요한 내용입니다. 등기부등본에서 말소된 권리를 제외하고 효력이 있는 권리만을 성립일자별로 배열한 것입니다. 말소기준권리는 '소멸기준'이라고 표시되며 소멸기준 이하의 권리는 소멸합니다. 비고란에 해당시기와 지역의 주택임대차보호법의 기준가격

이 표시됩니다.

㉑ 명세서 요약사항

매각물건명세서의 중요 내용이 표시됩니다. 소멸되지 않는 등기부상의 권리와 설정된 것으로 보는 지상권이 있으면 이곳에 기재됩니다. 주의사항 및 법원문건접수도 이 부분에 나옵니다. 이 물건은 채권자가 경매신청취하서를 제출했으니 곧 취하될 것으로 보입니다.

㉒ 관련사건내역

본 건과 관련된 법적 조치, 판결 등을 나타냅니다. 관련 사건으로 인해 경매가 진행된 경우가 많습니다.

㉓ 부동산종합공부 요약

해당 부동산의 내역을 요약 표시합니다.

㉔ 제일하이빌 ▒▒ 단지현황

건설사	-	입주년도	2005.10	관리사무소	-
총세대수	714 세대	총 동수	7 개동	최저~최고	0층 ~ 18층
주차대수	-	난 방	개별	난방연료	도시가스
공급면적	83.47㎡ (25.25평)	전용면적	59.97㎡ (18.14평)	구 조	계단식
방 수	3개	욕실수	2개	동일평형	428 세대

㉕ 실거래가 정보 (* 최근 거래내역 10건) ●매매 ○전월세   [시세] [실거래가] [전월세]

명칭(매매)	전용면적(㎡)	거래년월	계약일	해당층	거래금액
제일하이빌▒▒	59.9726	2022.6	(21~31)	16	330,000,000 원
제일하이빌▒▒	59.9726	2022.6	(11~20)	11	329,000,000 원
제일하이빌▒▒	59.8748	2022.6	(11~20)	12	350,000,000 원
제일하이빌▒▒	59.8748	2022.5	(21~31)	15	348,000,000 원
제일하이빌▒▒	59.8748	2022.5	(21~31)	17	345,000,000 원
제일하이빌▒▒	59.9726	2022.5	(21~31)	5	314,000,000 원
제일하이빌▒▒	59.8748	2022.5	(11~20)	16	345,000,000 원
제일하이빌▒▒	59.8748	2022.5	(11~20)	12	348,000,000 원
제일하이빌▒▒	59.8748	2022.4	(21~31)	15	355,000,000 원
제일하이빌▒▒	59.8748	2022.4	(11~20)	9	345,000,000 원

㉖ 인근 통계 [아파트(2건) ▼]   [해당번지 경매사례] [인근 진행물건] [인근 매각물건]

기간	매각건수	평균감정가	평균매각가	매각가율	유찰횟수	예상분석가
12개월	2건	188,500,000 원	303,489,005 원	161%	0회	503,930,000원

㉔ 단지현황

대형아파트단지는 위와 같이 단지현황 내용이 정리되어 있습니다. 다만, 몇몇 정보가 현장과 다를 수 있습니다. 현장조사를 하며 관리실과 인근 부동산에서 따로 다시 확인해야 합니다.

㉕ 실거래가 정보

국토교통부 실거래가 정보를 확인할 수 있습니다. 특히 최근 거래내역 10건을 첫 페이지에서 볼 수 있기에 물건을 선택할 때 편리합니다. 거래 년월과 거래금액을 직접 확인할 수 있습니다. 임대용 주택이라면 월세 거래가를 확인합니다.

㉖ 인근 통계

3개월, 6개월, 9개월, 12개월 전 인근에서 매각된 물건을 보면 낙찰가율이 오르는지 내리는지 알 수 있습니다. 해당번지 경매사례를 클릭하면 같은 번지의 아파트들의 낙찰사례를 볼 수 있고, '인근 진행물건'을 클릭하면 가까운 곳에서 진행 중인 다른 경매 물건을 한번에 볼 수 있습니다.

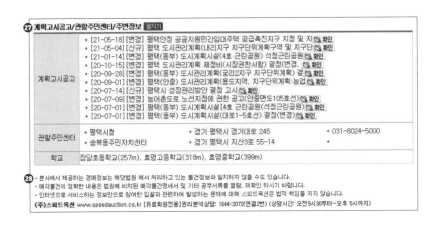

㉗ 계획고시공고/관할주민센터/주변정보

도시관리계획 등 계획되거나 변경된 도시계획을 알 수 있습니다.

㉘ 주의사항

유료경매사이트의 내용은 물건을 검색하고 선택할 때 매우 도움이 되지만, 그 내용의 사실 여부는 반드시 직접 확인해야 합니다.

내게 맞는 단계별 경매 무작정 따라하기

초급자

경매 초보자를 위한 무작정 따라하기 코스

이제 막 경매를 시작한 초보자라면 권리관계가 모호하거나, 낙찰받고 난 뒤 돈이 추가로 들거나 법적 분쟁 등을 해결해야 하는 어려운 물건은 쳐다보지도 말아야 합니다. 초보자는 권리관계가 간단하고, 간단한 명도만으로 소유권을 행사할 수 있는 물건을 선택하는 것이 좋습니다. 초보자일수록 경매의 목적을 확실히 정해야 하고, 실수를 없애기 위해 꼼꼼히 조사해야 합니다. 첫 낙찰을 목표로 다음 6단계 코스를 무작정 따라해봅시다.

1단계 | 목표설정

경매의 목표가 무엇인가요? 내 집 마련? 시세차익? 임대수익? 목표가 없다면 목표부터 정하세요. 잘못된 목표를 정했다면, 목표를 바꿔보세요. 가장 중요하게 생각하는 목표를 정하면 물건을 찾기 편리합니다.

2단계 | 권리분석

무슨 일이든 기초가 튼튼해야 마지막이 아름답습니다. 수익도 중요하지만, 안전이 먼저이기에 쉬운 경매만을 대상으로 합니다. 너무 어려운 물건은 패스해도 좋습니다.

3단계 | 현장답사

실제 현장에 가기 전에 인터넷조사를 먼저 해야 합니다. 현장에 방문해서는 조사한 내용이 맞는지 확인합니다. 현장답사에서 다음 세 가지 확인은 필수입니다. 첫째, 입찰가 결정을 위한 실제가격 확인, 둘째, 물건의 상태와 하자 확인, 셋째, 점유자의 상태에 따른 명도의 난이도 확인입니다. 자세한 현장답사 방법은 뒤에서 다시 설명할게요.

4단계 | 법원입찰

관할법원에서 입찰합니다. 입찰가는 신중하게 결정하고, 입찰서는 실수 없이 작성합니다.

5단계 | 잔금납부

본인의 소득과 신용도를 알고 입찰 전 잔금 준비계획은 미리 세워둡니다. 부동산 시장에 따라 대출상황이 바뀌므로 현재 상황을 다시 체크합니다.

6단계 | 명도

법과 대화로 점유자에게 명도받습니다. 명도가 쉬운 집을 고르면 경매가 쉽습니다. 처음부터 명도하기 쉬운 집을 골라 입찰하세요.

미래의 임대사업자를 위한 경매 코스

월급처럼 꼬박꼬박 입금되는 월세수익을 원하나요? 경매를 이용해 임대사업자가 될 수 있습니다.

1단계 | 물건 찾기

임대수익용 경매에서 가장 중요한 부분입니다. 임대용 물건은 내 집 마련용 물건과 다릅니다. 월세를 내는 임차인이 원하는 물건이어야 합니다. 소형이 좋고, 직장이 가까우면 좋습니다. 대중교통이 편리한 지역도 적합합니다. 대출을 이용하면 임대수익이 높아지기에 대출한도가 높은 지역이 유리합니다. 같은 자금으로 더 많은 임대수익을 내는 물건을 찾아야 합니다.

2단계 | 권리분석과 현장답사

경매 중급이 되면 권리분석은 쉬워지고, 현장답사는 더 어려워집니다. 최소비용으로 최대임대수익이 나올 수 있는지 여부를 면밀히 검토해야 하기 때문입니다. 임차인의 수요가 많은 곳이 맞는지 현장에서 다시 확인합니다.

3단계 | 잔금납부

임대수익은 월세를 받아 대출이자를 내고 남는 수익입니다. 잔금납부를 할 때 대출 가능여부를 반드시 확인하세요. 2주택 이상을 보유하고 있다면, 비규제지역이어야 대출이 가능합니다. 기존대출금액이 많으면 DSR(총부채원리금상환비율)의 한도로 인해 추가 대출이 곤란할 수 있습니다. 잔금납부와 함께 명도를 진행합니다.

4단계 | 인테리어와 임차인 모집

실거주가 아닌 임차인을 위한 집수리는 인근 다른 집 수준보다 약간 높은 수준이 좋습니다. 과도한 인테리어는 비용 부담이 생기고, 저렴한 집수리는 임차인의 외면을 받을 확률이 높습니다. 에어컨, 냉장고, 세탁기 등의 옵션 배치도 필요할 수 있습니다.

5단계 | 임대와 사후관리

임대사업을 하면 적은 돈으로 월급 같은 임대수익을 만들 수 있습니다. 적게 일하고 수익을 낼 수 있는 매우 매력적인 일입니다. 하지만 오해는 하지 마세요. 임대사업자의 소득은 불로소득이 아닙니다. 그냥 주어지는 열매는 없습니다.

주택임대사업자는 마이홈(www.myhome.go.kr)에 등록한 후, 지자체와 세무서에 추가로 등록해야 합니다. 임대사업자는 10년간 의무임대를 해야 하며, 임대보증금 증액은 5% 내에서만 가능합니다. 또한 임대보증보험에 의무가입해야 합니다.

임대물건을 관리하는 일도 그리 만만하지 않습니다. 사업자현황신고, 임대사업소득세납부, 종합부동산세납부, 임대사항신고 등 임대사업자의 의무를 다해야 합니다. 또한 임차인의 월세납부 확인은 물론이고, 이사를 들어오고 나갈 때 점검 및 수리 등 사후관리도 해야 합니다. 세법상으로는 사업소득이지만, 실제로는 열심히 일한 대가인 근로소득입니다.

현재 임대사업자는 의무가 늘고, 혜택이 많이 축소된 상황입니다. 경매로 임대사업에 뛰어들고 싶다면 좀 더 신중하게 접근하시길 바랍니다.

까다로운 물건 알차게 낙찰받는 고수

탐정파 | 낙찰 좀 받아본 당신, 모험심 가득한 현장조사의 달인

일반 물건을 다섯 개 정도 낙찰받으면 쉬운 경매가 슬슬 지겨워집니다. 고만고만한 수익만 나는 일반물건보다 점차 고수익이 나는 물건에 눈을 돌리게 됩니다. 권리분석이 어려워 모두 피하지만 조금만 파헤치면 수익이 나는 물건이 있습니다. 한 예가 가짜 선순위임차인이 있는 물건이죠. 임차인이 진짜 임차인이 아니라 소유자의 가족이라는 것을 밝혀낸다면, 낙찰자는 가짜 임차인의 보증금을 인수하지 않아도 되고 쏠쏠한 수익을 내게 되겠지요. 반대로 예상과 달리 진짜 선순위임차인이라면 낙찰자는 입찰보증금을 포기하거나 임차인에게 보증금을 내어주어야 할 수도 있습니다. 가짜 선순위임차인 물건에 투자하려면 제대로 된 현장답사와 증거 수집이 필수입니다.

협상파 | 강인한 정신력과 협상에 자신 있는 당신

낙찰받기는 쉽지만, 낙찰 후에 할 일이 더 많은 물건들이 있습니다. 지분권(공유자가 여러 명인 경우), 법정지상권(땅 혹은 건물만 나온 경우), 유치권(공사비를 받지 못한 공사업자가 점유한 경우) 같은 권리가 있는 물건이지요. 이런 물건에는 초보자가 감히 접근하지 못합니다. 고수들만의 세계지요. 누구는 처음부터 고수였을까요? 협상을 좋아한다면 여러분에게도 고수의 피가 흐르고 있을지도 모릅니다.

은퇴파 | 은퇴자금으로 상가나 토지를 갖고 싶은 당신

부동산, 특히 경매에는 은퇴가 없습니다. 평생 할 수 있는 직업이지요. 가진 돈이 넉넉하면 할 수 있는 것들이 많습니다. 매달 연금처럼 나오는 임대수익을 원한다면, 수익형부동산을 낙찰받을 수 있습니다. 주거용보다 상가가 임대수익은 더 높습니다. 시세차익을 노려 토지를 낙찰받을 수도 있지요. 토지는 시간에 투자하는 것으로 후세에 물려줄 재산이 됩니다.

토지는 용도에 따라 가치가 다릅니다. 전원주택을 짓는다면 집을 지을 수 있는 땅이어야 하고, 상가건물을 지으려면 상가건물을 지을 수 있는 땅이어야 합니다. 우리나라의 토지는 공공의 성격이 있어서 그 용도가 이미 다 정해져 있습니다. 토지에 대한 규제인 부동산공법과 건축에 대한 규제인 건축법을 확인해야 합니다.

부동산 경매
무작정 따라하기

018

주체가 다르면 경매도 다르다, 경매와 공매

경매와 공매는 나라에서 집행하는 공(公)경매

개인이 주체가 되는 사경매와 달리 국가기관이 주체가 되어 진행하는 공경매는 법원이 집행하는 법원경매와 한국자산관리공사(캠코)에서 집행하는 공매로 나뉩니다.

공매에서는 나라와 관련이 있는 물건들이 거래됩니다. 주로 세금을 체납한 사람들의 부동산이지만, 여러 가지 종류의 동산도 있습니다. 기계, 가전제품, 요트도 있고, 가끔은 반려견이 나오기도 합니다. 어떤 종류의 물건은 임대만 가능합니다. 공립학교 매점, 터미널의 휴게소 등 공적 자산은 매각하지 않고 운영권만 임대합니다. 국가의 부동산을 임대할 때에는 투명하고 공정한 거래를 위해 사적인 공인중개사를 거치지 않고, 전자자산처분시스템인 온비드를 통해야 합니다.

공매는 경매부터 익히고 난 뒤에 하는 편이 좋습니다. 공매 역시 부동산에 대한 시세파악은 물론, 권리분석을 스스로 할 수 있어야 하니까요. 경매를 먼저 시작하고 경매가 익숙해지면, 공매를 함께 하세요. 경매는 물건이 많지만 경쟁이 치열하고, 공매는 물건이 적지만 경쟁이 덜하니 둘을 잘 섞으면 금상첨화입니다. 어렵고 낯설지만, 매력 가득한 공매를 놓치지 마세요.

공매, 경매랑 어떻게 다를까?

① 공매는 기본적으로 온라인으로 입찰합니다

이용기관에 따라 현장입찰을 하는 경우도 있지만, 대개 입찰일에 직접 법원으로 가지 않고 인터넷으로 입찰을 하니 시간이 절약됩니다. 절대 외출이 허락되지 않는 직장인 투자자라면 공매를 집중공략해도 좋습니다. 온라인으로 입찰하기에 현장 분위기에 휩쓸리지 않고 객관적인 결정을 할 수 있습니다. 반면 컴퓨터가 낯선 사람은 입찰하기 어렵습니다.

② 공매는 법원경매보다 경쟁률이 낮습니다

누구나 쉽게 접근할 수 있고, 경매컨설턴트가 많은 법원경매에 비해 공매는 물건에 대한 정보가 적습니다. 법원경매는 유료사이트에서 기본적인 권리분석을 해주지만, 공매는 입찰자 스스로 권리분석을 해야 합니다. 근래 유료사이트에서 공매 물건의 정보를 올려주고 있지만, 미흡합니다. 연령대 높은 경매고수들은 입찰방법이 생소한 공매를 좋아하지 않습니다. 이런저런 이유로 경쟁이 덜하니 경매보다 수익이 높습니다.

③ 잔금납부를 빨리 할 수 있습니다

세금과 다른 채권이 동시에 있는 경우 경매와 공매가 함께 진행되기도 합니다. 이때 공매로 낙찰받은 사람이 유리합니다. 경매는 매각허가결정이 1주일 후에 나오고 잔금납부기일이 정해지는데, 공매는 낙찰된 바로 다음 주 월요일부터 잔금납부를 할 수 있습니다. 공매로 낙찰받은 사람이 잔금을 납부해버리면, 경매는 매각이 취소되어 낙찰자에게 보증금을 돌려줍니다.

④ 물건수가 적고, 취하되는 경우가 많습니다

공매로 나오는 물건의 수량은 경매에 비해 10분의 1 수준으로 적습니다. 적은 금액의 세금 체납으로 공매에 들어간 물건은 집주인이 세금을 내버리고 취하하는 경우가 많습니다. 때문에 공매 물건은 종종 취하됩니다.

⑤ 공매는 인도명령제도가 없습니다

경매는 인도명령으로 간단하게 점유자를 내보낼 수 있지만, 공매는 명도소송으로 내보내야 합니다. 배당금을 받지 못하는 임차인이 점유하고 있다면 명도소송 하는 시간과 수고도 고려해야 합니다. 공매도 역시 대화와 협상으로 명도를 하는 것이 좋습니다.

온비드로 공매 물건 검색하기

공매는 온비드 홈페이지를 통해 알아보고 입찰할 수 있습니다. 물건 검색은 인증서 없이 가능하지만, 입찰은 반드시 공인인증서가 있어야 합니다. 온비드 전용 공인인증서를 만들려면 서류를 우체국에 제출해야 하므로 입찰 전 미리 만들어 놓는 것이 좋습니다. 공매 물건을 검색해볼까요?

① 온비드(www.onbid.co.kr) 홈페이지를 방문합니다.

② 상단의 '동산/기타자산'에서 공고목록을 확인합니다.

③ 관심 가는 물건을 '관심공고 등록'하여 수시로 확인할 수 있습니다.

처음엔 시간이 걸리겠지만, 익숙해지면 온비드가 쉽게 느껴질 것입니다.

둘째
마당

부동산 경매 무작정 따라하기

권리분석,
핵심만 알면
누워서 떡 먹기!

집의 이력을 한눈에 파악하는
권리분석은 필수다!

이리 보고 저리 보고 꼼꼼히 판단하기!

우리는 모두 집에 살고 있습니다. 자신의 집이 아니라면, 집주인에게 일
정 금액의 보증금을 내고 전세나 월세로 살게 됩니다. 공인중개사를 통
해 집을 구하면 등기부등본을 프린트해주며 이런저런 설명을 해주지만,
이 내용을 제대로 알아듣는 사람은 별로 없습니다. 고개만 끄덕일 뿐이
지요. 법률용어로 이루어져 있는 등기부등본은 낯설고, 공인중개사의
설명은 빠르기만 합니다. 중개수수료가 아까워 직거래도 많이 하지요.

경매에서는 배당 순서대로 배당을 하는데, 집에 앞선 다른 권리가 있다
면, 남는 배당금이 없어 임차인은 보증금 배당을 못 받을 수 있습니다.
소중한 보증금을 집주인에게 건네면서 등기부등본에 어떤 권리가 있는
지 살펴보지 않는 것은 차도에 아이를 내놓은 것과 같이 위험합니다.

살던 집의 전세 재계약을 할 때에도 보증금을 올려주기 전에 최근 등기
부등본을 확인해야 합니다. 재계약 시 보증금을 올려주는 것을 증액이
라고 하는데, 증액한 보증금과 첫 보증금은 각각 다른 우선변제권을 갖
습니다. 등기부등본을 살펴보지 않고 몇 천만원씩 올려줬다가 보증금을

 용어 해설

우선변제권
경매에 넘어갈 시 우선하여 변제
받을 수 있는 권리를 말합니다.

잃는 임차인을 경매에서는 흔하게 만납니다.

권리분석, 누구나 할 수 있다

권리분석은 부동산의 권리 상태를 파악하는 작업을 말합니다. 등기부등본을 해석할 수 있는 정도의 권리분석은 경매투자자라면 누구나 알아야 하는 기본지식입니다.

등기부등본에는 집과 집주인에 대한 이야기가 고스란히 적혀 있습니다. 집주인이 몇 살에 누구와 함께(공유지분) 얼마에 집을 샀고, 대출은 얼마를 받았는지(근저당), 집주인이 밀린 카드 연체액은 얼마나 되며(압류), 가족관계(상속, 공유물분할)는 어떤지 알 수 있습니다. 임차인의 보증금을 돌려주지 않아 분쟁이 있는지(임차권설정)도 등기부등본에 나오지요. 이미 끝난 일이라도 등기부등본에는 기록이 남습니다. 효력이 없어진 권리는 빨간 줄로 표시됩니다. 등기부등본이 깨끗하다면 집주인의 성격도 깔끔하다고 봐도 좋을 것 같네요.

용어 해설

공유물분할
공동으로 소유한 물건이나 재산을 각각의 공유자에게 분할하는 것을 말합니다.

권리분석은 등기부등본을 해석하는 능력입니다. 권리분석을 할 줄 아는 임차인은 보증금을 잃을 위험이 있는 집을 피할 수 있습니다. 내 집 마련을 할 때는 말로만 급매가 아닌 집주인이 집을 빨리 팔아야 하는 진짜 급매를 알아볼 수도 있습니다. 압류와 가압류가 물밀듯이 들어온 집이라면 시세보다 낮은 가격으로 살 수 있습니다. 이때 모든 권리를 합한 금액이 집 가격보다는 적어야 하겠지요.

경매에서 권리분석은 더욱 중요하다

경매로 나오는 물건들은 어딘가 문제가 있는 물건들입니다. 돈을 받지 못한 누군가가 경매를 신청했으니까요. 문제가 없었다면 일반 부동산 시장에서 거래되었을 것입니다. 어떤 물건은 낙찰받기는 쉬운데, 낙찰 후 여러 명의 이해관계인들과 해결해야 할 문제가 있어 곤란한 경우가 있습니다. 사전에 제대로 권리분석을 하지 못하여, 소유권 이전을 끝낸 후에 낙찰금액 외에 임차인의 임대보증금을 또 내야 한다면 큰일이겠지요. 원하는 물건에 돈이 더 든다면(다른 채권자들의 권리를 없애기 위해 낙찰자가 별도로 내야 하는 금액이 있다면), 당연히 그 금액만큼 저렴하게 낙찰받아야 합니다.

권리분석이 제대로 되지 않으면 수익을 내려고 시작한 경매에서 자칫 손해를 볼 수도 있습니다. 하지만 거꾸로 생각하면 까다로운 권리를 가진 물건을 저렴하게 낙찰받아 문제를 해결하면 높은 수익을 낼 수 있습니다.

어떤 물건은 단순히 낙찰받는 것만으로 복잡한 문제가 해결됩니다. 어려운 경매가 두려운 사람은 쉽고 간단한 경매만 골라서 하면 됩니다. 자신이 감당할 수 있는 수준의 물건을 제대로 파악하는 것이 진짜 권리분석입니다.

부동산 경매
무작정 따라하기

020

권리분석의 시작은
등기부등본

등기부등본은 경매 필수서류

집을 사고팔 때, 전세나 월세로 들어가기 전에 반드시 확인하는 등기부

건물현황	▶ 보존등기일 : 2001-02-17				🔍 건축물대장	🔍 공동주택가격열람
	소재지	층별	구조	전용면적	감정가격	비고
1	북변동 ▓	7층▓	철근콘크리트조	59.97㎡ (18.14평)	229,200,000원	15층 건중 7층
기타 : 급,배수시설, 위생설비, 가스설비, 승강기설비 등						

대지권현황					🔍 부동산 통합정보 이용	
	지번	용도	대지권비율	면적	감정가격	비고
1	북변동 ▓	대지권	34,964.8㎡ 분의 37.96㎡	37.96㎡ (11.48평)	152,800,000원	
기타 : 금파중학교 남측 인근에 위치 / 인근은 근린생활시설 및 아파트단지 등이 혼재 / 본건(인근)까지 차량의 접근이 가능하고 인근에 시내버스정류장 및 사무역이 위치하여 대중교통상황은 양호한 편임 / 단지내 도로 및 본건과 연결된 인접공도를 이용하여 출입함 / 제2종일반주거지역 / 성장관리지역						

임차인현황	매각물건명세서상 조사된 임차내역이 없습니다.			🔍 매각물건명세서	🔍 예상배당표

건물 등기 사항	▶ 건물열람일 : 2022-08-12					🔍 등기사항증명서
구분	성립일자	권리종류	권리자	권리금액	상태	비고
갑5	2011-11-11	소유권	주▓	(거래가) 170,000,000원	이전	매매
을10	2015-07-15	(근)저당	신한은행	160,000,000원	소멸기준	(주택) 소액배당 6000 이하 2000 (상가) 소액배당 3800 이하 1300
을12	2015-08-26	(근)저당	김▓	50,000,000원	소멸	
을13	2018-04-25	(근)저당	제이씨현시스템	30,000,000원	소멸	
을14	2019-03-11	(근)저당	이▓▓	100,000,000원	소멸	
갑10	2020-01-03	가압류	산은캐피탈	176,599,508원	소멸	
갑11	2020-08-18	압류	국 - 동작세무서장		소멸	(체납징세과-티40811)
갑12	2020-10-07	압류	국 - 김포세무서장		소멸	(체납징세과-티96387)
갑13	2020-11-16	가압류	신한은행	34,397,591원	소멸	
갑14	2020-11-25	압류	국 - 예산세무서장		소멸	(당진지서-티108056)
갑15	2021-01-11	압류	김포시		소멸	(징수과-578)
갑16	2021-03-17	압류	국 - 김포세무서장		소멸	(체납징세과-티28177)
갑17	2021-05-13	임의경매	신한은행	청구: 154,001,381원	소멸	
갑18	2021-05-17	압류	국 - 영등포세무서장		소멸	(체납징세과-티37598)
갑19	2021-05-31	압류	국민건강보험공단		소멸	(자격징수부-905095)
갑20	2021-06-07	가압류	서울보증보험	27,413,600원	소멸	
갑21	2021-06-21	압류	국 - 익산소방서장		소멸	(방호구조과-14933)
갑22	2021-06-21	압류	동작구청장		소멸	(징수과-6624)
갑23	2021-06-28	가압류	아산축산업동조합	147,829,840원	소멸	
갑24	2022-01-12	가압류	근로복지공단	58,302,130원	소멸	
갑25	2022-06-28	소유권(일부)	익산시		이전	압류(상수도과- 10481)
갑26	2022-07-15	압류	영등포구		소멸	(징수과-12489)

스피드옥션에서 확인할 수 있는 등기부등본 내용들

등본은 집의 히스토리와 현재상황 등을 한번에 보여주는 서류입니다. 이 서류의 정식용어는 등기사항전부증명서지만 이 책에서는 흔하게 통용되는 등기부등본이라고 하겠습니다.

등기부등본은 모두에게 공개되어 있습니다. 부동산 거래를 할 때 누구나 정보를 확인할 수 있도록 하는 거죠. 공인중개사를 통해서 매매를 할 때는 공인중개사가 대신 등기부등본을 확인해서 보여주지만, 경매에서는 입찰자가 직접 등기부등본을 보고 권리분석을 할 수 있어야 합니다.

스피드옥션에서는 물건정보 첫 페이지에 건물등기사항의 권리를 한눈에 보여줍니다. 이 페이지만으로도 초보자는 간단한 권리분석을 할 수 있습니다. 그럼에도 입찰자라면 반드시 스스로 권리분석을 할 줄 알아야 합니다. 투자에 대한 책임은 오로지 입찰자에게 있으니까요.

물건상세페이지에서 등기사항증명서 버튼을 클릭하면 스피드옥션에서 열람한 등기부등본을 볼 수 있습니다. 유료사이트를 이용하지 않는다면, 인터넷등기소에서 따로 수수료를 지불한 후 등기부등본을 열람할 수 있습니다.

등기부등본 발급받는 법

① 인터넷등기소(www.iros.go.kr) 홈페이지에 방문합니다.

② 상단의 '등기열람/발급'을 클릭합니다.

③ 열람하고자 하는 주소를 입력합니다. 참고로 열람수수료는 700원, 발급수수료는 1,000원입니다.

④ 해당 주소지를 확인한 후 다음을 클릭합니다.

⑤ 로그인 후 금액을 결제합니다. 이후 등기부등본을 열람할 수 있습니다.

⑥ 최초 열람 후 1시간 이내에 재열람이 가능합니다. '열람/발급하기 → 재열람하기' 항목에서 해당 내역을 확인할 수 있습니다.

등기부등본으로
권리분석하기

부동산의 이름표, 등기부등본

모든 부동산에는 각각의 등기부등본이 있습니다. 토지에는 토지등기부
가 있고, 건물에는 건물등기부가 있습니다. 그래서 단독주택에는 토지
와 건물, 두 개의 등기부가 있습니다.

그런데 아파트에는 토지와 건물의 등기가 합쳐져 있습니다. 아파트는
집합건물로 분류되기 때문이지요. 집합건물은 아파트, 빌라같이 층층이
다른 주인이 있는 건물을 말합니다. 같은 땅 위에 1층, 2층, 3층 각각 집
주인이 다르기 때문에 온전히 땅을 소유한다고 말하기 어렵겠지요. 그
래서 집합건물은 토지의 지분권만을 가지게 됩니다. 집합건물에서 토지
의 지분권이 문제가 될 때 '대지권 없음', '토지별도등기' 등의 특별한 문
구를 볼 수 있습니다. 땅주인이 따로 있어서 대지권이 없는 물건은 토지
별도등기, 집합건물등기로 표시되는데 이는 토지등기가 별도로 있는 것
을 말합니다.

등기부등본은 크게 표제부, 갑구, 을구의 세 부분으로 나뉘어 있습니다.
하나하나 살펴보겠습니다. 표제부는 부동산의 주소, 면적 등 기본적인

것들을 소개하는 부분입니다. 사람으로 치면 인적사항이지요. 갑구는 집주인이 주인공입니다. 집주인이 카드대금을 연체하면 갑구에 표시됩니다. 을구는 부동산이 주인공입니다. 부동산을 담보로 한 근저당이 여기에 표시됩니다.

1. 표제부

집의 주소와 면적, 어떤 구조로 이루어진 건물인가 등 전체적인 내용이 나옵니다. 집합건물 등기부등본의 표제부는 두 개로 나뉘어 있습니다.

첫 번째 표제부는 '1동의 건물의 표시'입니다. 건물 전체, 즉 한 동에 대해 각 층별로 면적이 다 나오지요. 대지권도 건물 전체에 대한 면적이 표시됩니다. 참고로 등기부등본에서 빨간 줄로 그어진 것은 말소된 것을 뜻합니다. 아래 표제부에서 전체 주소가 말소된 것은 도로명주소 표기 때문입니다. 중요하지 않은 부분입니다.

두 번째 표제부는 '전유부분의 건물의 표시'입니다. 해당 물건에 대한 층, 호수, 면적과 대지권지분이 표시됩니다.

【 표　제　부 】		（ 전유부분의 건물의 표시 ）		
표시번호	접　수	건물번호	건 물 내 역	등기원인 및 기타사항
1	2002년4월29일	제3층 ▨	철근콘크리트조	도면편철장 제1책 제198장

열람일시 : 2018년02월01일 08시36분16초　　　　　2/6

[집합건물] 경기도 용인시 수지구 죽전동 ▨ 제3층 ▨　　　　고유번호 1345-2002-005871

표시번호	접　수	건물번호	건 물 내 역	등기원인 및 기타사항
			163.756㎡	

표제부를 보면 해당 건물은 용인시 수지구 죽전동에 있고, 건물은 총 10층이고, 해당 물건은 3층에 있습니다. 건물 전체 면적은 1,729.4㎡이고, 해당 물건은 163.756㎡입니다. 아파트의 구조는 철근콘크리트구조로 이루어져 있습니다.

2. 갑구

갑구는 소유권에 관련된 내용이 기재됩니다. 이 집이 어떤 집주인을 거쳐 현재 집주인의 소유가 되었는지 알 수 있습니다. 소유주의 성명, 생년월일, 주소가 기재되어 있습니다. 과거에는 주민등록번호의 뒷자리 중 첫자리까지 나왔으나 현재는 주민등록번호 뒷자리는 모두 '*'로 표시됩니다.

이 집은 2002년에 건설되어 어머니와 두 자녀가 공동명의로 분양받아 산 것으로 보이고(생년월일과 성씨로 보아 가족관계로 유추됩니다.) 2010년 소유자 조○○ 씨에게 매매되었습니다.

【 갑 구 】	（ 소유권에 관한 사항 ）			
순위번호	등 기 목 적	접 수	등 기 원 인	권 리 자 및 기 타 사 항
1	소유권보존	2002년4월29일 제62█호		소유자 █████건설주식회사 110111-107██ 서울 서초구 서초동
2	소유권이전	2002년5월21일 제73█호	2000년7월10일 매매	공유자 지분 3분의 1 안██ 521█-******* 경기도 용인시 죽전동 1114 ███ 지분 3분의 1 문██ 821█-******* 경기도 용인시 죽전동 1114 ███ 지분 3분의 1 문██ 800█-******* 경기도 용인시 죽전동 1114 ███
3	공유자전원지분전부이전	2010년12월10일	2010년11월10일	소유자 조██ 6509█-*******
열람일시 : 2018년02월01일 08시36분16초			2/2	

소유자 이력을 볼 수 있는 등기부등본

갑구에는 소유자에 대한 압류, 세금, 기타 권리사항이 함께 기재됩니다. 집에 대한 문제가 아니라 집주인이 누군가에게 갚을 빚이 있을 때 갑구에 기재됩니다.

2016년 소유자 조○○ 씨에 대한 ㈜제○○의 가압류가 설정되었고, 2017년 8월 강제경매가 진행되었다가, 같은 해 12월 기각되었습니다. 다음 해인 2018년 1월에 다시 강제경매가 신청되었고, 법원은 결국 채권자의 경매진행을 허락했군요.

		제1767█호	매매	경기도 용인시 수지구 죽전동 ███ 거래가액 금440,000,000원
4	가압류	2016년10월31일 제1667█호	2016년10월31일 수원지방법원 안산지원의 가압류결정(2016카단101 █)	청구금액 금611,298,600 원 채권자 주식회사 제████ 안산시 단원구 █████
5	강제경매개시결정(4번가압류의 본압류로의 이행)	2017년8월2일 제107█호	2017년8월2일 수원지방법원의 강제경매개시결정(2017 타경506█)	채권자 주식회사제████ 경기도 안산시 단원구 █████
6	5번강제경매개시결정등기말소	2018년1월8일 제27█호	2017년12월8일 기각	
7	강제경매개시결정(4번가압류의 본압류로의 이행)	2018년1월22일 제99█호	2018년1월22일 수원지방법원의 강제경매개시결정(2018 █경█████)	채권자 주식회사제████ 경기도 안산시 단원구 █████

강제경매가 진행되었음을 나타내는 등기부등본

3. 을구

을구(소유권 이외의 권리에 대한 사항)에는 집에 대한 내용이 기재됩니다. 집을 담보로 대출을 받으면 을구에 표시됩니다.

등기부등본에 있는 권리들 중 빨간 줄이 있는 권리는 말소된 권리이고, 빨간 줄이 없는 것은 권리가 살아있는, 즉 유효한 권리입니다. 일반 매매를 하면 살아있는 권리가 그대로 다음 집주인에게 넘어갑니다. 은행 대출로 인한 근저당이라면 말소 후 매매하는 조건으로 거래가 가능하지만, 기타 권리를 가진 채권자가 말소를 동의해주지 않는 경우도 있어요. 이런 집은 일반 매매가 어렵습니다.

하지만 경매는 이야기가 달라요. 몇 가지 예외는 있지만 말소가 되는 기준 이하로 모두 말소됩니다. 덕분에 경매를 통하면 집에 딸린 지저분한 권리들이 모두 사라질 수 있어요.

이 등기부등본에서 전 소유자가 집을 살 때 받은 대출은 현재 말소되었습니다. 현 소유자에게 팔면서 대출을 상환했고, 현 소유자가 새로운 대출을 받았습니다.

【 을 구 】			(소유권 이외의 권리에 관한 사항)	
순위번호	등 기 목 적	접 수	등 기 원 인	권 리 자 및 기 타 사 항
1	근저당권설정	2003년2월19일 제20○○호	2003년2월19일 설정계약	채권최고액 금273,000,000원 채무자 안○○

열람일시 : 2018년02월01일 08시36분16초   4/6

순위번호	등 기 목 적	접 수	등 기 원 인	권 리 자 및 기 타 사 항
3	근저당권설정	2003년12월24일 제18○호	2003년12월23일 설정계약	채권최고액 금30,000,000원 채무자 이○ 경기도 용인시 죽전동 ○○○○ 문○ 경기도 용인시 죽전동 ○○○○ 문○ 경기도 용인시 죽전동 ○○○○ 근저당권자 전○○ 550○○-******* 서울 송파구 방이동 ○○올림픽선수·기자촌아파트
4	3번근저당권설정등기말소	2004년2월11일 제14○호	2004년2월10일 해지	

전 소유자의 말소된 근저당권을 나타낸다.

[집합건물] 경기도 용인시 수지구 죽전동 ○○○○○				고유번호 1345-2002-○○○○
순위번호	등 기 목 적	접 수	등 기 원 인	권 리 자 및 기 타 사 항
6	근저당권설정	2010년12월10일 제176○호	2010년12월10일 설정계약	채권최고액 금312,000,000원 채무자 조○ 경기도 용인시 수지구 죽전동 ○○○○ 근저당권자 주식회사국민은행 110111-2365321 서울특별시 중구 ○○○○ (○○○○○)

-- 이 하 여 백 --

현 소유자의 근저당권 설정을 나타낸다.

을구 등기부등본상에 근저당권자의 임의경매가 없는 것으로 보아 집주인은 대출이자를 연체 없이 잘 내고 있던 것으로 보입니다. 이 물건은 별다른 압류나 근저당 연체 없이 한 명의 채권자만 있는 집입니다. 집주인의 재정 상태가 그리 나쁘지 않을 것으로 예상됩니다.

참고로 집주인의 재정 상태가 아주 어려운 집의 등기부등본은 자잘한 압류가 여러 건 들어와 있어 지저분합니다. 그런 집은 아무래도 집주인의 심리상태가 안 좋을 가능성이 있죠. 오랫동안 여러 채권자의 독촉에 시달렸을 테니까요. 경제적 궁핍은 심리적인 압박을 불러옵니다.

배당 순위를 알면
경매가 쉬워진다

기본적인 배당을 알면 경매가 보인다

경매의 목적은 자금의 선순환입니다. 그 과정에서 가장 중요한 것이 배당이죠. 배당 순서는 채무자의 부동산을 경매로 팔아 생기는 매각대금으로 빚을 갚는 순서를 말합니다. 이 순서는 각각의 권리에 따라 달라집니다. 어떤 사람들이 가장 먼저 배당을 받는지, 각각 얼마를 배당받는지를 알아야 안전하게 낙찰받을 수 있습니다. 각각의 배당 순위에 대해 알아볼까요?

0순위: 경매실행비용

경매법원에서 공고하고, 현황조사를 하고, 감정평가를 하고, 송달하는 과정에는 비용이 듭니다. 경매를 신청한 채권자가 이 비용을 미리 내는데 이를 경매실행비용(경매 신청비용 + 예납금)이라 하고 0순위로 가장 먼저 배당합니다. 법원이 경매를 진행하는 데 드는 비용은 낙찰가의 2~5% 정도입니다. 금액이 크지 않기에 입찰 시 크게 고려하지 않아도 됩니다.

1순위: 필요비, 유익비

필요비는 집을 보존하기 위해 드는 비용이고, 유익비는 집의 가치를 높이기 위해 드는 비용입니다. 필요비와 유익비는 공사비의 일종이지만, 인테리어 수리비는 포함하지 않습니다. 간혹 임차인이 공사비용을 이유로 유치권을 주장하기도 하지만, 임차인의 필요비나 유익비는 법적으로 인정받기 쉽지 않습니다. 따라서 입찰 시 필요비, 유익비는 크게 신경 쓰지 않아도 됩니다.

2순위: 임금채권과 최우선변제권

최우선변제권
소액임차인을 보호하기 위한 특별법으로 각 지역마다 기준 금액이 다릅니다. 최우선변제권이 있는 세입자는 다른 권리보다 우선적으로 보증금의 전액 또는 일부 금액을 배당받을 수 있습니다(27장 참고).

임금채권
노동자가 정해진 노동을 제공함으로써 받는 임금을 지급하지 않았을 때 강제지급을 청구할 수 있는 권리를 말합니다.

일명 '새치기 권리'로 불리는 2순위는 중요합니다. 다른 권리보다 앞서 올 수 있는 특별한 순위죠. 이 권리에는 소액임차인을 위한 최우선변제권과 근로자의 임금채권이 있습니다. 공장 등 회사 소유의 물건이 경매에 나온 경우 임금을 못 받은 근로자의 임금채권이 걸려 있는 것을 쉽게 볼 수 있습니다. 회사 사장이 소유한 주거용 물건이 경매로 나온 경우에도 임금채권이 걸려 있는 경우가 종종 있습니다.

2순위 권리들은 안분배당을 합니다. 안분배당이란 순서가 중요하지 않고, 각각 비율별로 공평하게 나누어 받는 것을 말합니다. 990만원의 배당금이 있고 a채권이 1,000만원, b채권이 500만원인 경우에 2:1의 비율로 배당을 하는 것이 공평합니다. 안분배당으로 배당하면 a는 660만원, b는 330만원을 배당받게 됩니다.

3순위: 당해세

당해세는 그 물건에 대한 세금을 말합니다. 국세인 상속세, 증여세, 종합부동산세와 지방세인 재산세, 도시계획세, 공동시설세, 지방교육세가 있습니다. 지방세는 주소가 있는 지역의 지자체에서 부과합니다. 경기도 용인의 물건이라면 용인시의 압류가 당해세이지요. 다른 지역의 세금압류는 당해세가 될 수 없습니다.

부동산 경매에서 주로 만날 수 있는 당해세는 재산세, 혹은 종합부동산세입니다. 주거용 물건은 재산세가 그리 크지 않지만, 공장이나 상가는 금액이 적지 않기에 주의해야 합니다. 따로 고지가 없다면 관할 시군구청을 통해 당해세 금액을 확인해야 합니다.

임차인보다 빠른 배당인 당해세로 인해 선량한 임차인이 보증금을 배당받지 못하는 일이 종종 발행했습니다. 임차인 보호를 위해 확정일자가 빠른 임차인의 임차보증금이 당해세(국세)보다 먼저 배당받게 되었습니다. (2023년 4월 이후 매각부터)

단, 당해세 중 국세인 종합부동산세만 적용되며, 지방세인 재산세는 아직 논의 중입니다. 또한, 당해세의 발생일의 기준(소득세·법인세·부가가치세 등의 '신고일', 상속세·증여세·종부세 등의 '납세 고지서 발송일')이 각기 달라 여전히 문제의 소지가 있습니다. 현재 국토교통부는 임대차계약 체결 전 집주인에게 납세증명서를 요구할 수 있게 보장하는 주택임대차보호법 개정을 추진 중입니다.

4순위: 우선변제권

경매에서 배당은 주로 우선변제권에 의해 이루어집니다. 보증금을 비롯해서 근저당권, 전세권, 담보가등기, 임차권등기, 당해세를 제외한 세금 등은 우선변제권을 가집니다. 이들 권리들은 접수날짜에 따라 순서대로 배당을 받습니다. 순서가 빠른 우선변제권이 먼저 배당을 받기에 순서가 늦으면 배당을 받지 못할 수도 있습니다. 우선변제권의 배당 순위는 다음과 같습니다.

① 우선변제권이 같은 날짜라면 접수번호 순서대로 배당합니다.
② 접수 순서를 구분할 수 없거나, 임차권과 근저당이 같은 순위거나, 가압류라면 안분배당합니다.
③ 임차인의 우선변제권이 생기는 날은 전입과 확정일자 중 늦은 날짜 기준입니다.

5순위 이하

알고만 가도 좋습니다. 5순위는 앞에서 2순위로 받은 임금 외의 임금채권 혹은 퇴직금입니다. 6순위는 당해세가 아닌 저당권보다 순위가 늦은 국세, 지방세입니다. 7순위는 산업재해보상금, 건강보험금, 연금보험금 등 각종 공과금입니다. 8순위는 우선변제권이 없는 가압류채권, 일반채권, 과태료입니다.

토막상식

조세채권의 법정기일을 주의하세요

당해세 이외의 세금을 체납하여 발생한 조세채권은 우선변제권을 갖습니다. 원래 우선변제권은 등기부등본상의 접수 순서대로 배당하지만, 조세채권은 조세채권 우선의 원칙에 따라 법정기일을 기준으로 배당합니다. 경매에서 조세채권이 발생한 법정기일은 세금신고일, 고지서발송일, 납세의무확정일 등으로, 등기부등본에 나타나지 않기에 입찰자는 그 날짜를 확인할 수 없습니다. 접수일자가 늦더라도 조세채권의 법정기일이 임차인의 전입일자보다 빠르다면 임차인의 보증금보다 배당순위에서 앞서게 됩니다. 만약 임차인이 대항력 있는 선순위임차인이라면, 임차인은 조세채권보다 배당순서가 늦어 못 받은 보증금을 낙찰자에게 요구할 것입니다. 낙찰자는 꼼짝이 임차인의 보증금을 인수해야 하기에 피해금액이 크면 차라리 입찰보증금을 포기하기도 합니다. 경매가 아닌 공매로 올라온 조세채권이라면 온비드를 통해 공매재산명세서에 기재된 법정기일을 확인할 수 있습니다.

난이도 하 –
집주인만 있는 집은
말소기준권리만 확인!

돈에 대한 권리와 그 밖의 권리

경매는 집주인의 빚 때문에 일어나는 일이에요. 법원은 집주인의 집을
처분해서 채권자에게 돈을 돌려주기 위해 경매를 진행합니다. 채권자는
당연히 받아야 할 돈이 있어 경매를 신청하지만, 그 과정에서 그 집에 관
련된 다른 이해관계인에게 피해가 갈 수도 있습니다. 그래서 집에 얽힌
이해관계인들의 권리를 따져봐야 합니다.

경매는 채권자의 신청으로 시작합니다. 신청한 채권자 외에도 은행이
나 카드사 등 금융기업, 개인, 세무서, 사업상 채권자, 이혼한 전처 등 집
주인에게 받을 돈이 있는 채권자가 더 있을 수 있습니다. 채권자들은 자
신의 권리 순서대로 배당을 받습니다. 등기부등본이나 전입신고처럼 명
확한 순서가 있는 권리가 있고, 가처분, 유치권처럼 배당여부가 애매한
권리도 있습니다. 한편, 선순위임차권처럼 자칫하면 낙찰자가 인수해야
하는 권리도 있지요.

법원 입장에서는 신청이 들어왔으니 되도록 빠르게 경매를 진행해야 합
니다. 일일이 다른 이들의 권리관계를 파악할 시간적 여유가 없습니다.

용어 해설

가처분

가처분을 신청한 사람의 동의 없
이는 물건에 대한 처분을 하지 못
하도록 하는 것을 말합니다. 이러
한 권리를 가진 사람을 가처분권
자라고 합니다.

그래서 법원은 명확하지 않은 권리에 대해서 파악하지 않고 입찰자가 스스로 판단하게 합니다. 이런저런 사연이 있는 여러 가지 권리들을 다 파악하고 나서 경매를 진행하면 시간이 마냥 지체되니까요. 따라서 최소한의 정보는 법원이 직접 관리하지만 세세한 부분은 입찰자가 직접 권리분석을 해야 합니다.

경매물건은 권리가 명확한 것이 있는 반면, 애매한 경우도 종종 있습니다. 그래서 권리분석은 크게 두 가지로 나눌 수 있습니다.

① 어떤 것이 명확한 권리이고, 애매한 권리인지 판단하기(소멸권리와 인수권리 파악)
② 인수권리 중 내가 해결할 수 있는 수준 판단하기

'소멸권리', '인수권리'는 법률용어는 아니에요. 이해를 돕기 위해 제가 만든 단어입니다. 경매 후 없어지는, 즉 소멸되는 권리를 소멸권리라고 할게요. 반대로 낙찰자가 떠안아야 하는, 즉 인수해야 하는 권리는 인수권리라고 하겠습니다.

인수권리라고 무조건 피할 필요는 없어요. '소멸인가, 인수인가'의 문제는 권리가 사라지는가의 여부에 달려있습니다. 배당과는 별개문제이지요. 인수권리이지만, 배당으로 해결이 되기도 합니다. 예를 들어, 인수권리를 가진 가처분권자에게 전액 배당이 되면 낙찰자에게는 위험이 없습니다.

권리는 말소되는 것이 좋다

경매에 나오는 집은 모두 문제가 있는 집입니다. 어떤 집은 복잡한 문제가 있고, 어떤 집은 간단한 문제가 있지요. 그 문제들은 등기부등본에 표시되는데, 우리는 이것을 '권리'라고 합니다. 권리의 힘이 사라지면, 등기부등본상에 빨간색으로 줄이 그어지고 "권리가 소멸되었다." 혹은 "말소되었다."라고 합니다. 경매에서는 일정기준 이하로 채권자의 권리가 사라지는데, 이때 말소의 기준이 되는 권리를 '말소기준권리'라고 합니다.

경매에서 권리가 말소되는 궁극적인 이유는 채권자들에게 신속하게 배당하기 위해서입니다. 권리가 말소되기에 입찰자는 복잡한 권리 걱정 없이 입찰할 수 있고, 법원은 낙찰자의 잔금으로 채권자에게 배당할 수 있습니다. 빚이 많아 일반 매매로 매매하기 어려운 물건도 경매를 통하면 새 주인을 만날 수 있습니다.

권리가 소멸한다는 것은 그 과정에서 누군가는 돈을 못 받을 수도 있다는 뜻입니다. 권리가 말소되는 과정에서 억울한 사람도 생깁니다. 배당 순서가 늦어 돈을 돌려받지 못하더라도 별다른 방법이 없습니다. 집은 이미 새 주인을 찾았고, 권리는 소멸했으니까요. 말소기준권리보다 전입이 늦어 대항력이 없는 임차인은 보증금을 모두 잃어도 별도리 없이 이사를 나가야 합니다. 그렇기 때문에 애초에 월세 혹은 전세로 집을 구할 때 등기부등본을 확인하여 과도한 대출이 껴있는 집은 피하는 것이 좋습니다.

말소기준권리는 말 그대로 말소가 되는 기준입니다. 말소기준권리를 포함하여 아래의 권리들은 모두 힘을 잃고 사라집니다. 회개하면 모든 죄를 용서해주듯이 복잡한 과거가 사라지는 거죠. 말소기준권리를 찾는 것은 권리분석의 시작입니다.

여러분이 임차인이라면 반드시 말소기준권리보다 먼저 전입을 해야 하고, 입찰자라면 말소기준권리보다 빠른 권리가 있는 물건은 피하는 것이 좋습니다. 그러니 돈을 빌려줄 때는 말소기준권리가 이미 있는 물건을 담보로 삼는 일은 피해야 할 것입니다.

말소기준권리만 찾으면 권리분석 90% 해결!

말소기준권리는 돈으로 해결되는 권리 중 가장 먼저 설정된 권리입니다. '돈에 관한 권리'는 경매를 통해 깨끗하고 명확하게 해결할 수 있습니다. 모두 소멸하지요. 배당 순서가 늦은 채권자의 경우 돈을 한 푼도 못 돌려받더라도 못 받은 돈을 낙찰자에게 요구할 수 없습니다. 덕분에 입찰자는 마음 놓고 입찰에 참여할 수 있습니다. 경매에서 가장 손해를 보는 사람은 순서가 늦어 배당을 못 받는 채권자이지요.

하지만 '돈이 목적이 아닌 권리'는 상황이 다릅니다. 진짜 집주인이 누구인지에 대한 다툼이 있어 소송이 진행 중인 집이라면, 낙찰받은 후에 진짜 소유권을 빼앗길 수도 있습니다. 토지를 이용할 수 있는 권리가 명확하지 않은 집이라면, 낙찰받은 후 건물을 철거해야 할 수도 있지요. 돈으로 해결할 수 없는 문제가 있는 물건은 권리분석이 까다롭습니다. 다행히도 경매물건 중 대부분은 돈으로 해결이 됩니다. 초보자는 이런 물건만 골라서 입찰하면 됩니다.

말소기준권리가 되는 다섯 가지

말소기준권리 아래에 있는 권리는 몇 가지 예외를 제외하고 모두 말소됩니다. 말소기준권리가 되는 권리는 다섯 가지 종류가 있습니다.

① 근저당권, 저당권

근저당권과 저당권 모두 돈을 빌려줄 때 발생하는 권리입니다. 부동산을 담보로 한 대출을 채무자가 갚을 수 없을 때는 법원에 해당 부동산에 대한 경매를 신청해서 돈을 받을 수 있습니다. 저당권은 개인간 거래에서 많이 발생하는 반면 근저당권은 은행을 통해 대출을 받을 때 설정되는 권리입니다. 근저당권은 채무자가 미래에 상황이 안 좋아져 대출을 갚지 못할 것을 대비해 실제 빌린 금액보다 더 높게(약 120~130%) 채권액을 설정하는 것을 말합니다. 근저당권은 주거용 물건의 주된 말소기준권리입니다.

② 압류, 가압류

채권자가 채무자에게 받을 돈이 있을 때 채무자가 임의로 자신의 재산을 처분하지 못하도록 국가에 신청하는 것을 말합니다.

③ 경매개시결정

앞선 다른 권리가 없을 때 경매 시작을 알리는 경매개시결정이 말소기준권리가 됩니다.

④ 담보가등기

근저당 대신 설정하는 권리입니다. 돈을 빌려주고 담보가등기를 설정하면 경매 신청을 할 수 있고 배당도 받을 수 있습니다. 개인간의 거래에서

용어 해설

가압류
가압류란 채무자의 재산을 압류하여 현상을 보전하고, 재산의 변경을 금지하여 미래의 강제집행을 보전하는 절차입니다. 보통 압류가 결정되기 전에 채무 보존을 위해 가압류를 합니다.

발생하며 근저당과 비슷한 효력이 있습니다. 등기부등본 비고란에 담보가등기라고 쓰여 있는 물건이 그러합니다.

⑤ 선순위전세권

등기부등본에서 다른 권리보다 가장 앞선 전세권을 말합니다. 선순위전세권은 '소멸기준인가, 아닌가'가 중요합니다. 선순위전세권이 소멸기준, 즉 말소기준권리가 되지 못하면 낙찰자가 인수해야 하는 위험이 있을 수 있으니 꼼꼼히 확인해야 합니다. 전세권 중에서 ① 가장 먼저 설정되고, ② 건물 전체에 해당하며, ③ 배당요구를 했거나 경매 신청을 한 것이 소멸기준이 됩니다(24장 참고).

위의 다섯 가지 권리 중 가장 먼저 설정된 권리가 말소기준권리가 됩니다. 반대로 말하면 위 다섯 가지 외의 다른 권리는 말소기준권리가 될 수 없겠지요. 권리분석을 하기 위해서는 가장 먼저 말소기준권리를 찾을 수 있어야 합니다. 때문에 위 다섯 권리는 외워야 합니다. 참고로 스피드옥션에서는 말소기준권리를 '소멸기준'으로 표시하고 있습니다.

스피드옥션에 표시된 소멸기준

말소기준권리 이하지만 소멸되지 않는 예외권리

모든 법칙이 그러하듯이 말소기준권리에도 예외가 있습니다. 예고등기, 가처분등기, 유치권, 지상권은 언제 설정되었느냐와 상관없이 낙찰자에게 인수될 수도 있습니다. 어떤 권리는 인수되고, 어떤 권리는 인수되지 않기에 인수여부를 일일이 확인해야 합니다.

예고등기

등기 자체에 문제가 있다는 것을 알리는 법원의 경고입니다. 이 집에 심각한 어떤 소송이 진행 중이라는 의미이기도 합니다.

가처분등기

집을 사는 사람의 권리를 보호하기 위해서, 집주인이 함부로 부동산을 처분하지 못하도록 등기부등본에 금지사항을 적어 넣은 것을 말합니다. 소유권에 관련된 가처분, 효력이 살아있는 가처분만이 문제가 되지만, 초보자는 판단이 어려우니 피하세요.

유치권

공사업체가 공사대금을 받기 위해 집을 점유하는 권리를 말합니다. 경매법원은 유치권 성립여부를 판단하지 않고 유치권 접수사실만 고지합니다. 주거용 부동산에 대한 유치권은 성립되지 않는 경우가 많지만, 입찰자가 직접 판단해야 하는 권리입니다.

(법정)지상권

집주인과 땅주인이 다를 때 생기는 권리입니다. 법원은 법정지상권 성립여부를 판단하지 않고 '법정지상권이 성립할 수도 있음'이라고 고지합니다. 이 역시 입찰자가 개인적으로 판단해야 합니다.

앞의 권리 외에 미상임차인, 선순위 가등기, 대지권 미등기 등의 권리가 붙는 물건을 경매에서는 '특수물건'이라고 합니다. 특수물건은 권리분석이 복잡하고 낙찰자가 인수해야 하는 무시무시한 권리들이 많아 초보자들이 접근하기 어렵습니다. 특수물건은 입찰자가 적어 낙찰률이 낮습니다. 그래서 몇몇 고수들은 이러한 물건에만 접근해 높은 수익을 얻기도 하죠. 하지만 잘 모르는 상태에서 섣불리 낙찰받았다가 수익은커녕 손해만 볼 수도 있으니 신중하게 접근해야 합니다.

"모르고 입찰했어요!"라고 하는 경우는 거의 없습니다. '등기'라는 표시가 붙는 예고등기, 가처분등기는 등기부등본에 기재되고, 유치권과 법정지상권은 매각물건명세서에 기재되니 실수로 못 보고 지나칠 일은 없습니다. 위의 권리들은 말소기준권리 이하의 권리여도 말소되지 않을 수 있습니다. 그러니 위험을 판단하기 어려운 초보자는 이런 물건은 그냥 패스하길 권합니다.

집주인이 사는 집의 말소기준권리 찾기

집주인이 사는 집은 말소기준권리를 찾으면 권리분석이 끝납니다. 인수해야 할 예외가 있는지 확인만 하면 됩니다. 집주인이 배당을 받을 수 있는지 여부를 판단할 필요가 없으니 권리분석이 쉽고 간단합니다.

① 근저당이 말소기준권리인 간단한 물건

임차인현황	매각물건명세서상 조사된 임차내역이 없습니다				🖺 매각물건명세서 🖺 예상배당표

건물 등기 사항 ▶ 건물열람일 : 2021-09-17   🖺 등기사항증명서

구분	성립일자	권리종류	권리자	권리금액	상태	비고
갑2	2012-12-31	소유권	정▉▉	(거래가)202,000,000원	이전	매매
갑3	2016-03-30	소유권	정▉▉	(거래가)248,000,000원	이전	매매
을15	2019-02-21	(근)저당	오케이저축은행	168,000,000원	소멸기준	(주택) 소액배당 11000 이하 3700 (상가) 소액배당 6500 이하 2200
을21	2019-05-31	(근)저당	대명캐피탈대부	30,000,000원	소멸	
을21-1	2019-05-31	(근)저당질권	오▉▉	30,000,000원	소멸	
을22	2019-07-31	(근)저당	대명캐피탈대부	22,500,000원	소멸	
갑4	2020-04-10	가압류	롯데카드	5,189,140원	소멸	
갑6	2020-06-02	가압류	아주캐피탈	34,962,780원	소멸	
갑8	2021-09-07	임의경매	오케이저축은행	청구: 161,636,007원	소멸	

명세서 요약사항 ▶ 최선순위 설정일자 2019.2.21.(근저당권)   ※ 투기과열지구

소멸되지 않는 등기부권리	해당사항 없음
설정된 것으로 보는 지상권	해당사항 없음
주의사항 / 법원문건접수 요약	본 부동산에는 채무자겸소유자 정▉▉의 모친(정▉▉)이 거주하고 있음.

집주인이 사는 집의 말소기준권리는 성립일자별로 나열했을 때 가장 먼저 설정된 권리입니다. 말소기준권리 이하의 권리들은 소멸합니다. 여기서 소유권은 빚이 아니니 넘어가고, 가장 앞선 권리인 2019년 2월 21일에 설정된 오케이저축은행의 근저당이 말소기준권리이군요. 집을 담보로 한 근저당입니다. 집을 산 날짜와 근저당 설정일자가 다른 이유는 대출을 갈아탔기 때문입니다. 2019년에 추가 대출이 이루어졌고, 2021년 근저당권자인 오케이저축은행이 임의경매를 신청하였습니다.

저당권으로 경매가 시작되면 임의경매, 그 외 압류 등으로 경매가 시작되면 강제경매로 표시됩니다. 위 물건은 근저당이 말소기준권리로 권리분석이 매우 간단한 물건입니다. 말소기준권리 이하는 모두 소멸하기에 초보자가 도전해도 좋습니다. 주거용 물건의 일반적인 패턴이죠.

② 압류가 말소기준권리인 간단한 물건

구분	성립일자	권리종류	권리자	권리금액	상태	비고
건물 등기 사항 ▶ 건물열람일 : 2019-03-22						🖳 등기사항증명서
갑2	2005-08-03	소유권	이■		이전	매매
갑3	2012-11-12	소유권	정■	(거래가)173,500,000원	이전	매매
갑8	2017-11-02	가압류	신한은행	10,076,340원	소멸기준	
갑9	2017-12-08	가압류	구미농업협동조합	10,030,543원	소멸	
갑11	2018-03-07	강제경매	신한은행	청구: 10,619,638원	소멸	(주택) 소액배당 5000 이하 1700 (상가) 소액배당 3000 이하 1000
갑12	2018-03-14	가압류	한빛자산관리대부	23,338,673원	소멸	
갑14	2018-05-09	가압류	창원시축산업협동조합	200,000,000원	소멸	
갑16	2018-08-24	압류	구미시		소멸	(징수과■■■)

가압류, 압류도 말소기준권리가 될 수 있습니다. 구미에 있는 이 아파트는 소유권 이후 가장 먼저 설정된 권리가 신한은행의 가압류입니다. 신한은행의 가압류는 말소기준권리가 되고, 말소기준권리 이하의 권리는 채권금액이 얼마든 상관없이 낙찰 후 소멸합니다.

③ 경매개시결정이 말소기준권리인 간단한 물건

구분	성립일자	권리종류	권리자	권리금액	상태	비고
건물 등기 사항 ▶ 건물열람일 : 2017-12-06						
갑1	1999-01-09	소유권	윤■		이전	매매
갑10	2017-11-24	강제경매	김■	청구: 120,000,000원	소멸기준	(주택) 소액배당 8000 이하 2700 (상가) 소액배당 5500 이하 1900

이 물건은 소유권 설정 이후 별다른 권리 없이 바로 경매가 진행되었습니다. 앞선 다른 권리가 없을 때에는 경매의 시작, 경매개시결정 그 자체도 말소기준권리가 됩니다.

④ 예외권리가 있는 물건

건물 등기 사항 ▶ 건물멸실일 : 2015-06-10

구분	설립일자	권리종류	권리자	권리금액	상태	비고
갑2	2004-12-17	소유권	다올부동산신탁		이전	신탁
갑3	2008-03-14	소유권	변█ 외 1명		이전	신탁재산의귀속
갑4	2010-04-08	소유권	김█	(거래가)87,620,000원	이전	매매
을4	2010-04-08	(근)저당	서울경기양돈축산업동조합	45,500,000원	소멸기준	(주택) 소액배당 6000 이하2000 (상가) 소액배당 4500 이하1350
을6	2010-04-20	(근)저당	김█	250,000,000원	소멸	
갑5	2010-12-08	가처분	국	서울중앙지방법원 (2010가합█)	소멸	가처분등기보기 2010.█ 인용
갑6	2010-12-13	예고등기	1번소유권,4번소유권말소예고 등기		인수	예고등기보기
갑7	2010-12-13	가압류	국	5,534,561,000원	소멸	
갑8	2014-02-11	소유권	나█		이전	진정한 등기명의 회복
갑9	2014-02-11	압류	국 - 서초세무서		소멸	(숨긴재산추적과-█)
갑10	2014-02-11	압류	국 - 용산세무서		소멸	(숨긴재산추적과-█)
갑11	2014-02-20	압류	서울특별시구로구		소멸	(징수과(세█)
갑12	2014-03-10	압류	서울특별시		소멸	(38금징수과-█)
갑13	2014-04-24	압류	국 - 분당세무서		소멸	(숨긴재산추적과-█)
갑14	2014-07-24	압류	서울특별시강남구		소멸	(세무관리1과(고액)
갑15	2014-09-18	압류	국 - 서광주세무서		소멸	(조사과-█)
갑16	2014-11-11	임의경매	김█	청구: 200,000,000원	소멸	

명세서 요약사항 ▶ 최선순위 설정일자 2010.04.08 근저당권

소멸되지 않는 등기부권리	해당사항 없음
설정된 것으로 보는 지상권	해당사항 없음
주의사항 / 법원문건접수 요약	대지권등기는 매수인이 별도로 해야함. 예고등기(건물등기부 갑구6번, 토지등기부 갑구387번)가 있으나, 관련판결(서울중앙지방법원 2010가합█, 서울고등법원 2012나█, 대법원 2013다█)이 확정되어 위 판결 내용은 등기에 반영되어 있음. ※미납관리비(공용)를 인수할 수 있으니 입찰전에 확인 하시기 바랍니다.

이 물건의 말소기준권리는 2010년 4월 8일에 설정된 근저당입니다. 말소기준권리 아래 4월 20일 개인근저당이 있고, 이하 가처분과 예고등기가 있습니다. 등기에 문제가 있을 수 있음을 예고한 것이죠. 이후 2014년 2월 11일 진정한 등기명의의 회복으로 인해 원래 소유자에게 소유권이 이전되었습니다. 이후 서초세무서, 용산세무서 등 각 세무서의 압류가 설정되었습니다. 여러 세무서 압류의 비고란을 보면 숨긴재산추적 과와 38세금징수과라고 쓰여 있지요? 원 소유주가 고액세금 체납자라 국세청이 강제로 세금을 징수한 것입니다. 영화의 소재로도 쓰였지요. 가처분과 예고등기는 말소되지 않고 낙찰자에게 인수될 수 있습니다. 초보자라면 이런 종류의 물건은 뒤도 돌아보지 말고 패스하세요.

난이도 중 –
세 가지 조건만 확인하면
전세권 완전 정복!

전세권은 특별하다

민법에서 전세권은 임차인이 전세금을 지급하고 다른 사람의 부동산을 일정기간, 용도에 따라 사용·수익한 후, 그 부동산을 반환하고 전세금을 반환받는 권리를 말합니다. 전세입자는 집주인의 부동산을 사용할 수 있고, 보증금을 돌려받지 못하면 경매를 신청할 수도 있으며, 가장 먼저 배당받을 수 있는 우선변제권을 가집니다. 특별한 특약이 없다면 전세권자는 전세권 자체를 다른 사람에게 양도할 수 있고, 전전세, 임대를 할 수도 있습니다(민법 제303조 제1항).

우리가 이 책에서 말하는 전세권은 엄밀히 말하면 '전세권 설정등기'를 뜻합니다. 등기소에 가서 전세권 등기를 설정하면 등기부등본상에 '전세권'이라고 등기됩니다. 이때 집주인의 동의서가 필요하고, 비용은 임차인이 부담합니다. 막강한 권리인 전세권, 과연 만능일까요?

과거 대항력이 없던 시절, 임차인은 전세권이 있어야만 보증금을 지킬 수 있었습니다. 하지만 전세권을 설정하는 데 비용이 들고, 집주인의 동의를 받아야 하는 등 과정이 번거로워 전세권을 가지기 어려웠습니다.

1981년에 주택임대차보호법이 생기고 난 후 임차인은 전입신고와 확정일자만으로도 대항력과 우선변제권을 가지게 되었습니다. 현재는 전세권이 없어도 '임차권'만으로 임차인의 권리를 가질 수 있습니다.

하지만 특별한 사정으로 인해 임차권을 가질 수 없는 상황이라면 전세권이 반드시 필요합니다. 직장이나 학업 등의 이유로 주소 이전을 할 수 없거나, 집주인이 전입을 허락하지 않을 때는 임차권을 가질 수 없으니 전세권을 설정해야 합니다. 안정지향적 임차인은 전입으로 임차권을 갖추고 전세권도 설정하여, 임차권과 전세권을 모두 가지기도 합니다.

전세권에는 다른 권리들처럼 법원에서 먼저 배당받을 우선변제권이 있습니다. 우선변제권은 접수 순서대로 배당됩니다. 말소기준권리 아래 있는 전세권은 순서가 밀려 보증금을 전부 배당받지 못할 수도 있습니다.

전세권은 돈과 관련이 있는 권리이기에 다음에 설명할 세 가지 특별한 조건에 해당하면 말소기준권리가 될 수 있습니다. 조건을 충족하지 않는 전세권은 말소기준권리가 되지 못하고, 다음 권리가 말소기준권리가 됩니다. 그렇게 되면 전세권은 말소기준권리 앞에 자리하는 선순위전세권이 되어서 낙찰자에게 인수됩니다. 낙찰자의 입장에서 볼 때 전세권을 인수한다는 것은 법원에 잔금을 내고도, 임차인에게 전세금을 따로 내어주어야 한다는 뜻입니다. 무시무시하지요.

전세권도 말소기준권리가 될 수 있는 세 가지 조건

전세권이 말소기준권리가 되기 위해서는 세 가지 조건이 모두 충족되어야 합니다.

① 가장 먼저: 제일 처음으로 설정되어야 합니다.
② 건물 전체: 전세권이 해당 물건 전체에 설정되어야 합니다. 물건 일부의 전세권은 해당되지 않습니다.
③ 배당요구 또는 경매 신청: 전세권자가 배당요구를 했거나 경매 신청을 해야 합니다. 이는 전세권자가 돈을 받아 가겠다는 의사표시입니다.

만약 이 조건 중 하나라도 충족하지 못하면 전세권은 말소기준권리가 되지 못하고 바로 뒤에 오는 권리가 말소기준권리가 됩니다. 위의 세 가지 조건만 머릿속에 입력해둔다면 권리분석이 쉬워집니다. 예시를 통해 하나하나 알아볼까요?

예시 1 | 말소기준권리가 되는 전세권

임차인현황 ▶ 건물소멸기준 : 2017-12-15 | 배당종기일 : 2022-■-■   📄 매각물건명세서 📄 예상배당표

순위	성립일자	권리자	권리종류(점유부분)	보증금금액	신고	대항	참조용 예상배당여부 (최저가 기준)
1	전입 없음 확정 없음 배당 없음	고■■	❷ 주거임차인 전체	【보】 125,000,000원	X	없음	현황조사 권리내역

❸● 임차인(별지)점유

건물 등기 사항 ▶ 건물열람일 : 2022-03-01   📄 등기사항증명서

구분	성립일자	권리종류	권리자	권리금액	상태	비고
갑1	2016-06-28	소유권	예스산업개발		이전	보존
갑2	2016-06-28	소유권	대한토지신탁		이전	신탁
갑3	2017-12-13	소유권이전	예스산업개발		이전	신탁재산의귀속
❶을1	2017-12-15	전세권	고■■	125,000,000원	소멸기준	배당금: 125,000,000원 전액배당 소멸예상,
갑4	2018-12-27	소유권	아띠환경	(거래가) 165,157,740원	이전	매매
갑7	2022-02-18	임의경매	고■■	청구: 125,000,000원	소멸	(주택) 소액배당 6000 이하 2000 (상가) 소액배당 3000 이하 1000

위 등기부등본에서 고○○ 씨의 전세권을 앞서 말한 세 가지 조건으로 분석해봅시다.

> ① 가장 먼저: 2017년 12월 15일로 다른 권리보다 빠릅니다.
> ② 건물 전체: 건물의 전부에 설정되어 있습니다.
> ③ 배당요구 또는 경매 신청: 임차인은 배당요구를 하지 않았지만, 경매 신청을 하였습니다.
> ▶ 결론: 임차인의 전세권은 세 가지 요건을 충족하여 말소기준권리가 됩니다. 낙찰 후 법원은 전세권자 고○ ○ 씨에게 가장 먼저 배당을 할 것입니다.

위 사례의 경우 전세권자가 이사를 오고 1년 후 소유권이 이전되었습니다. 2022년 2월, 전세권자인 고○○ 씨는 직접 경매 신청을 했습니다. 돈을 돌려받지 못해 채권자들과 전세권자가 곤란한 상황을 겪었지만, 낙찰이 되면 그들의 채권은 배당으로 소멸될 것입니다. 일부 채권자가 배당을 받지 못한다고 하더라도 소멸합니다. 입찰하기에 안전한 물건입니다.

예시 2 | 배당신청을 하지 않아서 말소기준권리가 되지 못하는 전세권

순위	성립일자	권리자	권리종류(점유부분)	보증금액	신고	대항	참조용 예상배당여부 (최저가기준)
1	전입 2015-09-23 확정 없음 배당 없음	박	주거임차인			X	없음	전체전세권 설정 후 임대차 설립되어 우선변제 제외됨
❸2	전입 없음 확정 없음 배당 없음	■산업	❷주거전세권자 건물의 전부	【보】60,000,000원		X	없음	미배당 : 60,000,000원 전액매수인 인수예상 / 법인 임차인 배당표참조

● 임차인(별지)점유

- 보증금합계 : 60,000,000원

- ■산업주식회사 : 전세권설정등기일은 2014.8.7.임.
주민등록표 등재자를 임차인으로 등록함.

건물 등기 사항 ▶ 건물열람일 : 2017-09-26   🔍 등기사항증명서

구분	성립일자	권리종류	권리자	권리금액	상태	비고
갑3	2008-10-30	소유권	박■	(거래가)110,000,000원	이전	매매
❶을6	2014-08-07	전세권	■산업	60,000,000원	인수	미배당: 60,000,000원 전액매수인 인수예상
갑10	2015-11-11	소유권	전■	(거래가)70,000,000원	이전	매매
갑11	2016-08-03	가압류	근로복지공단	1,760,000원	소멸기준	
갑12	2017-09-15	강제경매	근로복지공단	청구: 1,760,000원	소멸	(주택) 소액배당 8000 이하2700 (상가) 소액배당 5500 이하1900

이 물건에는 두 명의 임차인이 있습니다. 박○○ 씨와 ○○산업에 대한 관계 설명은 없지만 정황상 박○○ 씨는 ○○산업의 직원으로 보입니다. ○○산업이 전세로 임대한 집에 박○○ 씨가 거주하고 있는 물건입니다.

> ① 가장 먼저: 2014년 8월 7일, 다른 채권자보다 ○○산업이 먼저 전세권설정을 하였습니다.
> ② 건물 전체: ○○산업은 건물의 전부에 대해 전세권설정을 하였습니다.
> ③ 배당요구 또는 경매 신청: 전세권자가 배당요구를 하지 않았고, 경매 신청도 하지 않았습니다.

세 번째 조건이 충족되지 않았기에 ○○산업의 전세권은 말소기준권리가 될 수 없습니다. 바로 아래 있는 가압류가 말소기준권리가 되면서, 전세권은 말소기준권리 앞에 위치하여 인수권리가 되었습니다. 이 물건을 낙찰받은 임차인은 잔금을 납부하고, 별개로 ○○산업에 전세금을 내주어야 합니다. 조심해야 할 물건입니다.

그렇다면 이런 물건은 절대 낙찰받으면 안 될까요? 꼭 그렇지는 않습니다. 인수해야 하는 ○○산업의 전세금만큼 저렴하게 낙찰받으면 됩니다. 보증금 6,000만원인 전세가 있으니 이 금액을 감안하여 입찰가격을 낮추어 낙찰받고 추후 ○○산업에 보증금을 내어주면 됩니다. 경매투자자의 입장에서 볼 때 결과는 같습니다. 다만, 대출은 낙찰가에 비례해서 받고, 전세입자에게 전세금은 현금으로 내어주어야 합니다. 이런 이유로 '인수해야 하는 선순위전세권'이 있는 물건은 낙찰가가 낮습니다. 현금이 넉넉히 있다면 인수해야 하는 선순위전세권이 있는 집을 골라 저렴한 가격으로 입찰을 시도해도 좋습니다.

참고로 인수해야 하는 전세금만큼 저렴하게 낙찰을 받았더라도, 인수해야 할 전세금을 포함한 금액을 취득가액으로 보아 취득세를 내야 합니다(조세심판판례-조심2014지1424, 2014. 12. 1.).

예시 3 | 건물 전체에 설정되지 않아 말소기준권리가 되지 못하는 전세권

순위	성립일자	권리자	권리종류(점유부분)	보증금액	신고	대항	참조용 예상배당여부 (최저가 기준)
❸1	전입 2002-05-30 확정 없음 배당 2018-03-08	한국토지주택공사 (2)	❷ 주거임차인 1층 중 남쪽50㎡	[보] 35,000,000원	○	있음	배당금: 35,000,000원 전액배당으로 소멸예상 배당표참조 임금채권 주의
2	전입 2015-11-26 확정 2015-11-26 배당 2018-02-23	김	주거임차인 1층 방1칸+부엌	[보] 20,000,000원	○	없음	배당금: 20,000,000원 전액배당 소멸예상
3	전입 2016-04-19 확정 2016-04-19 배당 2017-02-20	김	주거임차인 1층 안쪽(방 2칸)	[보] 32,000,000원	○	없음	배당금: 32,000,000원 전액배당 소멸예상
4	전입 2017-09-19 확정 2018-04-10 배당 2018-04-11	이	주거임차인 전부(2층)	[보] 40,000,000원 [월] 300,000원	○	없음	❸②층과지하는폐문되어위김의부에게홀여보니이가순수가가유사용한다이홀입문에안내문을넣어두었으나연락이없었음

● 임차인(별지)점유

- 보증금합계 : 87,000,000원

- 압류의 법정기일이 빠른경우 또는 교부청구(당해세)로 대항력있는 임차인의 경우 전액배당 안될시 인수금액 발생할수있음.
- 한국토지주택공사 : 저소득층 무주택 재에게 주거생활 안정을 목적으로 지원하는 법인으로 실임주자는 강물연임, 전세권자로 전세권설정등기일자 2010.06.28.자임.
① 1층 (가)에서 만난 김 에 의하면 보증금 20,000,000원에 임대차계약을 하고 점유 사용한다 하여 안내문을 주고 왔음. ② 1층 (나)에서 만난 김 에 의하면 보증금 35,000,000원에 임대차계약을 하고 점유 사용한다 하여 안내문을 주고 왔음. ③ 1층 (다)에서 만난 김 에 의하면 배우자 김 명의로 보증금 32,000,000원에 임대차계약을 하고 점유 사용한다 하여 안내문을 주고 왔음. ④ 2층과 지하는 폐문되어 위 김 에게 물어보니 이 가 점유 사용한다 하여 출입문에 안내문을 넣어 두었으나 연락이 없었음. ※ 전입세대열람 내역에 김 , 김 , 김임 , 이 가 선임되어 있음.

건물 등기 사항 ▶ 건물열람일 : 2018-02-09

구분	성립일자	권리종류	권리자	권리금액	상태	비고
갑1	1994-10-18	소유권			이전	매매
❶율1	2010-06-28	전세권	한국토지주택공사(김)	35,000,000원	소멸	배당금: 35,000,000원 전액배당으로 소멸예상
갑2	2015-11-03	소유권	최	(거래가 22건) 239,000,000원	이전	매매
율2	2015-11-03	(근)저당	온 금고	115,000,000원	소멸기준	(주택) 소액배당 6000 이하1 2000 (상가) 소액배당 3800 이하1 1300
갑3	2016-02-05	가등기	최		소멸	담보가등기
갑6	2017-06-30	가압류	이	52,860,274원	소멸	
갑9	2017-12-22	압류	국 - 동래세무서		소멸	(개인납세1과-티)
갑10	2018-01-30	임의경매	최	청구: 35,765,670원	소멸	
갑11	2018-02-06	임의경매	온 금고	청구: 92,000,000원	소멸	2018타경 (중복) 온000000

이 사례에서 1층 남쪽, 1층 방 한 칸, 1층 안쪽, 2층 전체, 이렇게 각각 다른 집에 네 명의 임차인이 있습니다. 세 가지 기준에 충족되는지 살펴볼까요?

① 가장 먼저: 2010년 6월 28일, 한국토지주택공사의 전세권이 가장 먼저 설정되었습니다. 한국토지주택공사는 저소득층 무주택자에게 주거를 지원해주는 법인으로 실제 사용자는 강○ ○ 씨입니다.

② 건물 전체: 한 지붕 아래에 여러 명이 사는 다가구 물건입니다. 한국토지주택공사의 전세권은 1층 남쪽으로 집의 일부입니다. 말소기준권리가 될 수 없습니다.

③ 배당요구 또는 경매 신청: 한국토지주택공사는 배당요구를 하였습니다.

전체가 아닌 일부에 대한 전세권은 말소기준권리가 될 수 없기에 다음 권리인 근저당이 말소기준권리가 되었습니다. 말소기준권리보다 앞서는 전세권은 낙찰자가 인수해야 합니다. 다행히도 예시 물건의 임차인은 배당요구를 했군요. 임차인은 가장 먼저 보증금 전액을 배당받을 수 있습니다. 다가구 물건의 일부 전세권은 종종 임차권과 전세권을 동시에 가지고 있는 경우가 많습니다. 이때 전세권은 소멸이더라도 임차권으로 인해 인수될 수 있으니 주의해야 합니다. 말소기준권리보다 앞선 (건물 일부에만 설정된) 선순위전세권이라도 전세권자가 배당요구를 하면 전세권은 소멸되기에 낙찰자가 인수하는 위험은 없습니다.

선순위전세권 권리분석 따라하기

문제

아래 등기부등본을 분석해서 문제의 답을 찾아보세요.

임차인현황 ▶ 건물소멸기준 : 2009-08-21 | 배당종기일 : 2016-███(연가) 🖘 매각물건명세서 🖘 예상배당표

순위	성립일자	권리자	권리종류(점유부분)	권리금액	신고	대항	참조용 예상배당여부 (최저가 기준)
1	전입 2011-06-28 확정 2012-04-10 배당 2015-01-06	박██	주거임차인	【보】5,000,000원 【월】300,000원	○	없음	전체전세권 설정 후 임대차 설립되어 우선변제 제외됨
2	전입 없음 확정 2008-01-21 배당 없음	남██	주거전세권자 전부	【보】45,000,000원	X	없음	미배당: 45,000,000원 전액매수인 인수예상 배당표참조

- 보증금합계 : 45,000,000원

- 남██ : 전세권자로서 전세권설정 등기일은 2008.01.21.

건물 등기 사항 ▶ 건물열람일 : 2016-10-13 🖘 등기사항증명서

구분	성립일자	권리종류	권리자	권리금액	상태	비고
갑1	2007-11-05	소유권	신██		이전	보존
을1	2008-01-21	전세권	남██	45,000,000원	인수	특별매각:조건에의한 인수
갑2	2009-08-21	가압류	신████	186,000,000원	소멸기준	
갑4	2010-12-08	가압류	신██	66,405,000원	소멸	
을2	2011-09-22	(근)저당	기술신용보증기금	200,000,000원	소멸	(주택) 소액배당 4000 이하 1400 (상가) 소액배당 2500 이하 750
갑6	2011-12-20	가압류	기술신용보증기금	1,000,000원	소멸	
갑7	2012-03-15	소유권	동양██산업	어레가)65,000,000원	이전	매매
을3	2013-07-24	(근)저당	한██	49,900,000원	소멸	
갑12	2014-04-04	압류	국 - 인천세무서		소멸	(법인세과-██)
갑13	2014-05-29	압류	인천광역시동구		소멸	(세무과-██)
갑14	2014-12-23	임의경매	기술신용보증기금	청구: 200,000,000원	소멸	2014타경20██
갑15	2015-09-30	압류	양산시		소멸	(징수과-██)
갑16	2016-03-28	강제경매	신██	청구: 100,000,000원	소멸	2016타경34██

명세서 요약사항 ▶ 최선순위 설정일자 2009.8.21.가압류

소멸되지 않는 등기부권리	을구순위 1번 전세권설정등기(2008.1.21.등기)는 말소되지 않고 매수인에게 인수됨
설정된 것으로 보는 지상권	해당사항 없음

1. 말소기준권리를 찾아보세요.

① 2007년 11월 5일 신○○   ② 2008년 1월 21일 남○○

③ 2009년 8월 21일 신○○   ④ 2011년 9월 22일 기술신용보증기금

2. 남○○의 전세권은 말소기준권리가 되지 못합니다. 그 이유는 무엇일까요?

① 두 번째로 설정되었다.

② 건물 일부에 설정되었다.

③ 배당요구 혹은 경매 신청을 하지 않았다.

④ 배당요구를 하였다.

3. 남○ ○은 보증금을 돌려받을 권리가 있습니다. 누구에게 받을까요?

① 법원 ② 낙찰자

4. 또 다른 임차인 박○ ○은 보증금을 반환받을 수 있을까요?

① 소액임차인으로 배당받는다.

② 전입확정 후 배당요구를 했으므로 배당받는다.

③ 남○ ○이 건물 전체에 전세권을 설정한 후 박○ ○이 임대차계약을 하였기에 배 당에서 제외된다.

④ 배당표를 작성해봐야 알 수 있다.

정답 및 해설

1. **정답: ③**

   해설: 2007년 신○ ○의 권리는 소유권이고, 2008년 남○ ○의 권리는 말소 기준권리가 되지 못하는 전세권입니다. 말소기준권리가 될 수 있는 권리 중 가장 빠른 2009년 신○ ○의 가압류가 말소기준권리가 됩니다.

2. **정답: ③**

   해설: 선순위전세권이 말소기준권리가 되기 위해서는 세 가지 조건이 충족되 어야 합니다. 남○ ○의 전세권은 가장 먼저, 건물 전체에 설정되었으나, 배 당요구 혹은 경매 신청을 하지 않았습니다.

3. **정답: ②**

   해설: 남○ ○은 선순위전세권자이지만, 배당요구를 하지 않았기에 법원에 서 배당받을 수 없습니다. 남○ ○은 낙찰자에게 보증금 반환을 요구할 수 있 고, 적법하게 낙찰자에게 대항할 수 있어 보증금 반환 시까지 명도를 거절할 수 있습니다.

4. **정답: ③**

   해설: 건물 전체에 전세권이 설정된 집에는 다른 임차인의 최우선변제권이 인정되지 않습니다. 박○ ○의 보증금은 배당에서 제외됩니다.

법원이 주는 특급 힌트,
매각물건명세서 보는 법

임차인의 권리는 매각물건명세서로 확인한다

매각물건명세서는 경매대상 물건의 현황과 권리관계를 나타내기 위해 법원이 만들어주는 공적서류입니다. 법원은 매각물건명세서로 입찰자에게 꼭 필요한 정보를 제공하여, 예측하지 못한 손해를 입지 않도록 합니다. 매각물건명세서에는 부동산의 소재지 및 기본사항, 점유한 사람과의 권리관계, 보증금에 대한 관계자의 진술, 등기된 부동산에 관한 권리 혹은 사라지지 않는 권리, 지상권 등의 내용이 기록되어 있습니다. 특히, 주택경매에서 중요한 임차인의 권리를 매각물건명세서상에 있는 정보로 확인합니다.

법원은 매각하는 부동산에 대한 정보를 매각물건명세서로 작성한 다음 첫 매각기일 1주일 전까지 비치하여 누구나 볼 수 있게 합니다. 법원경매정보 사이트에서도 볼 수 있습니다. 보통 스피드옥션에서 확인하더라도 입찰 전 법원경매정보 사이트에서 다시 확인하세요. 매각물건명세서는 변경될 수 있으니 입찰 전 반드시 재확인하여야 합니다.

 용어 해설

지상권

타인의 토지에 건물, 공작물 등을 소유하기 위해 그 토지를 사용할 수 있는 권리를 말합니다. 쉽게 말해 자신의 땅이 아닌 곳을 빌리는 것으로 당사자간의 계약에 의하여 설정됩니다.

매각물건명세서 인쇄하기

① 스피드옥션 물건 목록에서 확인하고 싶은 물건을 클릭합니다. 고양시 일산동구의 아파트를 클릭해볼까요?

	법원명 사건번호 물건번호		소 재 지,	용도	감정가 최저가	매각기일 (개찰기일) [입찰인원]	결과 유찰수 %	조회 수
			정보제공 : (주)스피드옥션 http://www.speedauction.co.kr					
☐	고양 2021-68024		경기도 고양시 일산동구 풍동 [대지권 6.1평] [전용 12.9평] [지분매각,공유자우선매수신고,관련사건]	아파트	254,000,000 177,800,000	2022-08-30 (입찰 3일전)	유찰 1회. (70%)	416
☐	고양 2021-68246		경기도 고양시 일산동구 중산동 [대지권 15.1평] [전용 25.7평] [병합사건,관련사건]	아파트	871,000,000 609,700,000	2022-08-31 (입찰 4일전)	유찰 1회. (70%)	265
☐	고양 2021-6569		경기도 고양시 일산동구 풍동 [대지권 16.1평] [전용 25.7평] [관련사건]	아파트	620,000,000 434,000,000	2022-09-06 (입찰 10일전)	유찰 1회. (70%)	208
☐	고양 2021-7807		경기도 고양시 일산동구 중산동 [대지권 16.9평] [전용 40.8평] [관련사건]	아파트	637,000,000 637,000,000	2022-09-06 (입찰 10일전)	신건 (100%)	37
☐	고양 2022-872		경기도 고양시 일산동구 석사동 [전용 37.2평] [대지권미등기,중복사건]	아파트	891,000,000 623,700,000	2022-09-07 (입찰 11일전)	유찰 1회. (70%)	156
☐	고양 2021-66721		경기도 고양시 일산동구 중산동 [대지권 15.1평] [전용 15.1평] [재매각,대항력있는임차인,관련사건]	아파트	240,000,000 117,600,000	2022-09-14 (입찰 18일전)	재매각 2회. (49%)	1003
☐	고양 2021-6170		경기도 고양시 일산동구 석사동 [대지권 18.5평] [전용 15.6평]	아파트	185,000,000 129,500,000	2022-09-20 (입찰 24일전)	유찰 1회. (70%)	218
☐	고양 2021-7654		경기도 고양시 일산동구 석사동 [전용 40.4평] [대지권미등기]	아파트	1,200,000,000 840,000,000	2022-09-28 (입찰 32일전)	유찰 1회. (70%)	87

② '경매물건 상세보기' 페이지가 열리면 임차인현황 상단의 '매각물건명세서' 버튼을 클릭하세요.

소재지	(10332) 경기도 고양시 일산동구 중산동 ▓▓				
	[도로명] 경기도 고양시 일산동구 탄중로 ▓▓				
용도	아파트	채권자	주▓▓	감정가	420,000,000원
대지권	48,894㎡ (14,79평)	채무자	김▓▓	최저가	(70%) 294,000,000원
전용면적	84,36㎡ (25,52평)	소유자	최▓▓ 外	보증금	(10%)29,400,000원
사건접수	2021-05-21	매각대상	토지/건물일괄매각	청구금액	190,000,000원
입찰방법	기일입찰	배당종기일	2021-12-06	개시결정	2021-09-08

기일현황

회차	매각기일	최저매각금액	결과
신건	2022-06-07	420,000,000원	유찰
2차	2022-07-12	294,000,000원	매각

이▓▓/입찰8명/낙찰382,400,777원(91%)
2등 입찰가: 365,200,000원

	2022-07-19	매각결정기일	허가
	2022-08-18	대금지급기한 납부 (2022,08,17)	납부
	2022-09-20	배당기일	진행

감정평가현황 ▶ (주)미래새한감정 , 가격시점 : 2021-09-28   [시세] [실거래가] [전월세] [감정평가서]

토지	건물	제시외건물(포함)	제시외건물(제외)	기타(기계기구)	합계
252,000,000원	168,000,000원	x	x	x	420,000,000원

건물현황 ▶ 보존등기일 : 1996-02-12

	소재지	층별	구조	전용면적	감정가격	비고
1	중산동 ▓▓	4층▓▓	철근콘크리트조	84,360㎡ (25,52평)	168,000,000원	12층 건중 4층
기타	이용상태(방3, 거실, 주방, 욕실2, 발코니3 등) / 기본적인 위생 및 급배수설비, 도시가스에 의한 개별난방방식, 승강기설비, 화재탐지 및 경보설비 등					

대지권현황 [부동산 통합정보 이용]

	지번	용도	대지권비율	면적	감정가격	비고
1	중산동 ▓▓	대지권	20,979.5㎡ 분의 48,89㎡	48,89㎡ (14,79평)	252,000,000원	
기타	중산초등학교 남측 인근에 위치 / 인근은 대단위 아파트단지, 다세대주택 및 각종 근린생활시설 등이 소재 / 인근에 버스정류장이 소재하여 제반 대중교통사정은 보통 / 서측으로 노폭 약 20미터, 남측으로 노폭 약 10미터의 포장도로와 각각 접함 / 제2종일반주거지역					

임차인현황 ▶ 건물소멸기준 : 2021-09-09 | 배당종기일 : 2021-12-06   [매각물건명세서] [예상배당표]

순위	성립일자	권리자	권리종류(점유부분)	보증금금액	신고	대항	참조용 예상배당여부 (최저가 기준)
1	전입 2015-06-19 확정 2015-06-19 배당 2021-11-03	주▓▓	주거임차인 전부	【보】190,000,000원	○	있음	배당금: 190,000,000원 전액배당으로 소멸예상,

● 임차인(별지)점유

+ 압류의 법정기일이 빠른경우 또는 교부청구(당해세)로 대항력있는 임차인의 경우 전액배당 안될시 인수금액 발생할수있음.
- 주영철 : 임차인과 신청채권자는 동일인임 ,
전입세대열람내역에 의거 작성함(임차인은 채권자임)

③ '매각물건명세서' 페이지가 별도 창으로 나타납니다. '인쇄하기'를 클릭하여 인쇄합니다.

매각물건명세서로 알 수 있는 내용들

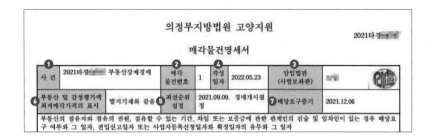

① 사건

부동산의 사건번호를 나타냅니다. 이 물건은 '2021타경 *****' 부동산 강제경매로 신청되었습니다.

② 매각물건번호

여러 개의 물건번호가 있는 물건은 번호가 기재되고, 한 개의 물건번호만 있으면 1로 기재됩니다. 이 물건은 물건번호가 하나로, 1로 표기되어 있는 것을 확인할 수 있습니다.

③ 담임법관(사법보좌관)

담당법관의 이름입니다. 공란일 때도 있습니다.

④ 작성일자

매각물건명세서의 작성일자를 나타냅니다.

⑤ 최선순위 설정

말소기준권리가 되는 가장 먼저 설정된 권리입니다. 이 매각물건명세서에는 '2021. 9. 9. 근저당권'으로 표기되어 있습니다.

⑥ 부동산 및 감정평가액, 최저매각가격의 표시

'별지기재와 같음'으로 표시됩니다.

⑦ 배당요구종기

배당받을 임차인은 배당요구종기일 내에 배당요구를 해야 합니다. 이 매각물건명세서에서는 2021년 12월 6일이 배당요구종기일입니다.

부동산의 점유자와 점유의 권원, 점유할 수 있는 기간, 차임 또는 보증금에 관한 관계인의 진술 및 임차인이 있는 경우 배당요구 여부와 그 일자, 전입신고일자 또는 사업자등록신청일자와 확정일자의 유무와 그 일자									
점유자성명	점유부분	정보출처구분	점유의권원	임대차기간(점유기간)	보증금	차임	전입신고일자, 사업자등록신청일자	확정일자	배당요구여부(배당요구일자)
주█████		현황조사	주거임차인				2015.06.19		
	전부	권리신고	주거임차인	2015.06.19. -	190,000,000		2015.06.19.	2015.06.19.	2021.11.03

〈비고〉
주█████:임차인과 신청채권자는 동일인임

❾ ※ 최선순위 설정일자보다 대항요건을 먼저 갖춘 주택·상가건물 임차인의 임차보증금은 매수인에게 인수되는 경우가 발생 할 수 있고, 대항력과 우선변제권이 있는 주택·상가건물 임차인이 배당요구를 하였으나 보증금 전액에 관하여 배당을 받지 아니한 경우에는 배당받지 못한 잔액이 매수인에게 인수되게 됨을 주의하시기 바랍니다.

❿ 등기된 부동산에 관한 권리 또는 가처분으로 매각으로 그 효력이 소멸되지 아니하는 것

⓫ 매각에 따라 설정된 것으로 보는 지상권의 개요

⓬ 비고란

주1 : 매각목적물에서 제외되는 미등기건물 등이 있을 경우에는 그 취지를 명확히 기재한다.
　2 : 매각으로 소멸되는 가등기담보권, 가압류, 전세권의 등기일자가 최선순위 저당권등기일자보다 빠른 경우에는 그 등기일자를 기재한다.

⑧ 점유관계확인

부동산 점유자와 점유기간, 보증금, 임차인이 있는 경우 배당요구 여부와 그 일자, 전입신고일자 또는 사업자등록 신청일자와 확정일자의 유무 등이 기재됩니다. 집주인이 살거나 아무도 살지 않으면 '조사된 임차내역 없음'으로 표시됩니다. 특이사항이나 참고사항이 있으면 비고에 기재됩니다.

이 물건은 특이하게 점유 부분이 둘로 나뉘어 있는데, 윗부분은 현황조

사의 내용이고, 아랫부분은 권리신고 내용입니다.

현황조사는 전입세대열람을 하였을 때 임차인 주○○ 씨가 전입되어 있다는 것을 파악하는 것입니다. 법원 배당요구를 위한 권리신고를 하였기에 권리신고 부분도 있습니다. 이런 경우, 일반적으로 권리신고된 내용을 참고로 하여 임차인 분석을 합니다. 이 물건의 임차인 주○○ 씨는 2015년 6월 19일부터 현재까지 점유하고 있습니다. 1억 9,000만원의 보증금을 냈고 전입과 동시에 2015년 6월 19일 확정일자를 받았습니다. 배당요구종기일은 2021년 12월 6일이었고, 배당요구종기일 내인 2021년 11월 3일 배당요구를 하였습니다.

비고란을 보면 '주○○: 임차인과 신청채권자는 동일인임'이라고 기재되어 있습니다. 경매 신청채권자 주○○ 씨가 경매를 신청하였음을 다시 고지하고 있습니다. 권리상 큰 변화는 없으나 참고할 내용을 비고란에 기재합니다.

⑨ 대항력 확인

비고란 아래에는 늘 "최선순위 설정일자보다 대항요건을 먼저 갖춘 주택, 상가건물 임차인의 임차보증금은 매수인에게 인수되는 경우가 발생할 수 있고, 대항력과 우선변제권이 있는 주택, 상가건물 임차인이 배당요구를 하였으나 보증금 전액에 관하여 배당을 받지 아니한 경우에는 배당받지 못한 잔액이 매수인에게 인수됨을 주의하시기 바랍니다."라는 문구가 있습니다. 이는 대항력이 있는 임차인으로 인해 낙찰자에게 인수금액이 발생할 수 있음을 경고하는 문구입니다. 임차인 권리 확인은 권리분석에서 매우 중요합니다.

⑩ 부동산의 권리

'등기된 부동산에 관한 권리 또는 가처분으로서 매각으로 효력이 소멸되지 아니하는 것' 문구 아래에는 낙찰 후에 소멸하지 않는 특이한 권리가 기재됩니다. 일반적인 물건은 빈칸이거나 '해당사항 없음'으로 기재됩니다.

⑪ 매각에 따라 설정된 것으로 보는 지상권의 개요

법정지상권이 있거나 있을 수 있는 경우 기재됩니다. '법정지상권성립여지 있음'이라고 표시되었다면 입찰자가 법정지상권이 성립하는지 확인해야 합니다. 일반적인 물건은 빈칸이거나 '해당사항 없음'으로 기재됩니다.

토막상식

법정지상권이란?

토지와 토지 위 건물의 소유주가 달라서 분쟁이 발생할 때 토지 주인으로부터 건물을 지킬수 있는 권리를 말합니다. 법정지상권이 성립하지 않는 건물이면 토지주인에게 건물을 철거당할 수도 있습니다. 초보자라면 피하는 것이 좋습니다.

⑫ 비고란

기타 특이사항이 기재됩니다.

스피드옥션 담당자가 매각물건명세서를 확인하여 올린 시간과 실제 입찰기일과는 차이가 있습니다. 이후 변경된 내용이 있는 경우 적용되지 않을 수 있기에, 입찰하기 전 반드시 법원경매정보 사이트에서 매각물건명세서를 다시 확인해야 합니다. 매각물건명세서의 내용은 신뢰해도 좋습니다. 만약 기재된 사항이 실제와 달라서 낙찰자가 피해를 입게 되면 법원은 낙찰을 불허가할 수 있습니다.

난이도 중 –
임차인이 있는 집은
대항력 확인!

임차인의 보증금, 내가 줘야 할까?

집주인만 사는 집의 권리분석은 말소기준권리만 확인하면 됩니다. 등기 부등본의 모든 권리를 접수날짜 순으로 나열하면 어렵지 않게 말소기준 권리를 찾을 수 있습니다. 말소기준권리보다 앞선 권리는 인수하고, 말 소기준권리 이하의 권리는 소멸하는 것이 원칙입니다. 몇 가지 예외에 속하는 권리가 있는지만 확인하면 됩니다. 아주 간단하지요.

하지만 임차인이 사는 집은 조금 더 까다롭습니다. 임차인은 당연히 집 주인에게 전세나 월세의 보증금을 맡겨두었겠지요. 임차인이 전월세보 증금을 돌려받을 수 있을까요? 받는다면 전액 돌려받을까요, 일부만 받 을까요? 법원에서 배당받을까요, 낙찰자가 줘야 할까요?

정당한 권리가 있는 임차인은 법원에서 못 받은 보증금을 낙찰자에게 요구할 수도 있습니다. 자칫 잘못하여 낙찰자가 보증금을 내주어야 하 는 물건을 낙찰받으면 일반 매매보다 비싼 값을 치를 수도 있습니다. 때 문에 권리분석에서 임차인의 권리를 제대로 판단하는 것은 매우 중요합 니다.

임차인의 권리는 대항력에서 시작합니다

법률에서 대항력은 '임차인이 제3자에게 자신의 임대차관계를 주장하며 버티는 힘'을 말합니다. '이미 유효하게 성립한 권리관계를 제3자가 부인하는 경우에 그 부인을 물리칠 수 없는 법률상의 권능'이라고도 합니다. 대항력이 있는 임차인은 계약기간 중에는 당당하게 그 집에 살 권리가 있습니다. 집주인의 부당한 이사요구에 응하지 않아도 되고, 심지어 계약기간 중 집주인이 바뀌어도 이사를 하지 않아도 됩니다. 막강한 대항력이 있기에 임차인은 계약기간 동안 안심하고 살 수 있습니다.

법률상의 대항력과 경매에서 대항력은 의미가 조금 다릅니다. 임대차보호법에서 대항력은 전입신고를 한 모든 임차인에게 있습니다. 하지만 경매에서는 '말소기준권리보다 전입이 빠른 임차인'만을 대항력 있는 임차인이라고 하며, 이 임차인은 법원배당으로 못 받은 보증금을 낙찰자에게 요구할 수 있습니다.

말소기준권리보다 전입이 빠른 임차인은 대항력 있는 임차인 혹은 선순위임차인이라고 합니다. 말소기준권리보다 전입이 늦은 임차인은 대항력 없는 임차인, 혹은 후순위임차인이라고 합니다.

이렇게 강력한 대항력은 아주 간단하게 만들 수 있습니다. 이사 후 전입신고를 하고 확정일자만 받으면 되니까요. 임차인이 이사를 하고(인도), 주민센터에 전입신고를 하면(전입), 다음 날 0시부터 대항력이 발생합니다.

그런데 만약 전입과 다른 권리가 같은 날 있으면 임차인의 대항력은 어떻게 될까요? 임차인이 이사하고 전입신고한 같은 날, 못된 맘을 먹은 집주인이 은행에서 대출을 받았습니다. 근저당은 접수한 당일 기준이고, 임차인의 대항력은 전입한 다음 날 0시부터 효력이 발생하기에 근저당 순서가 더 빠릅니다. 하루 차이로 순위가 밀려 대항력이 없어진 임차인 입장에서는 억울하기 짝이 없죠. 법적으로 근저당권자에게 우선순위가 있는 것은 어쩔 수 없습니다. 법의 사각지대에서 간간이 생기는 사건입니다.

임차인의 권리 중 대항력을 먼저 확인합니다

임차인의 권리는 크게 두 가지로 이루어져 있습니다.

① 대항력이 있는가?
② 집주인에게 맡긴 보증금을 돌려받을 권리가 있는가?

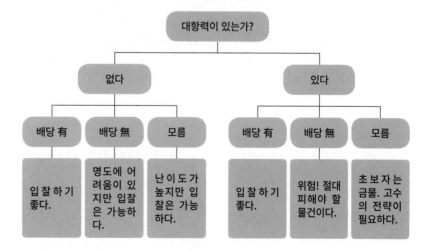

대항력과 배당은 다른 이야기입니다

대항력이 있는 임차인이라도 배당을 받지 못할 수 있고, 대항력이 없는 임차인이라도 배당을 받을 수 있습니다. 낙찰자에게 대항하여 버티는 힘이 대항력이고, 법원에서 보증금을 돌려받는 것은 배당이므로 대항력과 배당은 완전히 다른 이야기이지요.

임차인의 지위에서 배당을 받는 권리는 세 가지입니다. 우선변제권, 최우선변제권, 주택임차권이지요. 참고로 전세권은 임차권자가 아닌 전세권자의 지위로 받는 배당입니다. 전세권과 임차권은 다른 권리이고, 임차인은 두 가지 권리를 각각 가질 수도 있습니다(24장 참고).

경매 입찰자에게 임차인이 배당받는 물건은 편합니다. 대항력이 있는 임차인이 배당을 받으면 낙찰자가 인수할 권리가 없고, 대항력이 없는 임차인이 배당을 받으면 명도도 걱정할 게 없습니다. 낙찰자에게 '배당받는 임차인이 있는 집'이 편한 반면, 반대로 '배당을 받지 못하는 임차인이 있는 집'은 불편합니다. 또 대항력 있는 임차인이 배당을 받지 못하면 낙찰자가 임차인의 보증금을 인수하여야 합니다.

임차인의 배당여부가 불분명한 때도 있습니다

권리가 명확하지 않은 경우도 있습니다. 대항력 없는 임차인의 배당여부가 불분명한 때에는 그저 명도가 까다로울 수 있지만, 대항력 있는 임차인의 배당여부가 불분명하면 권리분석이 매우 까다롭습니다. 매우 주의해야 할 물건 유형입니다. 점유자인 임차인의 정체 자체가 불분명한 물건은 더더욱 어렵습니다. 이런 임차인을 유료경매사이트에서는 '임차인 미상', '임대차관계 알 수 없음' 등으로 표시합니다.

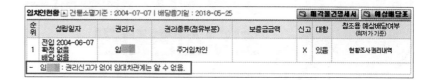

이런 경우 여러 가지 정황으로 임차인의 정체와 배당여부를 유추할 수 있습니다. 유추는 어디까지나 추측일 뿐이지요. 당연히 현장 확인이 필수입니다.

임차인의 배당권리 ①
가장 먼저 배당받는
최우선변제권

내 보증금 돌려주세요

피 같은 돈을 모아 보증금으로 냈는데, 그 집이 경매에 넘어간다면 마른
하늘에 날벼락이 따로 없겠죠? 이때 임차인이 법원으로부터 보증금을
돌려받을 수 있는 방법은 크게 세 가지입니다. 가장 먼저 배당받는 최우
선변제권, 순서대로 배당받는 우선변제권, 임차권을 등기해서 배당받는
주택임차권이 그러합니다. 앞서 나온 전세권은 왜 여기 없느냐고요? 전
세권은 임차인의 권리로 받는 것이 아니라 채권자의 권리로 배당받는
것입니다(24장 참고).

경매 물건을 점유하고 있는 임차인을 분석하는 일은 매우 중요합니다.
이때 임차인이 배당받는 세 가지 방법을 알면, 임차인과 관련한 권리분
석을 제대로 할 수 있습니다. 무엇보다 중요한 것은 대항력이 있지만 배
당받지 못하는 임차인인지를 판단하는 일입니다. 이 판단이 잘못되면
나중에 낙찰자가 대항력이 있는 임차인의 보증금을 인수해야 하니까요.

임차인의 배당여부를 판단하는 것은 권리분석의 핵심입니다. 또한 임차
인분석으로 명도의 난이도를 가늠할 수 있습니다. 아무래도 보증금을

잃는 임차인은 명도가 어렵겠지요. 입찰자는 배당받을 수 없는 임차인을 피할 수도 있고, 배당받는 임차인이 있는 집만 골라 입찰할 수도 있습니다.

세 가지 방법을 하나하나 살펴볼까요? 임차인이 가장 먼저 배당금을 받을 수 있는 최우선변제권에 대해 설명해보겠습니다.

소액임차인의 특별한 권리, 최우선변제권

우선변제권이 다른 채권보다 먼저 배당을 받는 권리라면, 최우선변제권은 다른 우선변제권보다 먼저 배당받는 권리입니다. 등기접수 순서와 상관없이 먼저 배당받는 새치기 권리이지요. 법원은 특별히 보증금이 소액인 임차인에게 접수날짜와 상관없이 가장 먼저 배당합니다. 보증금이 소액이면 집에 딸린 다른 빚이 많아도 보증금을 떼일 걱정을 할 필요가 없습니다. 덕분에 임대인은 대출을 받고 나서도 임차인을 들일 수 있습니다.

막강한 최우선변제권을 가지려면 세 가지 조건이 필요합니다. ① 보증금이 소액이어야 하고, ② 대항력(전입신고)을 갖추어야 하고, ③ 배당요구를 해야 합니다.

① 소액보증금의 기준을 충족해야 한다

소액이란 얼마일까요? 어떤 이에게는 1,000만원이 소액이고, 어떤 이에게는 1억원도 소액일 수 있습니다. 이에 법에서는 소액보증금의 명확한 기준을 제시하고 있습니다.

| 최우선변제권 기준표 |

기준시점	지역	임차인 보증금 범위	보증금 중 일정액의 범위
1990년 2월 19일~	서울특별시, 직할시	2,000만원 이하	700만원
	기타 지역	1,500만원 이하	500만원
1995년 10월 19일~	특별시 및 광역시(군지역 제외)	3,000만원 이하	1,200만원
	기타 지역	2,000만원 이하	800만원
2001년 9월 15일~	수도권 정비계획법에 따른 수도권 중 과밀억제권역	4,000만원 이하	1,600만원
	광역시(군지역과 인천광역시 지역 제외)	3,500만원 이하	1,400만원
	그 밖의 지역	3,000만원 이하	1,200만원
2008년 8월 21일~	수도권 정비계획법에 따른 수도권 중 과밀억제권역	6,000만원 이하	2,000만원
	광역시(군지역과 인천광역시 지역 제외)	5,000만원 이하	1,700만원
	그 밖의 지역	4,000만원 이하	1,400만원
2010년 7월 26일~	서울특별시	7,500만원 이하	2,500만원
	수도권 정비계획법에 따른 과밀억제권역 (서울특별시 제외)	6,500만원 이하	2,200만원
	광역시(수도권 정비계획법에 따른 과밀억 제권역에 포함된 지역과 군지역 제외), 안산 시, 용인시, 김포시 및 광주시	5,500만원 이하	1,900만원
	그 밖의 지역	4,000만원 이하	1,400만원
2014년 1월 1일~	서울특별시	9,500만원 이하	3,200만원
	수도권 정비계획법에 따른 과밀억제권역 (서울특별시 제외)	8,000만원 이하	2,700만원
	광역시(수도권 정비계획법에 따른 과밀억 제권역에 포함된 지역과 군지역 제외), 안산 시, 용인시, 김포시 및 광주시	6,000만원 이하	2,000만원
	그 밖의 지역	4,500만원 이하	1,500만원
2016년 3월 31일~	서울특별시	1억원 이하	3,400만원
	수도권 정비계획법에 따른 과밀억제권역 (서울특별시 제외)	8,000만원 이하	2,700만원
	광역시(수도권 정비계획법에 따른 과밀억 제권역에 포함된 지역과 군지역 제외), 안산 시, 용인시, 김포시 및 광주시	6,000만원 이하	2,000만원
	그 밖의 지역	5,000만원 이하	1,700만원

2018년 9월 18일~	서울특별시	1억 1,000만원 이하	3,700만원
	수도권 정비계획법에 따른 과밀억제권역 (서울특별시 제외), 용인시, 화성시, 세종시	1억원 이하	3,400만원
	광역시(수도권 정비계획법에 따른 과밀억제권역에 포함된 지역과 군지역 제외), 안산시, 김포시, 광주시, 파주시	6,000만원 이하	2,000만원
	그 밖의 지역	5,000만원 이하	1,700만원
2021년 5월 4일~	서울특별시	1억 5,000만원 이하	5,000만원
	과밀억제권역 및 용인시	1억 3,000만원 이하	4,300만원
	화성시, 세종시, 김포시		
	광역시 및 안산시, 광주시	7,000만원 이하	2,300만원
	파주시, 이천시, 평택시		
	그 밖의 지역	6,000만원 이하	2,000만원
2023년 2월 21일~	서울특별시	1억 6,500만원 이하	5,500만원
	수도정비계획법에 따른 과밀억제권역(서울특별시 제외), 세종특별자치시, 용인시, 화성시, 김포시	1억 4,500만원 이하	4,800만원
	광역시(수도권정비계획법에 따른 과밀억제권역에 포함된 지역과 군지역 제외), 안산시, 광주시, 파주시, 이천시, 평택시	8,500만원 이하	2,800만원
	그 밖의 지역	7,500만원 이하	2,500만원

2024년 6월 기준

과밀억제권역이란?

수도권 중 인구와 산업이 지나치게 집중되었거나, 그럴 우려가 있어 인프라 이전 및 정비를 할 필요가 있는 지역입니다.

기준시점	지역
2001년 1월 29일~	서울특별시
	인천광역시(강화군, 옹진군, 중구·운남동·운북동·운서동·중산동·남북동·덕교동·을왕동·무의동, 서구 대곡동 불노동·마전동·금곡동·오류동·왕길동·당하동·원당동, 연수구 송도매립지[인천광역시장이 송도신시가지 조성을 위하여 1990년 11월 12일 송도 앞 공유수면매립공사면허를 받은 지역], 남동 유치지역은 각 제외)
	경기도 중 의정부시, 구리시, 남양주시(호평동·평내동·금곡동·일패동·이패동·삼패동·가운동·수석동·지금동 및 도농동에 한한다), 하남시, 고양시, 수원시, 성남시, 안양시, 부천시, 광명시, 과천시, 의왕시, 군포시, 시흥시(반월특수지역 제외)
2009년 1월 16일~	서울특별시
	인천광역시(강화군, 옹진군, 서구 대곡동 불노동·마전동·금곡동·오류동·왕길동·당하동·원당동, 인천경제자유구역 및 남동 국가산업단지는 각 제외)
	경기도 중 의정부시, 구리시, 남양주시(호평동, 평내동, 금곡동, 일패동, 이패동, 삼패동, 가운동, 수석동, 지금동, 도농동만 해당), 하남시, 고양시, 수원시, 성남시, 안양시, 부천시, 광명시, 과천시, 의왕시, 군포시, 시흥시(반월특수지역 제외)
2010년 7월 26일~	인천광역시(강화군, 옹진군, 서구 대곡동 불노동·마전동·금곡동·오류동·왕길동·당하동·원당동, 인천경제자유구역 및 남동 국가산업단지는 각 제외)
	경기도 중 의정부시, 구리시, 남양주시(호평동, 평내동, 금곡동, 일패동, 이패동, 삼패동, 가운동, 수석동, 지금동, 도농동만 해당), 하남시, 고양시, 수원시, 성남시, 안양시, 부천시, 광명시, 과천시, 의왕시, 군포시, 시흥시(반월특수지역 제외)
2011년 3월 9일~	인천광역시(강화군, 옹진군, 서구 대곡동 불노동·마전동·금곡동·오류동·왕길동·당하동·원당동, 인천경제자유구역 및 남동 국가산업단지는 각 제외)
	경기도 중 의정부시, 구리시, 남양주시(호평동, 평내동, 금곡동, 일패동, 이패동, 삼패동, 가운동, 수석동, 지금동, 도농동만 해당), 하남시, 고양시, 수원시, 성남시, 안양시, 부천시, 광명시, 과천시, 의왕시, 군포시, 시흥시[반월특수지역(반월특수지역에서 해제된 지역 포함) 제외]
2017년 6월 20일~	서울특별시
	인천광역시(강화군, 옹진군, 서구 대곡동 불노동·마전동·금곡동·오류동·왕길동·당하동·원당동, 인천경제자유구역 및 남동 국가산업단지는 각 제외)

| 2017년
6월 20일~ | 경기도 중 의정부시, 구리시, 남양주시(호평동, 평내동, 금곡동, 일패동, 이패동, 삼패동, 가운동, 수석동, 지금동, 도농동만 해당), 하남시, 고양시, 수원시, 성남시, 안양시, 부천시, 광명시, 과천시, 의왕시, 군포시, 시흥시[반월특수지역(반월특수지역에서 해제된 지역 포함) 제외] |

2022년 10월 기준

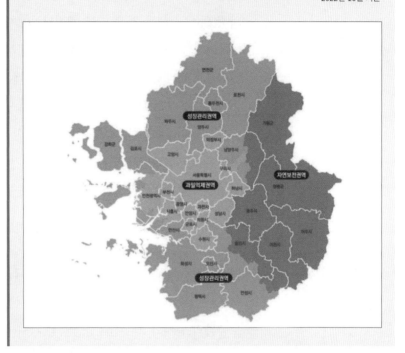

- 기준시점: 최우선변제권의 기준시점은 담보물건 설정일자입니다. 주거용 물건은 주로 최초 근저당이 설정된 날입니다. 저당권, 가등기담보도 기준일자가 될 수 있긴 합니다. 압류는 기준일자가 되지 않습니다. 기준일자가 임차인이 이사를 온 날(전입일)이 아니라는 것에 주의하세요.

- 지역: 지역의 기준도 시기마다 다릅니다. 수도권 정비계획법에 따라 과밀억제권역이 지정되었고, 해당 지역에는 다른 기준의 최우선변제금액을 설정하였습니다.

- 보증금 범위와 일정액의 범위: 부동산 시장의 변화와 소득수준의 변화에 따라 소액의 기준이 달라졌습니다. 1990년 기준으로 서울에서

보증금 2,000만원 이하인 사람은 소액임차인이고 보증금 중 700만원을 최우선으로 배당받았습니다. 2018년 서울 기준으로는 보증금 1억 1,000만원 이하인 사람이 소액임차인이고, 경매가 발생했을 때 3,700만원을 최우선으로 배당받을 수 있습니다. 소액임차인의 최우선변제금액의 범위를 정해둔 것은 다른 채권자들에게도 배당을 하기 위해서입니다. 소액임차인이 못 받은 나머지 보증금은 최우선변제권이 아닌 우선변제권으로 배당받을 수 있습니다. 이때에는 다른 우선변제권자들과 같이 접수 순서대로 배당받게 됩니다. 이로 인해 낙찰자에게 오는 불이익은 없습니다. 다만 최우선변제권과 우선변제권으로 나누어 배당받는 임차인은 우선변제권을 받을 때 배당 순서가 늦으면 보증금을 일부 못 받을 수도 있습니다. 임차인이 보증금을 못 받으면 명도가 수월하지 않을 수 있습니다.

담보 기준시점과 지역을 확인하고, 보증금의 크기를 확인하면 최우선변제권이 있는지 알 수 있습니다. 스피드옥션에서는 비고란에 최우선변제 보증금의 범위와 최우선배당금액을 기재해주고 있습니다. 다음 예시의 근저당권자는 2002년 8월 28일 서울 기준 보증금 4,000만원 이하의 주택소액임차인으로 그중 1,600만원을 최우선변제권으로 배당받습니다.

건물 등기 사항 ▶ 건물열람일 : 2018-07-30   🔍 등기사항증명서

구분	성립일자	권리종류	권리자	권리금액	상태	비고
갑1	1995-02-08	소유권	방■■		이전	매매
갑2	2002-02-28	소유권	강■■		이전	매매
을1	2002-08-28	(근)저당	국민은행	65,000,000원	소멸기준	(주택) 소액배당 4000 이하 1600 (상가) 전순위담보물권기준 상임,법 보호대상아님
을2	2016-03-10	주택임차권	신■2차증액	250,000,000원	소멸	계약: 2016.03.10 확정: 2016.03.11
갑3	2017-12-04	가압류	신용보증기금	270,000,000원	소멸	
갑4	2017-12-18	압류	국 - 인천세무서		소멸	
갑5	2017-12-21	가압류	신용보증기금	222,061,765원	소멸	(개인납세2과-티■■■)
갑8	2018-05-09	가압류	국민은행	37,295,953원	소멸	
갑9	2018-07-17	강제경매	신■	청구: 250,000,000원	소멸	

② 전입신고가 되어 있어야 한다

임차인이 최우선변제권을 가지려면 반드시 전입신고가 되어 있어야 합니다. 이때 전입은 경매가 시작되기 전, 즉 경매개시결정 전까지 되어야하고 배당요구종기일까지 유지되어야 합니다.

🗨 용어 해설

배당요구종기일
배당요구를 위한 권리신고를 하는 기일, 즉 배당요구를 위한 서류를 받는 마지막 날입니다.

③ 배당요구를 해야 한다

배당요구는 반드시 배당요구종기일 내에 해야 합니다. 임차인 중에서 배당요구를 하지 않아도 되는 사람은 단 두 사람뿐입니다. 첫 번째는 경매 신청을 한 임차인, 두 번째는 임차권등기를 한 임차인입니다. 그 외 모든 임차인은 반드시 배당요구를 해야 합니다. 임차권등기는 뒤에서 자세히 소개하겠습니다(29장 참고).

토막상식

실전 경매에서 대항력은 전입과 같은 의미!

주택임대차보호법에서는 후순위임차인도 포함하여 전입신고를 하고 이사(인도)를 해 살고 있으면 모두 대항력이 있는 임차인으로 인정합니다. 하지만 경매 실무에서는 '말소기준권리보다 먼저 전입'한 임차인만을 '대항력 있는 임차인'이라고 해요. 이 책에서 대항력은 경매 실무의 대항력을 이야기하기에, 독자의 혼돈을 피하기 위해서 대항력 대신 전입으로 표시했습니다.

최우선변제권은 1/2까지, 확정일자는 필요 없어요

최우선변제권은 낙찰가(토지가 포함)의 1/2에 해당하는 금액까지만 배당됩니다. 최우선변제권자 외 다른 채권자의 권리를 보호하기 위해서입니다. 또한 최우선변제권에는 확정일자가 필요하지 않습니다.

무작정 따라하기

권리분석을 통해 최우선변제권 배당 알아보기

문제

아래 등기부등본을 권리분석하여 입찰해도 되는 안전한 물건인지 확인해보세요. 인천광역시 남구 주안동에 있는 빌라입니다.

임차인현황 ▶ 건물소멸기준 : 2014-07-31 | 배당종기일 : 2018-■■■   🔍 **매각물건명세서**   🔍 **예상배당표**

순위	성립일자	권리자	권리종류(점유부분)	보증금금액	신고	대항	참조용 예상배당여부 (최저가기준)
1	전입 2017-08-11 확정 2017-09-19 배당 2017-12-20	양■	주거임차인 전부	【보】25,000,000원 【월】500,000원	○	없음	배당금: 25,000,000원 전액배당 소멸예상

● 임차인(별지)점유

본건 조사서의 조사내용은 임차인 배우자의 진술과 전입세대열람에 의한 조사사항임.

건물 등기 사항 ▶ 건물열람일 : 2017-12-07   🔍 **등기사항증명서**

구분	성립일자	권리종류	권리자	권리금액	상태	비고
갑1	2013-07-19	소유권	이■ 외 1명		이전	보존
갑2	2014-07-31	소유권	김■		이전	매매
을5	2014-07-31	(근)저당	한국양봉농업협동조합	159,600,000원	소멸기준	(주택)소액배당 8000이하2700 (상가)소액배당 5500이하1900
갑3	2017-11-06	가압류	중소기업진흥공단	100,658,549원	소멸	
갑4	2017-11-14	가압류	기술보증기금	278,432,912원	소멸	
갑5	2017-11-22	가압류	중소기업은행	5,763,317원	소멸	
갑6	2017-11-28	임의경매	한국양봉농업협동조합	청구: 127,179,444원	소멸	
갑7	2017-12-06	압류	국민건강보험공단		소멸	(징수부-■■)

명세서 요약사항 ▶ 최선순위 설정일자 2014. 7. 31. 근저당권

소멸되지 않는 등기부권리	해당사항 없음
설정된 것으로 보는 지상권	해당사항 없음
주의사항 / 법원문건접수 요약	- 집합건축물대장상 "오피스텔"이나 현황은 "아파트"로 이용중임 ※ 미납관리비(공용)를 인수할수 있으니 입찰전에 확인 하시기 바랍니다.

부동산종합공부 요약

지번	■■■	지목/면적	대 (471.9㎡)	공시지가	기준일 : 2018/01 → 1,299,000원 / ㎡

• 일반상업지역 • 방화지구 • 중심지미관지구 • 과밀억제권역

안전한 물건인지 판단하기 위해 먼저 말소기준권리를 찾은 다음 임차인의 권리
를 확인합니다.

① 말소기준권리

이 등기에서 말소기준권리는 2014년 7월 31일, 한국양봉농업협동조합의 근저
당입니다. 오른쪽 비고란에 보면 '(주택)소액배당 8,000 이하 2,700'이라고 쓰여
있습니다. 이는 주택에 대한 소액임차인의 기준과 배당금액을 표시한 것입니다.
비고 덕분에 표를 보지 않고도 소액임차인인지 여부와 최우선변제금을 판단할
수 있습니다. 이 등기를 보고 최우선변제권 기준시점은 2014년 7월 31일이고,
인천은 수도권 정비계획법에 따른 과밀억제권역이므로 보증금 8,000만원 이하
면 소액임차인이기 때문에 이 중 2,700만원을 배당받는다는 것을 알 수 있어야
합니다.

② 임차인의 권리 확인

임차인 양○ ○ 씨는 말소기준권리보다 늦은 2017년 8월 11일에 전입신고를 하
여 대항력 없는 후순위임차인입니다. 임차인은 전입신고를 하고, 확정일자를 받
았으며 배당요구를 했으므로 우선변제권을 가집니다. 우선변제권의 기준일은 확
정일자인 2017년 9월 19일입니다. 우선변제권은 뒤에서 설명하겠습니다.

해당 물건의 최우선변제권 기준일자는 가장 먼저 근저당이 잡힌 2014년 7월 31
일입니다. 지역은 인천으로, 수도권 정비계획법에 따른 과밀억제권역이므로 보
증금 8,000만원 이하면 소액임차인으로 분류됩니다. 최우선변제금은 2,700만원
으로 임차인은 최우선으로 배당을 받을 수 있습니다. 임차인의 보증금은 2,500
만원이므로 전액 최우선으로 배당받습니다.

낙찰자가 인수해야 할 권리도 없고, 임차인이 보증금을 전액 배당받을 수 있기에
권리분석상 깨끗하고 안전한 물건입니다.

임차인의 배당권리 ②
접수 순서대로 배당받는
우선변제권

우선변제권이란?

우선변제권은 주택임대차보호법상 임차인이 보증금을 우선적으로 변제(배당)받을 수 있는 권리를 말합니다. 우선변제권을 가진 임차인은 법원에서 보증금을 배당받을 수 있습니다. 하지만 등기부등본상에 있는 다른 채권들도 우선변제권을 가졌기에 등기부등본의 접수 순서대로 배당되지요. 진짜 우선하는 권리는 최우선변제권이라고 앞서 말했습니다. 여기서 우선변제권은 '접수 순서대로 줄 서서 배당을 받는 권리', 최우선변제권은 순서와 상관없이 우선변제권보다 먼저 배당받는 '새치기 권리'라고 이해하면 쉽습니다.

우선변제권은 순서가 매우 중요합니다. 등기부등본상의 접수날짜가 빠른 우선변제권이 유리합니다. 임차인이 우선변제권을 가지는 방법은 간단합니다. 이사하면 바로 전입신고를 하고, 확정일자를 받고, 정해진 날짜(배당요구종기일)까지 배당요구를 하면 됩니다. 여기서 우선변제권의 기준일은 전입신고일과 확정일자 중 늦은 날짜를 기준으로 합니다. 우선변제권은 접수 순서가 중요하기에 가능한 한 빨리 전입신고와 확정일자를 받는 것이 임차인에게 유리합니다.

대항력 있는 임차인의 우선변제권은 OK!

대항력이 있는 임차인은 법원에서 배당을 못 받으면 낙찰자에게 보증금 반환을 요구할 수 있습니다. 대항력 있는 물건이라도 법원에서 전액 배당이 되면 낙찰자에게는 위험이 없습니다. 경매 물건의 가치에 따라 임차인이 법원에서 전액 배당을 받을 수도 있고, 낙찰자가 일정 금액을 인수해야 할 수도 있습니다. 그래서 '대항력이 있는 임차인'이 있는 물건은 가치를 더욱 잘 판단해야 합니다.

임차인현황 ▶ 건물소멸기준 : 2019-11-22 / 배당종기일 : 2021-10-19　　🔍 **매각물건명세서**　🔍 **예상배당표**

순위	성립일자	권리자	권리종류(점유부분)	보증금금액	신고	대항	참조용 예상배당여부 (최저가 기준)
1	전입 2018-12-21 확정 2018-12-03 배당 2021-10-19	주택도시보증공사 (이■■)	주택임차권자	[보] 160,000,000원	○	있음	배당금 : 197,247,000원 배당표참조

● 임차인(별지)점유

＊ 압류의 법정기일이 빠른경우 또는 교부청구(당해세)로 대항력있는 임차인의 경우 전액배당 안될시 인수금액 발생할수있음.
－ 이민용 : 경매신청채권자임 주택도시보증공사 : 임차인 이민용의 임차보증금반환채권 1억6천만원을 양수함 .

건물 등기 사항 ▶ 건물열람일 : 2022-08-18　　🔍 **등기사항증명서**

구분	성립일자	권리종류	권리자	권리금액	상태	비고
갑1	2016-04-22	소유권	김■■외 1명		이전	보존
갑2	2016-10-10	소유권	김■■		이전	매매
을1	2018-12-21	주택임차권	주택도시보증공사(이■■)	160,000,000원	있음	경매신청채권자 전입:2018-12-21 확정:2018-12-03
갑3	2019-11-22	가압류	주택도시보증공사	190,000,000원	소멸기준	
갑4	2021-07-30	강제경매	이■■	청구:160,000,000원	소멸	(주택) 소액배당 15000 이하 5000 (상가) 소액배당 6500 이하 2200
갑5	2021-11-29	압류	국 - 강서세무서장		소멸	(징세관-티44060)

먼저 말소기준권리를 찾아볼까요. 위 사례에서 '소멸기준'이라고 적힌, 2019년 11월 22일 주택도시보증공사의 가압류가 말소기준권리가 됩니다. 이후 임차인 이○○ 씨가 강제경매를 신청했습니다. 말소기준권리 이하는 모두 소멸입니다.

왜 우선변제권 기준일은 전입신고와 확정일자 중 늦은 날짜일까?

전입신고일은 대항력 기준일이고, 확정일자는 보증금을 확인하는 날입니다. 우선변제권은 배당을 받는 우선순위이기에 대항력을 갖추고 보증금을 확정해야 합니다. 그래서 둘 다 갖추는 늦은 날짜를 기준일로 삼습니다. 그렇기에 이사를 하면 즉시 전입신고와 확정일자를 받아야 합니다. 앞선 다른 우선변제권이 배당을 받아서 남는 배당금이 없으면 순서가 늦은 우선변제권자는 배당을 못 받을 수도 있습니다.

다음으로 임차인현황을 살펴보세요. 임차인 주택도시보증공사와 이○○ 씨의 권리는 같습니다. 임차인이 주택보증공사에서 전세자금대출을 받았을 때 이러한 모양으로 나타납니다. 이○○ 씨는 2018년 12월 21일에 전입하여 말소기준권리보다 빠른 선순위임차인입니다. 2018년 12월 3일 확정일자도 받았는데, 주소를 이전한 후 다시 전입하였기에 전입일자가 늦어졌습니다. 배당요구종기일 이내인 2021년 10월 19일에 배당요구를 했으니 우선변제권도 있습니다. 우선변제권 기준일은 전입신고일과 확정일자 중 늦은 전입일의 다음 날인 2018년 12월 22일입니다. 임차인은 주택임차권도 가졌습니다. 임차인은 말소기준권리보다 먼저 배당을 받습니다. 이 물건의 감정가는 2억원이며 배당 순서는 다음과 같습니다.

 용어 해설

대항력과 우선변제권 기준일

대항력은 전입신고 다음 날 0시부터 생깁니다. 그리고 우선변제권은 대항력과 확정일자 중 늦은 날짜를 기준으로 합니다. 예시의 경우 확정일자(12월 3일)와 대항력(12월 22일) 중 늦은 날짜인 12월 22일이 우선변제권 기준일입니다.

용어 해설

유익비

해당 물건의 가치를 높이기 위해 지출한 비용으로 부동산의 경우 리모델링, 시설 교체 비용 등이 해당합니다.

① 경매집행비용과 필요비, 유익비를 먼저 제합니다. 하지만 여기서는 임차인 권리분석을 설명하기 위해 일단 생략합니다.
② 2018년 12월 21일에 설정된 임차인 이○○ 씨의 보증금은 1억 6,000만원입니다.
③ 2021년 11월 29일 강서세무서의 가압류를 제하고 남는 배당금이 있으면 배당이 될 것입니다.

임차인에게 대항력이 있어도 보증금을 법원에서 전액 배당받는 물건이라면 낙찰자에게는 위험이 없습니다. 이 물건의 낙찰가가 1억 6,000만원 이상이라면 임차인은 보증금을 전액 배당받을 것이므로, 낙찰자는 임차인의 보증금을 인수하지 않습니다. 이 물건의 가치가 1억 6,000만 원 이하라면 이 물건에 입찰하면 안 됩니다. 임차인의 미배당금액을 낙찰자가 인수해야 하니까요.

대항력은 있지만 순서가 늦은 우선변제권자는 NO!

절대 입찰하면 안 될 물건입니다. 대항력이 있으면서 순서가 늦은 우선변제권이 있는 물건은 입찰하기에 위험합니다.

우선변제권자는 다른 채권자들과 순서대로 줄을 서서 배당을 받습니다. 순서가 늦으면 배당을 받지 못할 수도 있습니다. 하지만 말소기준권리보다 빠른 전입으로 대항력을 갖춘 선순위임차인이 우선변제권 순서가 늦어 법원배당을 못 받으면, 그 보증금을 낙찰자가 인수해야 합니다. 예시를 하나 살펴볼까요?

임차인현황 ▶ 건물소멸기준 : 2012-10-16 | 배당종기일 : 2017-11-23　　　🔲 매각물건명세서　🔲 예상배당표

순위	설정일자	권리자	권리종류(점유부분)	보증금액	신고	대항	참조용 예상배당여부 (최저가 기준)
1	전입 2009-08-10 확정 2012-11-22 배당 2017-11-15	유◼◼	주거임차인 전부 (방1칸)	[보] 90,000,000원	○	있음	인수금: 90,000,000원 전액매수인 인수예상

● 임차인(별지)점유
• 압류의 법정기일이 빠른경우 또는 교부청구(달세세)로 대항력있는 임차인의 경우 전액배당 안활시 인수금액 발생할수있음.
- 유◼◼ : 확정일자 2012.11.22.은 전세권설정등기일자임.

건물 등기 사항 ▶ 건물열람일 : 2018-09-10　　　🔲 등기사항증명서

구분	설립일자	권리종류	권리자	권리금액	상태	비고
갑1	2004-10-11	소유권	코리아건설뱅크외 1명		이전	보존
갑2	2004-10-11	소유권(일부)	공◼◼		이전	매매
을5	2012-10-16	(근)저당	대부정보	60,000,000원	소멸기준	(주택) 소액배당 5600 이하 1900 (상가) 소액배당 3000 이하 900
을6	2012-11-22	전세권	유◼◼	90,000,000원	소멸	인수금: 90,000,000원 전액매수인 인수예상
갑3	2013-09-17	임의경매	대부정보		소멸	
갑6	2017-09-01	임의경매	대부정보	청구: 43,000,000원	소멸	

명세서 요약사항 ▶ 최선순위 설정일자 2012.10.16. 근저당권

소멸되지 않는 등기부권리	해당사항없음
설정된 것으로 보는 지상권	해당사항없음
주의사항 / 법원문건접수 요약	매수인에게 대항할 수 있는 임차인 있음(임차인 유◼◼, 일대차보증금 90,000,000원, 전입일 2009. 8. 10.) 배당에서 보증금이 전액 변제되지 아니하면 잔액을 매수인이 인수함 ※미납관리비(공용)를 인수할 수 있으니 입찰전에 확인 하시기 바랍니다.

권리분석을 해보겠습니다. 먼저 말소기준권리는 2012년 10월 16일의 근저당입니다. 말소기준권리 이하는 소멸합니다. 다음으로 임차인의 권리를 확인합니다. 임차인은 전입일이 2009년 8월 10일로 말소기준권리보다 빠른 대항력을 갖춘 선순위임차인입니다.

우선변제권은 어떨까요? 임차인 유○○ 씨는 전입신고를 하고 확정일자를 받고 배당요구를 하였습니다. 우선변제권의 기준일은 전입신고일과 확정일자 중 늦은 날짜이기에 2012년 11월 22일입니다(전세권설정일도 확정일자일로 인정됩니다). 우선변제권 기준일이 앞선 근저당 설정일보다 늦습니다. 임차인 유○○ 씨는 우선변제권은 늦지만 대항력은 있는 선순위임차인입니다.

스피드옥션에서 확인한 이 물건의 감정가는 8,500만원입니다. 그런데 임차인의 보증금은 9,000만원입니다. 집의 가치보다 임차인의 보증금이 더 크네요. 부동산의 가치가 하락하는 시장에서 보이는 패턴입니다. 이 물건의 배당 순서는 다음과 같습니다.

용어 해설

근저당권 설정 비율

근저당권 설정 비율은 금융권마다 다릅니다. 제1금융권은 120%, 제2금융권은 130%, 제3금융권인 대부업체는 150%로 책정됩니다.

> ① 경매집행비용과 필요비, 유익비를 제합니다.
> ② 2012년 10월 16일 설정된 대부업체의 근저당은 6,000만원입니다. 대부업체의 근저당은 150%로 설정하기에 실제 대출금은 4,000만원가량으로 예상합니다. 실청구액은 4,300만원이군요.
> ③ 2012년 11월 22일이 우선변제권 기준일이고, 임차인의 보증금은 9,000만원입니다. 현재 임차인에게는 임차권과 전세권, 두 개의 우선변제권이 있습니다. 두 개의 우선변제권의 기준 날짜는 같습니다. 전세권의 접수일자를 확정일자로 보아 정했기 때문이지요. 전세권은 말소기준권리보다 후순위로, 미배당 시 소멸하지만 대항력 있는 임차인이라 보증금을 전액 배당받지 못하는 경우 나머지를 낙찰자가 인수해야 합니다.

만약 이 물건의 가치가 1억 3,300만원(근저당권자의 청구액 4,300만원 + 선순위 임차인의 보증금 9,000만원 = 1억 3,300만원) 이상이면 임차인의 보증금은 전액 배당될 것입니다. 하지만 실제 이 물건의 감정가는 8,500만원에 불과하므로, 미배당된 임차인의 보증금을 낙찰자가 인수해야 합니다. 결국 해당 물건은 9차까지 유찰되었고, 최초 감정가의 22%인 1,899만원에 낙찰되었습니다. 하지만 낙찰자는 실제로는 1억 899만원에 낙찰받은 셈입니다. 소멸되는 근저당을 제외해도 인수해야 하는 선순위임차인의 보증금 9,000만원이 있기 때문이죠.

대항력 없는 우선변제권자

아래 물건 같은 경우는 입찰자가 보증금을 인수해야 할 위험이 없습니다. 말소기준권리보다 전입일자가 늦은 임차인이 있는 집입니다. 남은 배당금이 없어서 보증금이 전액 배당되지 않더라도 임차인은 낙찰자에게 보증금을 요구할 수 없습니다.

임차인현황 ▶ 건물소멸기준 : 2010-07-20 | 배당종기일 : 2017-09-26   매각물건명세서 예상배당표

순위	설립일자	권리자	권리종류(점유부분)	보증금금액	신고	대항	참조용 예상배당여부 (최저가 기준)
1	전입 2015-10-15 확정 2015-10-01 배당 2017-08-17	이	주거임차인 전부(방3칸)	[보] 150,000,000원	O	없음	배당금: 44,008,100원 미배당: 105,993,900원 일부배당(미배당금 소멸예상)

● 채무자(소유자)점유 임차인(별지)점유

위 임대차내용은 주민등록 등본에 등재된 내용으로 정확한 임대차내용은 미상임.

건물 등기 사항 ▶ 건물열람일 : 2018-08-13   등기사항증명서

구분	설립일자	권리종류	권리자	권리금액	상태	비고
갑1	2010-02-11	소유권(지분)	허		이전	보존
을2	2010-07-20	(근)저당	대부	256,750,000원	소멸기준	(주택) 소액배당 6000 이하2000 (상가) 소액배당 3600 이하1170
갑2	2013-06-26	소유권(지분)	하	(거래가)100,000,000원	이전	매매
갑16	2017-06-22	가압류	이	839,928,000원	소멸	
갑17	2017-07-11	임의경매	금고	청구: 201,136,430원	소멸	
갑19	2018-07-11	압류	원주시		소멸	(징수과-)

명세서 요약사항 ▶ 최선순위 설정일자 2010.07.20.근저당권

소멸되지 않는 등기부권리	해당사항없음
설정된 것으로 보는 지상권	해당사항없음
주의사항 / 법원문건접수 요약	2018-03-02 채무자겸소유자 하OO 경매정지신청서 제출 확정일자가 전입일보다 빠를 경우 가족전입여부 확인 바랍니다.

말소기준권리는 2010년 7월 20일 설정된 ○○대부의 근저당입니다. 이하의 가압류와 압류 등은 소멸합니다. 원주시의 압류가 있는데, 이 물건은 의왕시에 위치하기에 당해세는 아닙니다. 당해세는 해당 부동산에 대한 세금을 말합니다. 재산세, 종합부동산세 등으로 주소가 있는 지역의 지자체에서 부과하며 일반 우선변제권보다 먼저 배당받습니다.

전입일이 2015년 10월 15일로 말소기준권리보다 늦어 임차인은 후순위임차인입니다. 대항력이 없지요. 우선변제권 기준일은 전입일 다음 날인 2015년 10월 16일과 확정일 10월 1일 중 늦은 날짜인 10월 16일입니다. 배당요구는 배당요구종기일 내에 했습니다

스피드옥션으로 확인한 이 물건의 감정가는 3억 8,000만원이고, 임차인의 보증금은 1억 5,000만원입니다. 배당 순서는 다음과 같습니다.

① 경매집행비용과 필요비 유익비를 제합니다.
② 2010년 7월 20일 설정된 ○○대부의 근저당은 2억 5,675만원입니다. 등기부등본을 확인하니 경매를 접수한 ○○금고와 같은 채권자로 청구금액은 약 2억 100만원으로 추정됩니다. 배당예상금액은 대략적인 예상일 뿐 실제 배당금과 차이가 있을 수 있습니다.
③ 2015년 10월 16일이 우선변제권 기준일이고, 임차인의 보증금은 1억 5,000만원입니다.
④ 임차인 아래 있는 채권자는 신경 쓰지 않습니다. 낙찰자는 임차인이 배당받는지 여부만 확인하면 됩니다.

낙찰가격이 3억 5,100만원(근저당권자의 약 2억 100만원 + 임차인의 보증금 1억 5,000만원 = 3억 5,100만원)이 넘으면 임차인은 보증금을 전액 배당받을 수 있습니다. 그 이하로 낙찰되면 임차인은 보증금을 모두 배당받지 못합니다. 근저당권자가 먼저 배당받고 난 뒤 남은 금액만 받을 수 있기 때문

입니다. 그 경우 안타깝지만 임차인은 돌려받지 못한 보증금 금액을 낙찰자에게 요구할 수 없습니다. 입찰자 입장에서는 안심하고 입찰해도 괜찮은 물건입니다. 실제로 이 물건은 3억 110만원에 낙찰이 되었으니, 임차인은 보증금의 일부만 배당받았을 것입니다.

예상 배당금액과 실제 배당금액에는 차이가 있습니다

스피드옥션은 초보자의 배당 계산을 돕기 위해 참조용 예상배당표를 제공합니다. 아래 사례에서는 임차인 현황에서 참조용 예상배당표를 보면 임차인은 1억원 이상 배당받지 못하는 것으로 나오네요. 하지만 실제 배당금은 이와 차이가 있습니다.

스피드옥션 예상배당표

그 이유는 첫째, 참조용 예상배당표의 배당금과 미배당금액은 공고 중인 당시 최저가 기준의 금액이라 낙찰가와 차이가 있기 때문입니다. 둘째, 남은 대출 잔액을 정확히 파악하기 어렵기 때문입니다. 실제 대출 잔액은 근저당이 설정된 금액보다 적을 수도 있고, 많을 수도 있습니다. 정확한 배당금액은 법원 경매계를 통해서만 알 수 있습니다.

권리분석하여 우선변제권 배당 알아보기

문제

아래 등기부등본을 권리분석하여 입찰해도 되는 안전한 물건인지 확인하세요. 부산 사하구 괴정동에 있는 감정가 8,500만원의 빌라입니다.

임차인현황 ▶ 건물소멸기준 : 2013-07-23 ㅣ 배당종기일 : 2018-02-26						매각물건명세서	예상배당표
순위	설립일자	권리자	권리종류(점유부분)	보증금금액	신고	대항	참조용 예상배당여부 (최저가기준)
1	전입 2013-04-23 확정 2013-04-02 배당 2017-12-18	권■1차	주거임차인	【보】 55,000,000원	○	있음	배당금: 55,000,000원 전액배당으로 소멸예상
2	계약 2016-04-02 확정 2016-04-04 배당 2017-12-18	권■2차증액	주거임차인	【보】 60,000,000원	○	없음	증액(5,000,000) 배당금: 5,000,000원 전액배당 소멸예상
				- 보증금합계 = 60,000,000원			

• 압류의 법정기일이 빠른경우 또는 교부청구(당해세)로 대항력있는 임차인의 경우 전액배당 안될시 인수금액 발생할수있음.
- 권■ : 최초 계약시 보증금은 5천5백만원, 확정일자는 2013. 4. 2.이며, 재계약(2016. 4. 2.)시 5백만원이 증액되었으며 확정일자는 2016. 4. 4.임.

건물 등기 사항 ▶ 건물열람일 : 2017-12-13						등기사항증명서
구분	설립일자	권리종류	권리자	권리금액	상태	비고
갑11	1995-04-26	소유권	서■		이전	매매
을7	2013-07-23	(근)저당	승■협동조합	16,900,000원	소멸기준	(주택) 소액배당 5500 이하 1900 (상가) 소액배당 3000 이하 900
갑6	2017-06-20	가압류	중소기업은행	7,952,241원	소멸	
갑7	2017-12-05	강제경매	중소기업은행	청구: 8,488,564원	소멸	

명세서 요약사항 ▶ 최선순위 설정일자 2013.07.23. 근저당권	
소멸되지 않는 등기부권리	해당사항 없음
설정된 것으로 보는 지상권	해당사항 없음
주의사항 / 법원문건접수 요약	

정답 및 해설

안전한 물건인지 판단하기 위해, 먼저 말소기준권리를 찾은 다음 임차인의 권리를 확인합니다.

① 말소기준권리

이 물건의 말소기준권리는 2013월 7월 23일 승○ ○협동조합이 설정한 1,690만원의 근저당입니다. 참고로 2금융권의 근저당은 실제 대출금액의 130%로 설정됩니다. 따라서 실제 대출금은 1,300만원으로 예상됩니다.

② 임차인의 권리 확인

임차인의 전입이 말소기준권리보다 빠르면 대항력이 있고, 늦으면 대항력이 없습니다. 그런데 증액한 2차 보증금의 대항력은 재계약일자 기준으로 생깁니다. 임차인 권○○ 씨의 1차 보증금은 말소기준권리보다 빠르고, 2차 보증금은 말소기준권리보다 늦습니다.

이 물건이 낙찰된 후 배당받는 순서는 다음과 같습니다.
첫 번째: 2013년 4월 23일에 전입한 임차인 권○○ 씨의 1차 보증금 5,500만원
두 번째: 2013년 7월 23일에 설정된 승○○협동조합 근저당권 약 1,300만원
세 번째: 2016년 4월 4일에 설정된 임차인 권○○ 씨의 2차 보증금 500만원(임차인의 우선변제권은 전입과 확정일자 중 늦은 날짜 기준으로 성립합니다.)

③ 위험여부는 물건의 적정 낙찰가에 따라 다릅니다

이 물건의 적정 낙찰가가 7,500만원 이상이라면 입찰하기 편안한 물건입니다. 임차인이 보증금을 전액 배당받을 수 있으니까요. 이 물건에 대한 적정 낙찰가가 약 6,000만원이라 해도 입찰자 입장에서는 입찰해도 괜찮은 물건입니다. 임차인은 2차 보증금 500만원을 잃게 되지만, 낙찰자에게는 위험이 없습니다. 대항력이 있는 임차인의 1차 보증금인 5,500만원보다 높으니까요. 이 물건의 적정 낙찰가가 5,000만원이라면 입찰하기 곤란한 물건입니다. 낙찰자는 5,000만원의 잔금을 내고도 임차인이 배당받지 못한 1차 보증금 500만원을 내어주어야 합니다.

임차인의 배당권리 ③
돌려받지 못한 임차보증금을 위한 주택임차권

보증금 못 받은 임차인도 이사할 수 있다

등기부등본에 '주택임차권'이 표시되어 있으면 현재 혹은 과거 임차인이 집주인에게 보증금을 돌려받지 못했다는 것을 의미합니다. 임대차계약기간이 끝났는데 집주인이 보증금을 돌려주지 않으면, 임차인은 법원에 임차권등기명령을 신청할 수 있습니다. 임차인의 신청에 따라 법원이 임차권등기명령을 결정하면, 임차인은 임대인의 동의가 없어도 임차권을 등기할 수 있습니다. 깡통전세로 인해 제때 보증금을 반환하지 못하는 임대인이 늘어나면서 경매에서도 임차권등기를 자주 볼 수 있습니다. 임차권등기는 임대차계약의 만기가 지났는데도 임대인이 보증금을 반환하지 않는 경우에만 가능합니다.

원칙상 임차인은 전입신고로 대항력을 만들고 유지해야 권리를 갖습니다. 하지만 주택임차권등기가 되면 임차인은 전입여부에 상관없이 대항력, 우선변제권 등 임차인의 권리를 가집니다. 이때 임차권등기의 기준일은 임차권등기일이 아닌 초기 전입일입니다. 예를 들어 2019년 10월 전입한 임차인이 2021년 1월 임차권등기를 신청하고 이사를 갔다면, 이 임차인은 2019년 10월 기준으로 권리를 가집니다. 임차권등기가 설정

 용어 해설

깡통전세
주택 대출금과 전세금의 합계가 집값과 엇비슷해 집값 하락 시 세입자가 전세금을 받지 못할 수도 있는 위험 주택을 말합니다.

된 집에는 다른 임차인의 권리가 인정되지 않습니다.

① 말소기준권리

먼저 말소기준권리를 찾아보겠습니다. 말소기준권리는 2017년 3월 2일에 설정된 ○○새마을금고의 근저당입니다.

② 임차인의 권리

임차인이 경매 신청을 하였습니다. 임차권등기가 설정된 집은 임차인이 경매 신청을 하는 경우가 많습니다. 이사하기 위해 보증금을 돌려받으려 하기 때문이죠.

말소기준권리 위에 주택임차권이 있습니다. 말소기준권리 위에 있으므로 이는 낙찰자가 인수해야 하는 권리입니다. 앞선 권리가 있는데도 ○○새마을금고가 대출을 해준 것이 이상하지 않나요? 일반적으로 은행은 등기부등본상 다른 권리가 있는 집에 대출을 해주지 않습니다. 근저당권자인 ○○새마을금고가 대출을 실행한 2017년에는 주택임차권등기가 없었습니다. 뒷장의 등기부등본을 확인하면 주택임차권의 등기접수일은 2017년 9월 4일이지만, 주택임차권의 우선변제권 기준일은 임차인의 전입일인 2015년 8월 21일이기 때문에 근저당권보다 앞에 위치합니다.

[집합건물] 서울특별시 구로구 구로동 ▇▇ 1필지 다보빌 ▇▇▇▇▇				고유번호 2543-2015-00▇▇▇
【 을 구 】			(소유권 이외의 권리에 관한 사항)	
순위번호	등 기 목 적	접 수	등 기 원 인	권 리 자 및 기 타 사 항
1	근저당권설정	2017년3월2일 제485▇호	2017년3월2일 추가설정계약	채권최고액 금494,000,000원 채무자 오▇▇ 서울특별시 송파구 송파대로▇▇ ▇▇▇ (잠실동아파트) 근저당권자 ▇▇▇새마을금고 115144-0000▇▇ 서울특별시 구로구 구로동▇▇ 공동담보목록 제2017-184호
2	주택임차권	2017년9월4일 제1992▇호	2017년8월25일 서울남부지방법원의 임차권등기명령(2017카 임▇▇)	임차보증금 금180,000,000원 차 임 없음 범 위 별지목록 기재 건물 전부와 같음 임대차계약일자 2015년8월10일 주민등록일자 2015년8월21일 점유개시일자 2015년8월21일 확정일자 2015년8월11일 임차권자 임▇▇ 8201▇-******* 서울특별시 구로구 구로동로42길▇▇
2-1				2번 등기는 건물만에 관한 것임 2017년9월4일 부기

주택임차권의 기준일은 접수일이 아닌 초기 전입일이다.

임차인 임○○ 씨는 2015년 8월 21일에 전입하였습니다. 말소기준권리보다 빠른 전입으로 대항력이 있는 선순위임차인입니다. 확정일자도 받고, 배당요구종기일 내에 배당요구를 했으므로 우선변제권도 있습니다. 보증금이 소액이 아니기에 최우선변제권은 없습니다.

▶ 결론

선순위임차인이면서 주택임차권자인 임○○ 씨는 가장 먼저 배당을 받습니다. 해당 물건이 임○○ 씨의 보증금인 1억 8,000만원 이상의 가치가 있는 집이라면 입찰해도 좋습니다. 이 물건의 가치가 그 이하라면 입찰해서는 안 됩니다. 임○○ 씨가 말소기준권리보다 앞선 대항력 있는 임차인이기에, 배당받지 못하는 보증금을 낙찰자가 인수해야 하기 때문입니다.

맘에 드는 물건에 주택임차권등기가 설정되었다면, 지금 이 집에 사람이 사는지 아닌지 확인을 해볼 필요가 있습니다. 집이 오래 비어 있었다면 망가졌을 가능성이 있습니다. 단순히 보증금 반환을 목적으로 주택임차권등기를 설정한 것이 아닌, 다른 특별한 이유(누수, 소음, 이웃 등)가 있지는 않은지 현장에서 꼭 확인하세요.

권리분석하여 주택임차권 배당 알아보기

문제

아래 등기부등본을 권리분석해서 입찰해도 안전한 물건인지 확인하세요.

임차인현황 ▶ 건물소멸기준 : 2018-01-30 / 배당종기일 : 2018-04-06　　🔖 매각물건명세서　🔖 예상배당표

순위	성립일자	권리자	권리종류(점유부분)	보증금금액	신고	대항	참조용 예상배당여부 (최저가기준)
1	전입 2015-06-29 확정 2015-06-29 배당 없음	안	주거임차인 전부	【보】 150,000,000원	X	있음	배당금 : 68,409,800원 인수금 : 81,590,200원 일부배당四배당금 인수四예상 배당표참조

● 임차인(별지)점유
- 안　　 : 배당요구인임.
본 임대관계 조사서는 관할 동사무소의 전입세대 열람 내용을 토대로 작성하였다.

건물 등기 사항 ▶ 건물열람일 : 2018-02-17　　🔖 등기사항증명서

구분	성립일자	권리종류	권리자	권리금액	상태	비고
갑1	1995-07-14	소유권	송		이전	매매
갑2	2013-06-20	소유권	김	(거래가) 145,000,000원	이전	매매
을3	2015-06-29	주택임차권	안	150,000,000원	있음	전입:2015-06-29 확정:2015-06-29
갑5	2018-01-30	강제경매	안	청구: 150,000,000원	소멸기준	(주택) 소액배당 5000 이하1700 (상가) 소액배당 3000 이하1000

명세서 요약사항 ▶ 최선순위 설정일자 2018.1.30. 압류

소멸되지 않는 등기부권리	해당사항 없음
설정된 것으로 보는 지상권	해당사항 없음
주의사항 / 법원문건접수 요약	※미납관리비(공용)를 인수할수 있으니 입찰전에 확인 하시기 바랍니다.

정답 및 해설

대항력과 주택임차권을 가진 막강한 임차인인지 아닌지를 권리분석을 통해 확인합니다

① 말소기준권리
이 물건의 말소기준권리는 2018년 1월 30일에 임차인이 신청한 강제경매, 즉 경매개시결정입니다. 앞선 어떤 권리도 없이 바로 경매가 진행될 때는 경매 신청 자체가 말소기준권리가 됩니다. 말소기준권리보다 앞선 권리는 낙찰자가 인수해야 하므로 주택임차권은 낙찰자가 인수해야 합니다.

② 임차인의 권리 확인
임차인은 2015년 6월 29일에 전입하여 대항력이 있습니다. 전입하고 확정일자

를 받았지만, 배당요구를 하지 않았기에 우선변제권은 없습니다. 하지만, 임차인 안○○ 씨는 배당요구를 하지 않아도 배당을 받는 특별한 임차인입니다. 주택임차권을 가지고 있고, 경매를 신청하였기 때문이지요. 임차인 중에서 배당요구를 하지 않아도 당연하게 배당을 받는 임차인은 딱 두 사람뿐입니다. 주택임차권을 가진 임차인, 경매를 신청한 임차인입니다.

이 물건의 채권은 오직 2015년 6월 29일 전입한 임차인 안○○ 씨의 보증금 1억 5,000만원뿐입니다.

③ 위험여부는 물건의 적정 낙찰가에 따라 다릅니다

이 물건의 적정 낙찰가 1억 5,000만원 이상이라면 편안한 물건입니다. 임차인이 보증금을 전액 배당받을 수 있으니까요. 이 물건의 낙찰가가 1억 5,000만원 이하라면 대항력이 있는 임차인이 배당받지 못한 나머지 보증금을 낙찰자가 내어주어야 합니다. 대항력이 있는 임차인이 있는 집은 임차인이 전액 배당을 받을 수 있는지 확인하는 것이 가장 중요합니다.

난이도 중 – 임차인이 있는 집 권리분석하기

임차인이 있는 물건은 세 가지만 확인하자

이 책에서 대항력을 가진 임차인이란 말소기준권리보다 앞서 전입한 임차인만을 말합니다. 임차인이 있는 물건의 권리분석을 하는 기준은 다음 세 가지입니다. 이 기준에 따라 임차인이 있는 집을 권리분석해볼까요?

① 말소기준권리를 확인한다

집주인만 있으면 여기까지만 하면 됩니다. 집주인은 임차인이 아니기에 임차인에 대한 권리분석을 하지 않아도 되고, 배당도 신경 쓰지 않아도 됩니다.

② 임차인의 대항력을 확인한다

임차인이 말소기준권리보다 늦게 전입신고한 후순위임차인이라면 여기까지 확인하면 됩니다. 후순위임차인의 경우 대항력이 없고, 따라서 배당받지 못하는 보증금을 낙찰자가 인수할 의무가 없기 때문이지요. 임차인 입장에서는 억울하겠지만 말이죠. 억울한 세입자로 인해 명도가 어려울 수 있으니 명도의 난이도 파악을 위해 임차인의 배당유무와 배당금 액수를 미리 확인합니다.

③ 배당 순위를 확인한다

선순위임차인이 있으면 여기까지 확인해야 끝입니다. 선순위임차인이 있는 물건은 임차인이 보증금을 전액 배당받는지 확인해야 합니다. 선순위임차인이 배당받지 못하는 보증금은 낙찰자가 인수해야 하기 때문이지요. 또한 선순위임차인이 받을 배당금을 가로채는 새치기 배당도 조심하세요.

대항력 없는 물건은 보증금 인수의 위험이 없다

예시 1 | 대항력이 없으면서 배당받는 물건

대항력이 없는 임차인이 있는 물건은 일단 보증금 인수의 위험이 없습니다. 여기에 임차인이 보증금을 배당받으면 명도도 쉽겠지요. 가장 편안한 패턴의 물건입니다. 순서대로 권리분석을 해볼까요.

임차인현황 ▶ 건물소멸기준 : 2019-07-23 | 배당종기일 : 2021-11-01   🔲 매각물건명세서 🔲 예상배당표

순위	성립일자	권리자	권리종류(점유부분)	보증금금액	신고	대항	참조용 예상배당여부 (최저가 기준)
1	전입 2019-09-02 확정 2019-09-02 배당 2021-08-03	최○○	주거임차인 전부	[보] 22,000,000원	○	없음	배당금: 22,000,000원 전액배당 소멸예상.

● 임차인(별지)점유
- 본건 조사내용은 전입세대열람 내역 및 주민등록표등본에 의한 조사사항임

건물 등기 사항 ▶ 건물열람일 : 2022-06-12   🔲 등기사항증명서

구분	성립일자	권리종류	권리자	권리금액	상태	비고
갑8	2019-05-17	소유권	김○○	(거래가)65,000,000원	이전	매매
갑9	2019-07-23	소유권	이○○	(거래가)65,000,000원	이전	매매
을5	2019-07-23	(근)저당	농협은행	53,760,000원	소멸기준	(주택) 소액배당 10000 이하 3400 (상가) 소액배당 5500 이하 1900
갑10	2020-08-12	압류	미추홀구		소멸	(세무2과-10954)
갑11	2021-07-28	임의경매	농협은행	청구: 45,955,473원	소멸	
갑12	2021-09-06	압류	국민건강보험공단		소멸	(징수부-906010)

명세서 요약사항 ▶ 최선순위 설정일자 2019.07.23. 근저당권   ※ 조정대상지역

소멸되지 않는 등기부권리	해당사항 없음
설정된 것으로 보는 지상권	해당사항 없음
주의사항 / 법원문건접수 요약	

① 말소기준권리: 2019년 7월 23일에 설정된 농협의 근저당입니다. 말소기준권리 아래에는 미추홀구의 압류와 국민건강보험의 압류만 있습니다. 모두 소멸합니다.

② 임차인의 대항력: 임차인 최○○ 씨는 2019년 9월 2일에 전입신고를 하였습니다. 말소기준권리보다 한참 늦게 전입신고를 하여 대항력이 없습니다.

③ 배당 여부: 대항력 없는 임차인이지만 배당을 받습니다. 보증금이 2,200만원으로 소액이라 최우선변제권으로 배당되기 때문입니다(27장 참고).

▶ 결론: 권리에 이상 없는 깨끗한 물건입니다.

예시 2 | 대항력이 없으면서 배당받지 못하는 물건

꽤 큰 금액의 보증금을 배당받지 못하는 임차인의 예입니다. 대항력이 없는 임차인은 배당받지 못하는 보증금을 낙찰자에게 요구할 수 없습니다.

① 말소기준권리: 2011년 6월 2일에서 설정된 마산시농업협동조합의

근저당입니다. 말소기준권리 아래에는 몇 개의 근저당과 가압류만 있습니다. 모두 소멸합니다.

② 임차인의 대항력: 임차인 유○○ 씨는 2014년 1월 2일에 전입신고 하였습니다. 말소기준권리보다 늦게 전입을 하여 대항력이 없습니다.

③ 배당 여부: 확정일자가 없어 우선변제권의 조건이 되지 않습니다. 임차인은 배당을 받지 못합니다.

▶ 결론: 인수할 권리는 없는 물건이지만, 임차인의 미배당금이 커서 명도 저항이 있을 수 있습니다.

대항력이 있어도 배당받는 물건은 안전하다

예시 1 | 대항력이 있으면서 배당받는 물건

대항력이 있어도 임차인이 보증금을 배당받을 수 있으면 입찰자에게 안전한 물건입니다. 다만, 선순위임차인의 배당에 영향을 미칠 수 있는지까지 확인해야 합니다.

임차인현황 ▶ 건물소멸기준 : 2013-07-23 | 배당종기일 : 2018-02-26   🔍 매각물건명세서 🔍 예상배당표

순위	설립일자	권리자	권리종류(점유부분)	보증금금액	신고	대항	참조용 예상배당여부 (최저가 기준)
1	전입 2013-04-23 확정 2013-04-02 배당 2017-12-18	권■■1차	주거임차인	【보】 55,000,000원	○	있음	배당금: 55,000,000원 전액배당으로 소멸예상
2	계약 2016-04-02 확정 2016-04-04 배당 2017-12-18	권■■2차증액	주거임차인	【보】 60,000,000원	○	없음	증액(5,000,000) 배당금: 5,000,000원 전액배당 소멸예상

- 보증금합계 : 60,000,000원

• 압류의 법정기일이 빠른경우 또는 교부청구(당해세)로 대항력있는 임차인의 경우 전액배당 안될시 인수금액 발생할수있음.

- 권■■ : 최초 계약시 보증금은 5천5백만원, 확정일자는 2013. 4. 2.이며, 재계약(2016. 4. 2.)시 5백만원이 증액되었으므 확정일자는 2016. 4. 4.임.

건물 등기 사항 ▶ 건물열람일 : 2017-12-13   🔍 등기사항증명서

구분	설립일자	권리종류	권리자	권리금액	상태	비고
갑1	1995-04-26	소유권	서■■		이전	매매
을7	2013-07-23	(근)저당	신용협동조합	16,900,000원	소멸기준	(주책)소액배당 5500 이하1900 (상가)소액배당 3000 이하900
갑6	2017-06-20	가압류	중소기업은행	7,952,241원	소멸	
갑7	2017-12-05	강제경매	중소기업은행	청구: 8,486,564원	소멸	

명세서 요약사항 ▶ 최선순위 설정일자 2013.07.23. 근저당권

소멸되지 않는 등기부권리	해당사항 없음
설정된 것으로 보는 지상권	해당사항 없음
주의사항 / 법원문건접수 요약	

① 말소기준권리: 2013년 7월 23일에 설정된 ○○신용협동조합의 근저당입니다. 말소기준권리 이하는 모두 소멸합니다.

② 임차인의 대항력: 임차인 권○○ 씨는 2013년 4월 23일에 전입신고 하였습니다. 말소기준권리보다 먼저 전입을 하여 대항력이 있습니다. 그런데 2016년 4월 2일에 증액한 임차인 권○○ 씨의 보증금이 하나 더 있습니다. 보증금을 올려 증액하면 증액된 금액을 따로 표기하고, 증액한 날짜 기준으로 다른 대항력을 가집니다. 권○○ 씨는 1차 보증금의 우선변제권 기준일이 말소기준권리보다 빨라 대항력이 있고, 2차 보증금의 우선변제권 기준일은 말소기준권리보다 늦어 대항력이 없습니다. 만약 배당이 이루어지지 않을 경우 권○○ 씨가 낙찰자에게 주장할 수 있는 금액은 1차 금액 내에서입니다.

③ 배당 여부: 배당받을 권리인 우선변제권의 조건이 되어 배당을 받습니다.

▶ 결론: 적정 낙찰가에 따라 안전도가 달라지는 물건입니다. 적정 낙찰가가 6,000만원이라면, 임차인의 1차 보증금인 5,500만원을 넘으므로 보증금 인수는 없을 것입니다. 낙찰가가 1억원이라면 임차인의 2차 보증금까지 무사히 배당이 될 것이므로 입찰자에게 편안한 물건이 됩니다. 만약 낙찰가가 낮아서 임차인의 보증금보다 적은 금액이라면 보증금에서 미배당분을 인수해야 합니다. 대항력이 있는 물건이라도 임차인에게 보증금이 전액 배당되면 명도가 수월해 입찰하기 좋은 물건입니다.

예시 2 | 대항력이 있으면서 배당 못 받는 물건

전세가가 하락하는 시장에서 보이는 패턴입니다. 전세가가 하락하여 이전 가격에 전세로 들어올 다른 임차인이 없으면 집주인은 전세금 반환을 하지 못하게 되고, 임차인은 어쩔 수 없이 경매를 신청하게 됩니다.

다음 물건은 임차인이 대항력이 있는 선순위임차인이면서 다른 채권이 없는 집입니다. 전세보증금이 집의 가격보다 낮을 경우에는 입찰에 문제가 없지만, 돌려줘야 할 전세보증금이 집의 가치보다 높을 경우에는 아무도 입찰하지 않을 겁니다. 선순위임차인의 보증금을 인수해야 하니까요.

① 말소기준권리: 2018년 3월 22일에 신청한 임차인의 강제경매입니다. 앞선 다른 권리 없이 임차인이 경매를 신청하였습니다. 말소기준권리 앞에 주택임차권이 있습니다.

② 임차인의 대항력: 임차인 이○○ 씨는 2014년 12월 1일에 전입신고 하였습니다. 임차인의 신청으로 시작한 강제경매인 말소기준권리보다 먼저 전입을 하여 대항력이 있습니다.

③ 배당 여부: 전입신고, 확정일자, 배당요구의 우선변제권 조건이 되어 전액 배당을 받습니다. 하지만 전액 배당이 되지 않으면 낙찰자가 나머지 전세보증금을 인수해야 합니다.

▶ 결론: 적정 낙찰가에 따라 입찰 여부가 달라지는 물건입니다. 임차인

이○○ 씨는 경매 신청자이면서 임차권등기자입니다. 무엇보다 강력한 것은 선순위임차인이라는 것입니다. 낙찰가격이 낮아 법원에서 배당금을 다 못 받게 되면 낙찰자가 이○○ 씨의 보증금을 인수해야 합니다.

현재 이○○ 씨의 보증금은 1억 6,500만원입니다. 집의 가치가 이 금액을 넘으면 입찰자는 낙찰받는 데 아무 문제가 없고, 이○○ 씨는 배당을 받아가고 경매는 마무리가 됩니다. 낙찰가가 1억 5,000만원이라면 선순위임차인의 모자라는 보증금 1,500만원을 인수해야 하기에, 결국 1억 6,500만원으로 집을 사는 셈이 됩니다. 집의 적정 낙찰가가 선순위보증금에 못 미치면 이 집에 입찰하면 안 됩니다.

난이도 상 –
진짜 임차인이 맞을까?

법원이 모르는 사실도 있다

법원은 임차인이 법원에 제출한 내용을 기초로 매각물건명세서상에 임차인의 정보를 작성합니다. 임차인의 임대차계약서를 기준으로 확정일자, 보증금, 월세를 기재하고, 배당요구를 한 날짜를 기록합니다. 또한 임차인과의 대화에서 특이사항이 있으면 비고란에 기록합니다.

하지만 점유자가 별다른 신고를 하지 않는 한 법원은 임차인의 상황을 알 수 없습니다. 그저 전입세대열람으로 전입일자와 성명을 기재하고, 점유부분에는 '주거임차인 미상', 혹은 '알 수 없음'으로 표시합니다. 단순히 임차인의 전입일자가 말소기준권리보다 빠르면 유료경매사이트의 대항력란에 '대항력 있음'으로 표시합니다. 때문에 미상 임차인인 경우 '대항력 있음'은 정확한 정보가 아닐 수 있습니다.

임차인이 권리신고를 하지 않으면, 법원은 그가 진정한 임차인인지 여부를 알 수 없습니다. 보통 권리신고가 되어 있지 않은 임차인은 집주인의 가족인 경우가 많지만, 무조건 집주인의 가족으로 유추하고 입찰하는 것은 위험합니다. 권리신고가 되어 있지 않지만 대항력 있는 임차인이 집주인과 함께 살고 있는 조카라면 보증금 인수를 염려하지 않아도 될 것입니다. 하지만 그 조카가 집주인인 삼촌에게 보증금을 내고 살고 있다면 진정한 임차인이니 조심해야 합니다.

또, 특별한 이유로 진짜 임차인이 법원에 권리신고를 하지 않을 수도 있습니다. 예를 들어 대항력 있는 임차인이 직접 낙찰받기 위해 일부러 법원에 권리신고를 하지 않기도 합니다. 선순위임차인의 보증금이 얼마인지 알 수 없는 상태에서 입찰을 하는 사람은 거의 없으니, 임차인은 자신이 살고 있는 집을 저렴하게 낙찰받을 수 있습니다.

대항력은 있지만 보이지 않는 임차인

이 물건은 남양주에 있는 감정가 5억원의 아파트입니다. 임차인현황을 보면 대항력은 있지만 진짜인지 가짜인지 알 수 없는 임차인이 있습니다. 이 물건의 임차인은 진짜 임차인일까요?

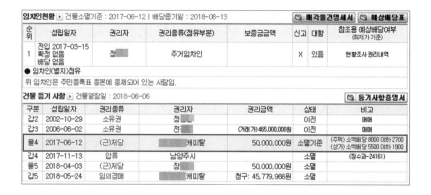

① 말소기준권리: 2017년 6월 12일 설정된 근저당입니다. 근저당권자가 일반금융권이 아닌 캐피탈이네요. 집을 담보로 2금융권에서 대출을

받았다는 것은 앞선 어떤 권리가 있기 때문입니다. 등기부등본을 보면 앞선 다른 대출은 없습니다. 다만, 캐피탈에서 근저당을 설정하기 전에 대출이 상환으로 말소된 것을 확인할 수 있습니다. 집주인은 무슨 돈으로 앞선 근저당을 말소했을까요? 그 비밀은 임차인에게 있습니다.

② 임차인의 대항력: 임차인 정○○ 씨는 2017년 3월 15일에 전입했습니다. 아래 등기부등본을 보면 전입한 다음 날인 16일에 근저당이 말소된 것으로 보아, 집주인이 임차인의 전세금으로 대출을 상환해 근저당이 말소된 것으로 유추할 수 있습니다.

③ 배당 신청 여부: 그런데 임차인 정○○ 씨는 법원에 배당요구를 하지 않았고, 별다른 신고도 하지 않았습니다. 법원은 임차인 정○○ 씨의 전입일을 전입세대열람으로 확인했을 것입니다.

【 을 구 】			(소유권 이외의 권리에 관한 사항)
순위번호	등 기 목 적	접 수	등 기 원 인	권 리 자 및 기 타 사 항
1	근저당권설정	2006년10월2일 제468○호	2006년10월2일 설정계약	채권최고액 금276,000,000원 채무자 권○ 남양주시 도농동 근저당권자 주식회사신한은행 110111-0012809 서울 중구 태평로2가 120 (도농지점)
2	근저당권설정	2015년5월4일 제456○호	2015년5월1일 설정계약	채권최고액 금60,000,000원 채무자 권정훈 경기도 남양주시 근저당권자 주식회사신한은행 110111-0012809 서울특별시 중구 세종대로9길 20 (태평로2가) (도농지점)
3	1번근저당권설정, 2번근저당권설정 등기말소	2017년3월16일 제22○호	2017년3월16일 해지	

| 4 | 근저당권설정 | 2017년6월12일
제52□호 | 2017년6월10일
설정계약 | 채권최고액 금50,000,000원
채무자 정□□
서울특별시 중구 마장로 |

[집합건물] 경기도 남양주시 도농동 □□ 1필지 부영그린타운 □□□			고유번호 1152-2002-009179	
순위번호	등 기 목 적	접　수	등 기 원 인	권 리 자 및 기 타 사 항
				근저당권자 □□캐피탈주식회사 180111-□□□□ 부산광역시 부산진구 새싹로 1□
5	근저당권설정	2018년4월3일 제37□호	2018년3월30일 설정계약	채권최고액 금50,000,000원 채무자 전□□ 서울특별시 중구 마장로 □□ 근저당권자 장□□ 470316-******* 서울특별시 중구 장충단로7길□

-- 이 하 여 백 --

▶ 결론: 이 물건의 감정가는 5억 500만원입니다. 근저당은 얼마 안 됩니다. 왜 대출을 더 받아 경매로 넘어가는 것을 막지 못했을까요? 왜 겨우 5,000만원 대출을 받기 위해 2금융권인 캐피탈을 찾았을까요? 가족이 살고 있었다면 제대로 대출을 받아 경매진행을 막았을 거예요.

집의 가치에 비해 대출규모가 적은 것으로 보아 정당한 임차인이 이 집을 점유하고 있을 것으로 유추됩니다. 이 집의 미상 임차인은 진짜 임차인일 가능성이 높습니다. 이 물건에 입찰하고 싶다면 점유자 정○○ 씨를 반드시 만나야 합니다. 정○○ 씨의 보증금액이 얼마인지 확인하고 이 금액을 감안하여 입찰해야 합니다. 그러지 않고는 입찰하면 안 됩니다.

전입한 지 오래된 미상 임차인

다음 물건은 수원에 있는 감정가 9,000만원의 빌라입니다. 이 집에는 전입한 지 오래된 미상 임차인이 있습니다. 미상 임차인 조○○ 씨는 진짜 임차인일까요?

임차인현황 ▶ 건물소멸기준 : 2008-09-29 │ 배당종기일 : 2018-03-21							배각물건명세서 · 예상배당표
순위	성립일자	권리자	권리종류(점유부분)	보증금금액	신고	대항	참조용 예상배당여부 (최저가기준)
1	전입 2002-10-08 확정 없음 배당 없음	조▉	주거임차인		X	있음	현황조사 권리내역

● 채무자(소유자)점유 임차인(별지)점유

폐문부재로 소유자나 점유자를 만나지 못하여 구체적인 임대차관계는 확인할 수 없었는 바, 전입세대열람내역서 등에 기재된 내용을 임대차내용으로 입력함.

건물 등기 사항 ▶ 건물열람일 : 2018-01-17						등기사항증명서
구분	성립일자	권리종류	권리자	권리금액	상태	비고
갑1	1992-12-12	소유권	김▉		이전	매매
갑2	2005-09-12	소유권	김▉		이전	매매
을2	2008-09-29	(근)저당	정▉	30,000,000원	소멸기준	(주택) 소액배당 6000 이하 2000 (상가) 소액배당 3600 이하 1170
갑5	2018-01-05	임의경매	정▉	청구: 30,000,000원	소멸	

명세서 요약사항 ▶ 최선순위 설정일자 2008.9.29. 근저당권

소멸되지 않는 등기부권리	해당사항 없음
설정된 것으로 보는 지상권	해당사항 없음
주의사항 / 법원문건접수 요약	

① 말소기준권리: 2008년 9월 29일 설정된 정○○ 씨의 개인근저당입니다.

② 임차인의 대항력: 임차인 조○○ 씨가 2002년 10월 8일에 전입한 것으로 되어 있습니다. 소유주 김○○ 씨는 2005년에 이 물건을 매매로 취득했는데, 등기부등본을 확인하니 소유주 주소가 해당 물건 주소지입니다. 이상하지요? 이사할 때 주소이전을 하지 않으면 이전 주소지에 주소가 그대로 남게 됩니다. 조○○ 씨는 서류상 주소만 이곳에 남아있는 것으로 추측됩니다.

③ 배당 신청 여부: 임차인은 배당을 신청하지 않았습니다.

▶ 결론: 정황상 이 물건에는 현재 소유주만 살고 있을 것으로 예상됩니다. 하지만 사실 여부는 현장에서 파악해야 합니다. 우편물의 수신인이나 고지서로 확인할 수 있고, 인근 주민에게 탐문하거나, 점유자를 직접 만나볼 수도 있습니다.

이처럼 경매물건에는 전 점유자의 전입이 남아 있는 경우가 종종 있습니다. 전입일이 아주 오래되어 알 수 없는 임차인이라면 주소만 남아 있

는 것은 아닌지 의심해보세요. 실체가 없는 임차인은 진정한 임차인이 아닙니다.

가족으로 의심되는 미상 임차인

다음 물건은 천안 서북구에 있는 감정가 1억 3,400만원의 아파트입니다. 이 집에 있는 대항력 있는 미상 임차인은 과연 누구일까요?

임차인현황 ▶ 건물소멸기준 : 2015-07-15	배당종기일 : 2016-06-27						🖘 매각물건명세서 🖘 예상배당표
순위	성립일자	권리자	권리종류(점유부분)	보증금액	신고	대항	참조용 예상배당여부 (최저가 기준)
1	전입 2013-09-27 확정 없음 배당 없음	양□□	주거임차인		X	있음	현황조사 권리내역

건물 등기 사항 ▶ 건물열람일 : 2018-09-05						🖘 등기사항증명서
구분	성립일자	권리종류	권리자	권리금액	상태	비고
갑4	2007-07-23	소유권	이□□	(거래가)90,000,000원	이전	매매
갑5	2013-04-30	소유권	이□□	(거래가)93,500,000원	이전	매매
을17	2015-07-15	(근)저당	농협은행	96,000,000원	소멸기준	(주택) 소액배당 4500 이하 1500 (상가) 소액배당 3000 이하 1000
갑8	2016-03-07	가압류	충남신용보증재단	46,250,000원	소멸	
갑9	2016-04-21	임의경매	농협은행	청구: 80,417,398원	소멸	
갑10	2017-02-02	압류	국 - 공주세무서		소멸	(세종납세지원센터-티5802)

① 말소기준권리: 2015년 7월 15일에 설정된 농협의 근저당입니다.

② 임차인의 대항력: 임차인 양○○ 씨는 2013년 9월 27일에 전입한 선순위임차인입니다. 현황조사 권리내역만으로 고지된 임차인으로, 임차인이 신고한 내역이 없어 보증금액을 알 수 없습니다. 임차인 양○○ 씨가 전입한 날짜는 말소기준권리인 근저당보다 약 2년이나 빠릅니다. 진정한 임차인이 있는 집에 농협이 대출을 해주었을까요? 등기부등본에 해답이 있습니다.

소유자 이○○ 씨가 이 집을 매매한 2013년 4월 30일 신한은행이 근저당을 설정했고 2014년 2월 13일 신협으로 대환되었습니다. 뒷장을 보면 이후 2015년 7월 15일 농협으로 대환되었음을 확인할 수 있습니다. 권리 있는 임차인이 있다면 은행에서 이런 대출을 해주지 않았겠지요.

12	근저당권설정	2013년4월30일 제41▩호	2013년4월30일 설정계약	채권최고액 금24,000,000원 채무자 이▩▩ 충청남도 천안시 서북구▩▩▩ 근저당권자 주식회사신한은행 110111-0012809 서울특별시 중구 세종로2가 120 《신부동지점》
13	근저당권설정	2013년4월30일 제41▩호	2013년4월30일 설정계약	채권최고액 금36,000,000원 채무자 이▩▩ 충청남도 천안시 서북구▩▩▩ 근저당권자 주식회사신한은행 110111-0012809 서울특별시 중구 세종로2가 120 《신부동지점》
14	근저당권설정	2014년▩월▩일 제43▩호	2014년▩월▩일 설정계약	채권최고액 금81,400,000원 채무자 이▩▩ 충청남도 천안시 서북구▩▩▩ 근저당권자 대원하이.컴.시.에이.신용정보조합 160141-0000611 대전광역시 서구 만년동 1-2 강변아파트상가 107호
15	12번근저당권설정, 13번근저당권설정 등기말소	2014년2월14일 제13▩호	2014년2월14일 해지	
16	14번근저당권설정등 기말소	2015년7월15일 제83▩호	2015년7월15일 해지	

| 16 | 14번근저당권설정등
기말소 | 2015년7월15일 제83▩호 | 2015년7월15일 해지 | |
| 17 | 근저당권설정 | 2015년7월15일 제83▩호 | 2015년7월13일 설정계약 | 채권최고액 금96,000,000원
채무자 이▩▩
충청남도 천안시 서북구▩▩▩ |

열람일시 : 2018년09월05일 16시10분18초

6/7

[집합건물] 충청남도 천안시 서북구 성정동▩▩▩

순위번호	등 기 목 적	접 수	등 기 원 인	권리자 및 기타사항
				근저당권자 농협은행주식회사 110111-4809385 서울특별시 중구 통일로 120(충정로1가) (여천동지점)

-- 이 하 여 백 --

③ 배당 신청 여부: 배당 신청을 하지 않았습니다.

▶ 결론: 정황상 이 물건에 있는 알 수 없는 임차인 양○○ 씨는 소유주의 가족으로 예상됩니다. 권리 있는 임차인이 있다면 은행은 절대 대출을 해주지 않습니다. 누구보다 깐깐하게 자신의 권리를 지키는 은행의 대출현황으로 보아 알 수 없는 임차인이 누구인지 유추할 수 있습니다. 예상한 내용이 맞는지 현장답사로 확인합니다.

난이도 상 – 선순위임차인이 있으면 배당여부를 확인하자

대항력 있는 임차인은 조심 또 조심

집주인만 있는 집은 말소기준권리 확인만 하면 권리분석이 끝나고, 임차인이 있는 집은 추가로 대항력과 배당여부도 확인해야 권리분석이 마무리됩니다. 이 중 대항력이 있는 임차인이 있는 집은 난이도 상으로, 꼼꼼한 권리분석이 필요합니다. 대항력이 있는 임차인은 법원에서 배당받지 못하는 자신의 보증금을 낙찰자에게 달라고 요구할 수 있으니까요. 초보 입찰자에게 가장 조심해야 할 대상은 대항력 있는 임차인입니다.

이번 장에서는 대항력이 있는 임차인이 있을 경우 확인해야 하는 권리분석에 대해 자세히 살펴보겠습니다. 이때 임차인은 온전히 배당을 받기 위해서 배당요구를 해야 하고, 임차인의 배당을 가로채는 '새치기 권리'가 없어야 합니다. 무엇을 주로 살펴봐야 할까요?

① 선순위임차인의 보증금 이상으로 낙찰되어야 한다

일반적으로 낙찰가는 임차보증금보다 크지만, 간혹 임차보증금 이하로 낙찰될 수 있습니다. 미배당되는 선순위임차인의 보증금은 낙찰자가 인수해야 합니다. 결과적으로 비싼 가격에 낙찰을 받게 되는 셈이지요. 이런 물건은 입찰하지 말아야 합니다.

② 선순위임차인이 배당요구를 해야 한다

임차인 중에서 배당요구를 하지 않아도 당연하게 배당받을 수 있는 임차인은 단 두 사람뿐입니다. 경매 신청을 한 임차인과 임차권등기를 한 임차인이지요. 이들 외 모든 임차인은 반드시 법원에 배당요구를 해야 합니다. 대항력 있는 임차인도 배당요구를 해야 법원배당을 받을 수 있습니다. 무조건 보증금을 보장받는 선순위임차인도 배당요구를 하지 않았다면 배당에서 제외됩니다. 그 사실을 모르고 낙찰을 받는다면 경매 잔금에 추가로 선순위임차인 보증금까지 떠안는 일이 벌어질 수 있죠. 그러니 선순위임차인이 배당요구를 했는지 반드시 확인해야 합니다.

③ 선순위임차인의 배당금을 가로챌 수 있는 권리가 없어야 한다

경매의 채권자들 대부분은 우선변제권을 가집니다. 우선변제권은 접수 순서에 따라 배당되기에 선순위임차인의 보증금은 가장 먼저 배당됩니다. 그런데 우선변제권보다 빠른 다른 권리가 있으면 선순위임차인보다 먼저 배당이 될 수 있습니다. 선순위임차인의 보증금보다 먼저 배당될 수 있는 권리는 임금채권과 당해세가 있습니다. 자세히 살펴보겠습니다.

최우선변제권과 같은 권리를 가지는 임금채권

소액임차인과 임금채권은 최우선변제권(21장 참고)이 있는 '새치기 권리'입니다. 순위가 같지요. 채권순서에 상관없이 우선변제권을 가진 다른 채권자들보다 먼저 배당을 받습니다. 소액임차인은 기준날짜와 지역에 따라 최우선배당금액이 정해져 있습니다. 임금채권은 일정한 금액이 아닌 근로자의 최종 3개월 치 임금과 최종 3년 치의 퇴직금, 재해보상금을 말합니다. 정확한 금액이 적혀 있지 않은 임금채권도 많습니다.

임금채권은 선순위임차인의 우선변제권보다 먼저 배당됩니다. 따라서 임금채권의 금액이 큰 경우 선순위임차인이 보증금을 돌려받지 못할 수 있습니다. 이렇게 되면 선순위임차인의 보증금을 낙찰자가 인수해야 합니다. 때문에 선순위임차인이 있을 때 임금채권까지 있다면 매우 주의해야 합니다.

임금채권의 접수는 배당요구종기일까지 하면 됩니다. 등기부등본에 임금채권이 있는 경우도 있지만, 매각물건명세서의 주의사항에만 임금채권 접수사항이 기재되기도 합니다. 이해를 돕기 위해 예시를 볼까요?

예시 1 | 인수금액을 알 수 없어 위험한 임금채권

① 말소기준권리: 2014년 1월 23일에 설정된 이○○ 씨의 개인 가압류입니다. 말소기준권리 아래로 개인 강제경매와 근로복지공단의 가압류, 구청의 압류가 있습니다. 임차인도 경매 신청을 하였습니다. 이 물건은 회사 소유의 부동산입니다. 정황상 개인 채권자들은 회사의 임금채권자로 보입니다.

② 임차인의 대항력: 2013년 7월 22일 전입하여 말소기준권리보다 빠른 선순위임차인입니다. 확정일자와 배당요구가 있어 우선변제권도 가진 임차인이지요. 다른 새치기 권리가 없으면 가장 먼저 배당을 받을 것입니다.

③ 배당 요구: 임금채권은 등기부등본에서 볼 수도 있고, 매각물건명세서에서 볼 수도 있습니다. 예시 물건의 등기부등본상에서는 근로복지공단의 가압류와 개인명의의 채권을 보고 알 수 있습니다. 매각물건명세서의 주의사항에는 임금채권자 대리인 변○○, 임금채권자 김○○ 등등이라고 적혀 있습니다. 이들은 소유주에게 받을 임금채권을 가진 사람들입니다.

▶ 결론: 임차인현황의 가장 오른쪽에 임금채권 주의라는 문구는 스피드옥션에서 알려주는 주의입니다. 임금채권은 예상배당금액을 정확하게 판단하기 어렵습니다. 참조용 배당금액은 최저가격으로 단순하게 계산한 금액입니다. 임금채권의 크기가 공개되어 있지 않다면 입찰자가 예상배당금을 판단할 수 없습니다.

선순위임차인은 임금채권으로 인해 보증금을 전액 배당받지 못할 수 있습니다. 선순위임차인이 배당받지 못한 금액은 낙찰자가 인수해야 합니다. 정확한 인수금액을 알 수 있다면 그 금액만큼 저렴하게 낙찰받으면 됩니다. 하지만 이 물건은 정확한 인수금액을 알 수 없으니 입찰하면 안 됩니다.

예시 2 | 집주인이 있는 집의 임금채권은 안전

임차인현황	매각물건명세서상 조사된 임차내역이 없습니다			🔍 매각물건명세서	🔍 예상배당표

건물 등기 사항 ▶ 건물열람일 : 2018-01-29   🔍 등기사항증명서

구분	성립일자	권리종류	권리자	권리금액	상태	비고
갑2	2014-04-21	소유권	심▢▢		이전	매매
갑3	2016-07-11	소유권	김▢▢	(거래가) 110,000,000원	이전	매매
을2	2016-07-28	(근)저당	고려저축은행	106,600,000원	소멸기준	(주택) 소액배당 5000이하1700 (상가) 소액배당 3000이하1000
을4	2016-08-04	(근)저당	비엔케이캐피탈	30,000,000원	소멸	
갑4	2018-01-19	임의경매	고려저축은행	청구: 195,872,129원	소멸	
갑5	2018-01-25	압류	국민건강보험공단		소멸	(징수팀-▢▢▢)

명세서 요약사항 ▶ 최선순위 설정일자 2016.7.28.근저당권

소멸되지 않는 등기부권리	해당사항없음
설정된 것으로 보는 지상권	해당사항없음
주의사항 / 법원문건접수 요약	임금채권신고가 되었으니, 물건번호별 임금채권내역은 별도확인요망. ※ 임금채권 우선변제로 선순위 임차인은 배당 안될 수 있으므로, 임금채권 금액을 확인하시기 바랍니다.

임금채권자는 선순위임차인보다 먼저 배당받기 때문에 주의해야 하는 권리입니다. 선순위임차인이 없다면 임금채권이 아무리 많아도 상관없습니다. 집주인이 사는 집은 임금채권을 신경 쓰지 않아도 되므로 입찰자에게 안전합니다.

당해세는 우선변제권보다 먼저 배당됩니다

우선변제권보다 먼저 배당되는 것에는 소액임차인의 최우선변제권, 체납임금인 임금채권이 있다고 말씀드렸습니다. 이 권리 다음에 배당되는 또 다른 새치기 권리는 당해세입니다. 선순위임차인이 있는 물건에 당해세가 있다면 조심해야 합니다.

당해세는 해당 물건에 대한 세금을 말합니다. 집주인에 대한 소득세나 부가가치세 등의 세금은 해당하지 않습니다. 경매물건에 대한 세금만이 해당합니다. 당해세가 될 수 있는 국세로는 상속세와 증여세, 종합부동산세가 있습니다. 지방세로는 재산세, 자동차세, 도시계획세, 공동시설

세, 지방교육세가 있습니다. 취등록세는 당해세가 아닙니다.

경매에서 당해세는 주로 종합부동산세와 재산세입니다. 주거용 물건의 재산세는 그리 크지 않은 편이지만, 고액부동산이거나 가산세가 포함되었다면 그 금액이 만만치 않습니다. 최근에는 체납세금금액을 친절하게 고지하는 경우가 많아졌지만, 따로 고지가 없다면 관할 시군구청에 확인해야 하는데, 개인정보보호로 인해 이해관계자가 아니면 알기 어렵습니다. 재산세는 각 시청, 구청에서 고지합니다.

예시 1 | 당해세의 액수를 알지 못하면 위험하다

임차인현황 ▶ 건물소멸기준 : 2017-04-14	배당종기일 : 2018-05-28						📄 매각물건명세서 📄 예상배당표			
순위	성립일자	권리자	권리종류(점유부분)	보증금액	신고	대항	참조용 예상배당여부 (최저가기준)			
1	전입 2016-02-01 확정 2015-12-28 배당 2018-04-09	오⬛	주거임차인 전부	【보】80,000,000원	○	있음	배당금: 57,900,800원 인수금: 22,099,200원 일부배당(미배당금 인수)예상			

● 임차인(별지)점유
• 압류의 법정기일이 빠른경우 또는 교부청구(당해세)로 대항력있는 임차인의 경우 전액배당 안될시 인수금액 발생할수있음.
- 오⬛ : 주택임차권등기권자로서 주택임차권등기일은 2018. 2. 13.임

건물 등기 사항 ▶ 건물열람일 : 2018-03-20						📄 등기사항증명서
구분	성립일자	권리종류	권리자	권리금액	상태	비고
갑1	2012-09-18	소유권	코리아신탁		이전	신탁
갑3	2015-03-30	소유권	강⬛외 3명		이전	신탁재산의귀속
갑4	2015-03-30	소유권	대한토지신탁		이전	신탁
갑6	2015-12-29	소유권(지분)	강⬛외 2명		이전	신탁재산의귀속
을1	2016-02-01	주택임차권	오⬛	80,000,000원	있음	전입:2016-02-01 확정:2015-12-28
갑8	2017-04-14	압류(지분)	국민건강보험공단		소멸기준	(주택) 소액배당 8000 이하2700 (상가) 소액배당 5500 이하1900
갑10	2017-05-16	압류(지분)	부천시		소멸	
갑11	2017-12-08	압류(지분)	부천시		소멸	
갑12	2018-03-12	강제경매	오⬛	청구: 80,000,000원	소멸	

명세서 요약사항 ▶ 최선순위 설정일자 2017. 4. 14. 압류(강⬛지분), 2017. 12. 8. 압류(강⬛지분), 2018. 3. 12. 개시결정등기	
소멸되지 않는 등기부권리	매수인에게 대항할 수 있는 을구 순위 1번 임차권등기(2018. 2. 13. 등기) 있음(임대차보증금 8000만원, 전입일 2016. 2. 1., 확정일자2015. 12. 28.). 배당에서 보증금이 전액 변제되지 아니 하면 잔액을 매수인이 인수함.
설정된 것으로 보는 지상권	해당사항 없음
주의사항 / 법원문건접수 요약	※미납관리비(공용)를 인수할 수 있으니 입찰전에 확인 하시기 바랍니다.

① 말소기준권리: 2017년 4월 14일에 설정된 국민건강보험공단의 압류입니다. 집주인이 건강보험을 장기간 미납한 것으로 보입니다. 아래에는 부천시의 압류가 두 건 있습니다. 말소기준권리 위에는 낙찰자에게 인수되는 주택임차권이 있습니다. 경매 신청도 임차인이 했습니다. 임

차인이 임대차기간이 지났는데 보증금을 받지 못하였군요.

② 임차인의 대항력: 임차인 오○○ 씨는 2016년 2월 1일에 전입하여 대항력을 가집니다. 확정일은 2015년 12월 28일로 전입일자보다 빠릅니다. 잠시 주소를 다른 곳으로 이전했다가 다시 전입을 하면 전입일자를 후에 전입한 날로 보기에 확정일자가 더 빠를 수 있습니다. 이 임차인은 대항력이 있는 선순위임차인이며 우선변제권도 있습니다.

③ 배당 순위: 다른 우선순위 권리가 없으면 이 임차인은 보증금을 전액 배당받습니다. 하지만 아래에 관청의 압류가 있군요. 이 물건은 부천에 위치한 물건이기에 부천시에 의한 압류는 당해세일 가능성이 높습니다.

▶ 결론: 당해세는 임차인의 우선변제권이나 주택임차권의 우선변제권보다 배당 순서가 빠릅니다. 당해세의 금액이 얼마인지 확인해야 합니다. 모르면 입찰해서는 안 됩니다.

예시 2 | 당해세가 아닌 다른 세금은 우선변제권보다 먼저 배당되지 않는다

임차인현황 ▶ 건물소멸기준 : 2017-03-06 | 배당종기일 : 2018-07-16   🔍 매각물건명세서 🔍 예상배당표

순위	성립일자	권리자	권리종류(점유부분)	보증금금액	신고	대항	참조용 예상배당여부 (최저가 기준)
1	전입 2015-07-17 확정 2015-07-17 배당 2017-09-08	배	주택임차권자 202호 전부	【보】 120,000,000원	X	있음	배당금: 120,000,000원 전액배당으로 소멸예상

● 채무자(소유자)점유

+ 압류의 법정기일이 빠른경우 또는 교부청구(당해세)로 대항력있는 임차인의 경우 전액배당 안될시 인수금액 발생할수있음.

- 배 : 경매신청채권자임

건물 등기 사항 ▶ 건물열람일 : 2018-09-17   🔍 등기사항증명서

구분	성립일자	권리종류	권리자	권리금액	상태	비고
갑1	2014-12-09	소유권	김		이전	보존
갑2	2014-12-09	소유권	무 신탁		이전	신탁
갑3	2015-07-08	소유권	김		이전	신탁재산의귀속
갑4	2015-07-08	소유권	부동산신탁		이전	신탁
을2	2015-07-17	주택임차권	배	120,000,000원	있음	전입:2015-07-17 확정:2015-07-17
갑5	2015-07-23	소유권	김		이전	신탁재산의귀속
갑10	2017-03-06	압류	국 - 평택세무서		소멸기준	애인납세2과-티 (주택)소액배당 5000이하1700 (상가)소액배당 3000이하1000
을1	2017-03-09	(근)저당	철강	104,400,000원	소멸	
갑15	2017-11-29	압류	국 - 평택세무서		소멸	애인납세2과-티
갑17	2018-02-02	압류	국 - 천안세무서		소멸	애인납세1과-티
갑18	2018-04-26	강제경매	배	청구: 120,000,000원	소멸	
갑19	2018-05-02	압류	천안시서북구		소멸	(서북구세무과)
갑20	2018-05-16	압류	국민건강보험공단		소멸	(징수팀)

명세서 요약사항 ▶ 최선순위 설정일자 2017.3.6. 압류

소멸되지 않는 등기부권리	해당사항 없음
설정된 것으로 보는 지상권	해당사항 없음
주의사항 / 법원문건접수 요약	건물외벽에는 "B"로 표기됨

① 말소기준권리: 2017년 3월 6일에 설정된 평택세무서의 압류입니다. 바로 아래에 근저당과 다른 세금 압류들이 있습니다.

② 임차인의 대항력: 임차인은 2015년 7월 17일에 전입하여 말소기준권리보다 빠른 선순위임차인입니다. 확정일자와 배당요구를 했으므로 우선변제권도 가졌습니다. 임차인은 대항력과 우선변제권과 주택임차권을 가진 막강한 임차인입니다.

③ 배당 순위: 앞서 말한 것처럼 임금채권과 당해세는 선순위임차인의 우선변제권보다 배당 순서가 빠릅니다. 이 물건에는 세금 압류가 있는데, 이것이 당해세인지 확인해야 합니다. 이 물건은 안성에 있는 아파트인데, 세금 압류는 안성이 아닌 평택과 천안에서 이루어졌군요. 이것으로 보아 이 세금은 당해세가 아니기에 임차인의 보증금보다 먼저 배당되지 않습니다.

▶ 결론: 이 임차인은 자신의 보증금을 우선 배당받을 수 있습니다. 따라서 이 물건의 적정 낙찰가가 1억 2,000만원 이상이라면 입찰해도 됩니다.

꼼꼼한
사전·현장조사는
필수!

033

사전조사 ①
스피드옥션을 활용한
개별물건조사

경매 물건은 선 선택, 후 검토

일반적인 부동산투자 시에는 지역을 먼저 정하고, 해당 지역의 여러 물건을 비교한 후 마음에 드는 개별물건을 검토합니다. 하지만 경매에서는 거꾸로 진행합니다. 일반적인 방법으로 물건을 고르면 마음에 드는 물건을 찾기 힘들기 때문입니다. 괜찮다 싶은 물건을 먼저 고른 후 그 물건이 인근의 다른 물건보다 저렴하고 장점이 많은가를 확인하는 것이 효과적입니다.

일단 마음에 드는 물건을 찾는 것이 먼저입니다. 첫째마당에서 설명했듯 경매의 목적이 내 집 마련인지 아니면 임대수익인지 명확히 하고, 자금은 얼마가 있는지 등을 따진 후 여기에 맞는 물건을 찾아야 합니다. 그런 과정을 거쳐 물건을 찾았으면 그다음은 생각만큼 실제로 가치가 있는지 자세히 조사해야 합니다. 이때 필요한 것이 현장답사입니다. 현장답사는 현장에 직접 가서 조사하는 것을 말합니다. 부동산, 특히 경매에서 현장답사는 생략하면 안 되는 중요한 과정입니다.

하지만 현장조사만큼 사전조사도 중요합니다. 사전조사 없이 하는 현장조사는 반쪽짜리 조사입니다. 현장조사의 시작은 집에서 하는 사전조사입니다. 요새는 인터넷으로 웬만한 것을 모두 알아낼 수 있죠. 사전조사에는 크게 세 가지가 있습니다. 하나하나 자세히 살펴봅시다.

① 개별물건에 대한 조사	목적에 맞는 물건인가, 시세는 어떠한가, 입찰 시기는 적당한가 등 (스피드옥션 물건상세페이지에서 확인 가능)
② 인근 물건과 비교조사	현재 인근 매물은 얼마나 있는가, 거래 속도는 어떠한가 등 (네이버 부동산, 인터넷 벼룩시장에서 확인 가능)
③ 지자체와 지역 조사	인근 분양매물, 입주 예정물량은 얼마인가, 도로, 개발현황은 어떠한가 등(지자체 공식 홈페이지와 그 외 정보사이트에서 확인 가능)

빠른 속도로, 최대한 많이 찾자

개별물건에 대한 조사는 스피드옥션 물건상세페이지에서 합니다. 사건번호 혹은 지역으로 검색 후 해당 물건을 클릭하면 상세페이지를 확인할 수 있습니다.

개별물건 조사는 최대한 빠르게 진행하는 것이 좋습니다. 한눈에 맘에 들었다가도 막상 사전조사를 해보면 생각보다 별로인 경우가 종종 있기 때문에 가능한 빠른 속도로 많은 물건을 보는 것이 좋습니다.

다음 물건은 시흥시 정왕동에 있는 25년 된 32평 아파트입니다. 감정가는 3억 9,300만원이고, 현재 1회 유찰되어 2억 7,510만원입니다. 한눈에 보기에 입지와 가격이 괜찮아 보입니다. 과연 그럴까요? 물건상세페이지에서 어떤 점을 염두에 두고 봐야 할지 하나하나 함께 알아보겠습니다.

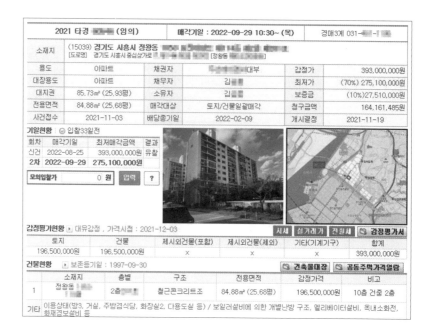

2021 타경 ■■■■ (임의)		매각기일 : 2022-09-29 10:30~ (목)			경매3계 031-■■■-■■■
소재지	(15039) 경기도 시흥시 정왕동 ■■■■ ■■■■■■ ■■ ■■■ ■■■ ■■ [도로명] 경기도 시흥시 중심상가로 ■■ ■■ ■■ [정왕동 ■■■ ■■■]				
용도	아파트	채권자	■■■■■■■■대부	감정가	393,000,000원
대장용도	아파트	채무자	김■■	최저가	(70%) 275,100,000원
대지권	85.73㎡ (25.93평)	소유자	김■■	보증금	(10%) 27,510,000원
전용면적	84.88㎡ (25.68평)	매각대상	토지/건물일괄매각	청구금액	164,161,485원
사건접수	2021-11-03	배당종기일	2022-02-09	개시결정	2021-11-19

기일현황 ▣ 입찰33일전

회차	매각기일	최저매각금액	결과
신건	2022-08-25	393,000,000원	유찰
2차	2022-09-29	275,100,000원	

모의입찰가 [0] 원 [입력] [?]

감정평가현황 ▶ 대유감정 , 가격시점 : 2021-12-03   [시세] [실거래가] [전월세] [감정평가서]

토지	건물	제시외건물(포함)	제시외건물(제외)	기타(기계기구)	합계
196,500,000원	196,500,000원	x	x	x	393,000,000원

건물현황 ▶ 보존등기일 : 1997-09-30   [건축물대장] [공동주택가격열람]

	소재지	층별	구조	전용면적	감정가격	비고
1	정왕동 ■■	2층■■■	철근콘크리트조	84.88㎡ (25.68평)	196,500,000원	10층 건중 2층
기타	이용상태(방3, 거실, 주방겸식당, 화장실2, 다용도실 등) / 보일러설비에 의한 개별난방 구조, 엘리베이터설비, 옥내소화전, 화재겸보설비 등					

먼저 지도로 물건의 위치와 주변을 확인합니다

첫 페이지에서 지도를 클릭하면 전자지적도로 이동합니다. 원으로 표시
된 부분이 해당 물건의 위치입니다. 해당 물건은 대규모 아파트단지 안에
있습니다. 바로 옆은 상업지역입니다. 상업지역이 가까우면 생활이 편리
한 장점이 있습니다. 주변에 버스터미널과 대형마트도 보입니다.

지도를 확대해보면 아래쪽에 반월특수지역시화지구가 있고, 하단 오른쪽으로 반월특수국가산업단지가 있음을 확인할 수 있습니다. 이들 산업단지의 상황에 따라 시화지역의 주거상황이 다를 것이고, 본 물건에도 영향이 있을 것으로 예상됩니다.

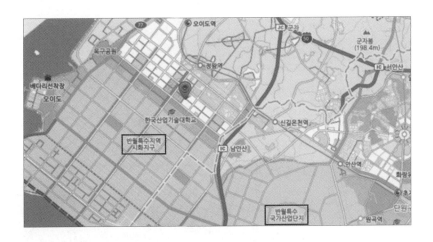

특히 임대용 물건이라면 반월특수국가산업단지의 입주율, 공실률과 영업이익이 어떤지 확인하여야 합니다. 산업단지의 업체들이 잘되어야 임차인의 생활도 풍요로울 테니까요. 산업단지의 직장인들이 주로 선호하는 아파트와 차선책으로 선택하는 아파트는 어디인지도 확인이 필요합니다. 현장답사에서 확인합니다.

교통도 중요한 요소입니다. 해당 물건에서 중심지역인 강남까지 갈 수 있는 대중교통 수단은 무엇인지, 자차로 간다면 시간은 얼마나 걸리는지 확인이 필요합니다. 지도를 보니 물건과 가장 가까운 지하철은 4호선 정왕역입니다. 우측 툴의 자 모양을 클릭하여 거리를 재보니 1.7km로 걷기에는 어려운 거리입니다. 지하철역까지 가는 데에는 버스를 이용하는 것이 나을 것으로 보입니다. 자세한 거리는 네이버 지도에서 다시 확인해야 하겠지만, 이미지만 보아도 대충 예상이 가능합니다.

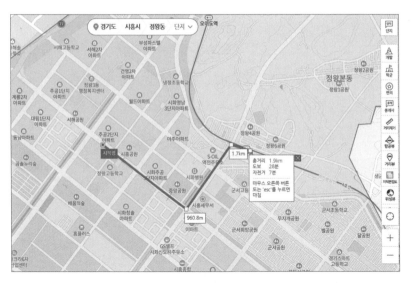

로드뷰를 이용하여 실제 인근 모습을 확인할 수 있다.

지도마다 얻을 수 있는 정보가 다르다

•경기도포털지도(map.gg.go.kr)

경기도청이 운영하는 부동산정보서비스로, 경기도부동산포털에서 제공하는 지도서비스
입니다. 건축물내진지도, 도로명지도, 연속지적도, 주택가격지도 등 19종의 지도를 제공
합니다.

•온나라지도(seereal.lh.or.kr)

2018년 8월 온나라가 씨:리얼로 리뉴얼되었습니다. 씨:리얼은 한국토지주택공사에서 운
영하는 부동산정보 포털서비스입니다. 부동산에 관한 정보와 통계, 트렌드, 지도 서비스를
제공합니다.

대략적인 시세와 입찰시기를 파악합니다

스피드옥션 물건상세페이지 하단을 보면 해당 아파트의 시세관련정보가 있습니다. 이 아파트는 580세대입니다. 이 아파트에서 거래된 전용면적 59㎡의 물건을 살펴보면 3월 이후 매매 8건, 전월세 6건이 있었습니다.

요진 단지현황

건설사	■■산업	입주년도	1997.09	관리사무소	031-499-7836
총세대수	580 세대	총 동수	22 개동	최저~최고	5층 ~ 10층
주차대수	580 대	난 방	개별	난방연료	도시가스
공급면적	109.09㎡ (33평)	전용면적	84.88㎡ (25.68평)	구 조	계단식
방 수	3개	욕실수	2개	동일평형	340 세대

실거래가 정보 (* 최근 거래내역 10건) ●매매 ○전월세   시세 | 실거래가 | 전월세

명칭(매매)	전용면적(㎡)	거래년월	계약일	해당층	거래금액
■■	59,856	2022.6	(11~20)	2	264,500,000 원
■■	59,856	2022.6	(11~20)	10	295,000,000 원
■■	59,856	2022.5	(21~31)	1	273,000,000 원
■■	84,88	2022.5	(21~31)	4	438,000,000 원
■■	59,846	2022.4	(21~31)	5	230,000,000 원
■■	59,846	2022.3	(21~31)	3	275,000,000 원
■■	59,846	2022.3	(21~31)	3	275,000,000 원
■■	59,846	2022.3	(11~20)	5	267,000,000 원
■■	84,88	2022.2	(11~20)	4	385,000,000 원
■■	84,88	2022.2	(11~20)	3	395,000,000 원

인근 통계 [아파트(9건) ▾]   해당번지 경매사례 | 인근 진행물건 | 인근 매각물건

기간	매각건수	평균감정가	평균매각가	매각가율	유찰횟수	예상분석가
6개월	3건	202,666,667 원	288,496,293 원	142.35%	0.33회	559,435,500원
9개월	5건	239,800,000 원	302,695,576 원	126.23%	0.4회	496,083,900원
12개월	9건	262,222,222 원	340,173,875 원	129.73%	0.22회	509,838,900원

매매 최저가는 2억 3,000만원, 최고가는 2억 9,500만원입니다. 20년 된 아파트이기에 리모델링에 따라 매매가격에 차이가 있을 것으로 예상됩

니다. 좋은 가격을 받으려면 어느 정도 수준의 인테리어가 필요할까요? 포털 사이트를 통해 이 지역의 인테리어 수준을 체크할 수 있습니다(34장 참고).

인근 통계상 이 지역 낙찰가의 평균매각가율은 감정가 대비 126~142% 후입니다. 통계로 판단하면 이 물건의 적정입찰가는 5억~5억 6,000만 원 전후로 판단됩니다. 현재 이 물건은 1회 유찰되어 현재 감정가의 70%인 2억 7,510만원이 최저가입니다. 이 금액 이하로 유찰되지는 않을 것입니다. 물론 실제 거래가격을 확인해야 하겠지만, 한눈에 봐도 입찰 시기는 지금입니다. 적절한 입찰가를 찾기 위해 더 조사할 내용들을 체크한 후 포털 사이트를 이용하여 2차 사전조사를 해야 합니다.

집에서 인터넷 지도로 현장조사 하기

전혀 알지 못하는 지역에 대해 조사를 할 때는 지도를 이용하면 편리합니다. 경기도에 있는 물건이라면 경기부동산포털서비스를 이용해 보세요. 연속지적도, 항공지적도, 토지이용계획, 개별공시지가 등의 공적 자료와 인구현황분석, 부동산거래량 등의 통계자료를 제공합니다. 네이버 지도, 카카오맵으로도 가능합니다.

① 경기부동산포털(map.gg.go.kr)에 접속해 '지도서비스'를 클릭합니다.

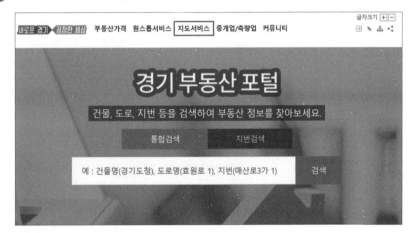

② 분당구 야탑동에 있는 아파트를 중심으로 지도 검색을 해보겠습니다. 검색창에 알고 싶은 아파트 이름 혹은 주소를 검색합니다.

③ 지도 좌측에 필지정보, 맞춤지도, 생활정보, 개별정보를 클릭하면 다양한 정보를 얻을 수 있습니다. '필지정보'에서 '필지목록정보'를 클릭하면 지도나 지번을 선택하여 필지목록을 확인할 수 있습니다. 검색된 목록에서 주소를 클릭합니다.

④ 해당 주소의 종합정보에서는 토지정보, 건물정보, 이용계획, 가격정보, 생활정보, 거래정보를 확인할 수 있습니다.

⑤ '맞춤지도'에서는 연속지적도, 항공지적도, 토지이용계획, 개별공시지가, 도로명지도, 주택가격, 건축물내진정보 등을 확인할 수 있습니다. 이 중 '개별 공시지가'를 클릭하여 확인해봅니다. 이 지역의 공시지가가 최근 완만하게 상승하고 있음을 알 수 있습니다.

⑥ 생활정보에서는 주변생활정보, 인구현황분석, 공원현황, 관광정보, 규제정보를 확인
할 수 있습니다. 인구현황분석에서 마우스로 지역을 지정할 수 있습니다. 관심 아파트
와 인근지역 주택을 검색한 결과 40~50대가 가장 많고, 다음으로 10~20대가 많습니
다. 60세 이상 노년층보다 젊은 층이 많은 지역입니다.

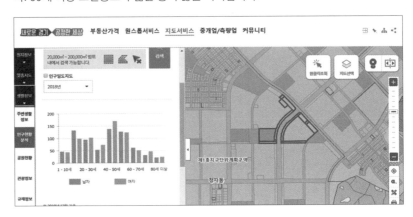

⑦ 개별정보에서는 택지개발사업, 도시재생사업, 물류정보, 도로/철도정보, 산업단지/공
장정보를 확인할 수 있습니다. 신규도로가 지나가는 길이 어디인지, 산업단지는 어디
에 있는지 지도에서 한눈에 볼 수 있습니다.

사전조사 ②
포털 사이트를 활용한
상세조사

인터넷에 모든 정보가 있다

스피드옥션을 통해 개별물건조사를 마치면 포털 사이트를 이용하여 2차 조사를 시작합니다. 네이버는 대한민국 대표 포털 사이트입니다. 공인중개사는 거래를 만들기 위해 매물을 네이버 부동산에 올리고, 블로그에 올리기도 합니다. 직거래를 원하는 일반인은 직거래카페에 매물을 올리고, 인테리어 업체는 홍보를 위해 공사 전후 사진을 업로드합니다. 이러한 데이터는 사전조사의 중요한 정보가 됩니다. 또한 검색이 편리하여 몇 번의 클릭만으로 원하는 정보를 찾을 수 있습니다. 그렇기에 네이버 검색은 주요한 사전조사 방법입니다.

직접 검색을 해봅시다. 앞서 개별물건조사에서 봤던 아파트를 다시 볼까요? 대규모 아파트인 경우 네이버 검색창에 '정왕동 요진아파트'처럼 정확한 아파트명을 입력하면 해당 아파트가 뜹니다. 주소를 잘못 검색하면 동명의 다른 아파트가 나오기도 하니 해당 물건이 맞는지 꼼꼼히 확인하세요.

용어 해설

예시 물건은 수도권의 일반 아파트 중 무작위로 골랐습니다. 예를 들어 설명하는 것일 뿐 추천의 의미는 아닙니다. 오해 마세요.

네이버 부동산으로 원하는 정보만 검색

네이버 부동산은 아파트, 오피스텔, 빌라, 주택, 원룸, 투룸, 상가, 업무, 공장, 토지 등 물건의 종류별로 검색할 수 있어 편리합니다. 관심물건과 단지 내에 현재 나온 매물의 매매가, 전세가, 월세가를 비교할 수 있습니다. 경매 물건의 주소를 검색해서 나오는 정보를 분석해봅시다.

확인 결과 이 아파트는 78㎡ 세 가지 타입과 110㎡ 한 가지 타입으로 이루어져 있습니다. 가격조사를 할 때는 분양면적과 전용면적의 표기에 주의하세요. 네이버상의 면적은 분양면적으로 스피드옥션의 전용면적과 다르게 나타납니다. 네이버의 78㎡는 스피드옥션의 전용면적 59㎡와 같습니다. 우리의 관심 경매물건은 전용 84㎡형으로 네이버에서는 110㎡이고 2층입니다.

토막상식

왜 아파트를 t1타입 t2타입 등으로 구분할까요?

일반적으로 아파트를 분양할 때 면적에 따라 다른 분양가를 적용합니다. 하지만 면적이 같거나 비슷하지만 해가 들어오는 방향, 약간 다른 구조 등 다양한 사항에 따라 분양가가 다른 경우, 혼돈을 방지하기 위해 타입을 다양하게 구분합니다. a타입, b타입 등으로 구분하기도 합니다.

지도를 크게 확대해서 각 동에 나온 매물을 확인할 수 있습니다. 물건이 있는 동의 숫자 말풍선을 클릭하면 해당 동에 나온 매물을 한눈에 볼 수 있습니다. 84㎡의 매매가는 3억 7,000만원에서 4억원으로 나와 있습니다. 전세가는 3억 3,000만원입니다. 인근에 있는 같은 조건의 물건도 가격이 비슷합니다.

공인중개사가 올린 매매가를 호가라고 합니다. 부르는 가격이지요. 호가는 실제거래가와 차이가 있습니다. 인근에 매물이 적지 않은 것으로 보아 실제 일반거래를 하고자 한다면 협상을 통해서 2억원 정도에 매수할 수 있을 것으로 예상합니다. 관심물건의 현재 최저가는 1억 5,260만원이므로 실제 거래할 수 있는 일반 매매가보다 저렴합니다. 입찰 적정 시기입니다.

네이버 카페를 통한 실수요자들의 의견 듣기

네이버 카페에서 아파트 이름을 검색하면 위와 같이 카페에 올라온 주민들의 대화를 볼 수 있습니다.

주민들의 이야기를 살펴보니 이 아파트는 버스터미널과 대형마트가 가까운 것이 장점입니다. 아이들 학교가 가깝고 시화병원, 경찰서가 가까운 것도 장점입니다. 다만 오래된 아파트라 리모델링이 필수인 것은 단점입니다.

네이버 블로그를 통한 알짜 정보검색

카페와 달리 블로그에는 홍보성 글이 많습니다. 블로그를 통해 해당 물건을 검색했을 때 보이는 첫 화면에서는 공인중개사가 올리는 매물, 인근 음식점, 카페 등의 홍보글을 쉽게 찾을 수 있습니다. 경매컨설팅업체가 올리는 정보도 결국은 의뢰를 따내기 위한 홍보 목적이 짙으므로 일단 패스합니다.

하지만 인테리어 업체가 올리는 정보는 홍보여도 유용합니다. 이들은 자신이 인테리어 한 사진을 전후로 나누어 올리는데, 이 글을 보면 이 지역의 인테리어 수준을 확인할 수 있습니다.

올라온 글들을 살펴보니, 25년 된 아파트이기에 일부 혹은 전체 리모델링을 한 사례들을 볼 수 있습니다. 저렴한 자재로 싱크대만 수리하거나, 화장실만 부분 수리를 하기도 하고, 고급형으로 전체 리모델링을 하기도 합니다. 베란다 누수 후기가 있는 것을 보니 관심물건에 누수가 있는지 주의 깊게 봐야겠습니다. 검색해본 결과, 적은 투자금으로 입찰하기에 적절한 물건으로 보입니다. 저렴하게 낙찰받아 리모델링을 하면 높은 전세보증금을 받을 수도 있을 것으로 예상됩니다.

하지만 이 지역 외에 다른 지역에 저렴한 더 좋은 아파트가 있다면 임차인은 그 아파트로 갈 것입니다. 과거 2018년 인근의 배곧신도시 입주 시기에 기존 아파트의 매매가와 전세가격이 크게 하락하기도 했습니다. 지금이 아니더라도 1~2년 후 인근에 새 아파트가 대량으로 공급된다면 기존 아파트인 이 물건의 전세가는 대폭 하락할 수 있습니다. 때문에 인근 지역의 새 아파트 입주물량, 향후 4년간 분양현황, 새로운 도로개통 현황 등 지역정보를 반드시 확인해야 합니다. 다음 장에서 자세히 살펴볼까요?

KB국민은행 부동산플랫폼으로
실거래가 검색하는 법

KB국민은행은 2001년 주택은행과 국민은행이 합병하여 설립된 은행으로 꾸준히 부동산정보를 제공하고 있습니다. 특히 대출의 기준이 되는 실거래가를 알 수 있기 때문에 대출을 받고자 하는 사람들이라면 필수로 방문해야 합니다. 방문하면 매물정보는 물론 시세변동추이, 주변단지시세비교 부동산정보 외 부동산칼럼과 상권분석의 서비스도 무료로 이용할 수 있습니다. KB국민은행의 부동산플랫폼 KB부동산 리브온을 통해 실거래가를 알아봅시다.

① KB부동산 리브온(kbland.kr)에 접속합니다.

실거래가를 확인하기 위해 상단의 '매물/시세'를 클릭합니다.

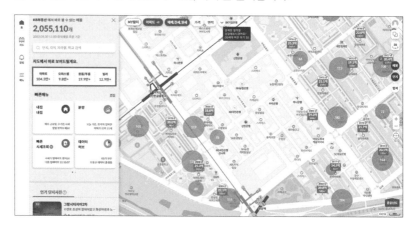

② 관심물건을 검색하거나 지도 위에 마우스를 올려 가격을 확인합니다.

지도 위에 나타난 물건을 클릭하면 해당 단지의 정보를 확인할 수 있습니다. 검색창에
송파구의 헬리오시티를 클릭해볼까요?

③ 송파 헬리오시티로 이동합니다.

단지별 매물을 지도에서 확인할 수 있습니다.

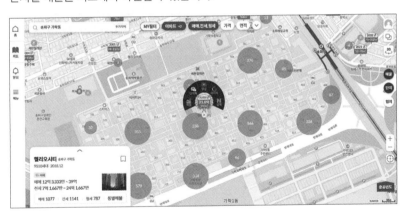

④ 지도에서 해당단지의 가운데 부분을 클릭합니다.

해당 단지의 전체적 내용을 한번에 볼 수 있습니다. KB시세, 실거래가, 매물정보를 확인할 수 있습니다.

단지정보 하단에서는 면적별시세, 시세변동추이, 최근 3년 내 실거래가, 최근거래동향을 확인할 수 있습니다. 단지 요약정보, 면적별 세대수와 매물, 인테리어 예시와 해당업체 소개, 지역 내 다른 단지와의 비교, 자금플랜, 학군, 교통, 단지 내 대화, 인근 중개사 정보가 있습니다.

헬리오시티의 시세/실거래가를 확인해본 결과 84㎡형의 평균 매매가격은 약 21억원에서 23억원으로 시세가 하락하였으나, 인근 아파트 중에서 가장 높게 거래되는 것을 확인할 수 있습니다. 평균 전세가는 12억원이며, 반전세로는 보증금 6억원에 월세 100만원 전후입니다.

⑤ 지도에서 호가만 확인할 수 있습니다.

'매물'을 클릭하여 상세정보를 확인합니다. 해당 화면이 좌측에 창으로 뜨며 면적별 매매가와 전세가, 월세가 정보를 한눈에 볼 수 있습니다. 일반평균가가 일반적으로 거래되는 가격입니다.

사전조사 ③
지자체 공식 홈페이지와
뉴스, 기타 정보사이트

네이버에서 해당 시를 검색하자

관심물건이 있는 지역이 투자가치가 있는 지역인지 확인해야 합니다. 투자가치는 인구와 일자리를 통해 가늠할 수 있습니다. 인구가 상승할 여지가 있는지, 일자리가 유치될 계획이 있는지 등을 검색해 확인해봅시다. 시 자체의 공식 사이트 혹은 언론보도를 통해 알 수 있습니다. 특히 "이쪽으로 길이 난다더라.", "이 지역이 개발된다더라." 하는 정보는 반드시 지자체 홈페이지에서 확인해야 합니다. 단순한 입소문이 아닌 해당 지역의 정확한 정보가 올라오는 곳이기 때문이죠.

예시로 시흥시를 검색해보겠습니다. 네이버에서 '시흥'을 검색하면 최신 정보를 확인할 수 있습니다. 그리고 하단에 '시흥'이라는 키워드의 연관 검색어가 나타납니다. 이를 통해 사람들이 시흥시에 대해 관심 있어 하는 내용이 무엇인지 확인할 수 있죠.

시흥시 투자로 검색해 봅니다. 시흥시에 투자하고 있는 사람들이나 투자를 하려는 사람들의 의견을 볼 수 있습니다. 단, 이러한 정보는 개인의 의견이니 참고만 하세요.

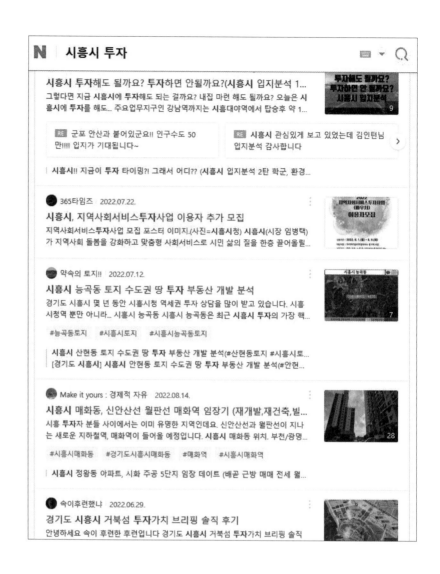

해당 시청 홈페이지를 방문합니다

시의 계획과 정보는 시청 홈페이지에 모두 공시되어 있습니다. 하지만
시마다 홈페이지 구성이 달라 원하는 정보를 찾으려면 일일이 클릭하거
나 검색하는 수밖에 없습니다. 시간이 많이 걸리는 것이 단점입니다.

일자리의 큰 그림을 보는 한국산업단지공단

정부의 산업단지 계획은 해당 지역의 일자리를 창출하고, 이는 곧 주택 수요로 이어집니다. 그렇기에 산업단지의 현황을 미리 확인하는 것은 매우 중요하지요. 한 예로 반월산업단지에 대한 정보를 확인해볼까요? 한국산업단지공단(www.kicox.or.kr) 홈페이지를 방문해봅시다.

홈페이지 상단의 '정보공개 → 산업단지정보'에 들어가면 정부에서 제공하는 산업단지 현황 자료를 다운받을 수 있습니다.

'국가산업단지산업동향 확인하기' 버튼을 클릭하면 통계표를 다운받을 수 있습니다. 2022년 6월 통계표를 다운받아 산업공단 단지별 가동률을 확인해봅시다. 해당 자료에서 현재 산업단지의 제조업수와 생산수치를 확인할 수 있습니다.

| 2024년 2분기 기준 단지별 가동률 |

산업단지	제조업 가동업체수 (개사)	생산(백만원)		가동률(%)		
		최대생산능력 (a)	당월생산액 (b)	당분기(b/a) *100	전분기	전분기 대비(%p)
서울	3,874	4,449,577	3,333,257	74.9	72.5	2.4
녹산	1,232	4,217,848	3,109,676	73.7	71.3	2.5
대구	175	1,164,821	1,000,874	85.9	87.0	-1.0
남동	7,514	10,716,867	8,317,775	77.6	74.9	2.7
부평	1,438	1,114,468	882,107	79.2	74.1	5.0
주안	1,098	1,329,764	1,061,318	79.8	74.0	5.8
광주첨단	661	1,979,289	1,598,661	80.8	80.1	0.7
빛그린	53	78,188	59,405	76.0	68.6	7.4
온산	240	19,376,348	17,783,760	91.8	88.3	3.5
울산·미포	623	48,263,511	44,351,122	91.9	90.9	1.0
반월	8,645	11,103,670	9,360,578	84.3	80.6	3.7

산업단지	제조업 가동업체수 (개사)	생산(백만원)		가동률(%)		
		최대생산능력 (a)	당월생산액 (b)	당분기(b/a) *100	전분기	전분기 대비(%p)
시화	10,901	12,071,449	9,613,300	79.6	79.3	0.4
시화MTV	1,187	1,677,304	1,360,986	81.1	75.7	5.4
파주탄현	44	16,692	13,367	80.1	78.1	2.0
동두천	0	X	X	X	X	X
북평	26	24,054	16,607	69.0	66.9	2.2
오송생명과학	60	991,630	765,675	77.2	72.9	4.3
석문	95	387,494	336,174	86.8	88.2	−1.4
아산	303	5,264,018	4,310,952	81.9	77.4	4.5
장항생태	17	87,822	65,733	74.8	43.5	31.4
국가식품클러스터	96	139,892	113,571	81.2	79.4	1.8
국가식품클러스터(외)	1	X	X	X	X	X
군산	166	1,177,345	1,011,468	85.9	86.7	−0.8
군산2	484	1,121,748	901,965	80.4	74.3	6.1
익산	223	548,011	425,913	77.7	75.2	2.6
광양	121	6,132,732	5,620,984	91.7	91.6	0.1
대불	293	682,378	522,969	76.6	76.6	0.1
대불(외국인)	25	84,461	66,310	78.5	87.4	−8.9
여수	241	25,776,103	23,008,559	89.3	86.8	2.4
구미	2,169	17,014,119	11,327,911	66.6	69.6	−3.0
구미(외)	23	590,272	432,929	73.3	71.3	2.1
포항	98	4,917,892	4,576,662	93.1	92.9	0.2
포항블루밸리	12	13,534	7,024	51.9	15.7	36.2
경남항공	0	X	X	X	X	X
밀양나노	2	X	X	X	X	X
안정	7	171,642	153,488	89.4	95.2	−5.7
진해	3	X	X	X	X	X
창원	2,461	19,139,913	15,518,035	81.1	79.9	1.2
계	44,611	202,260,409	171,434,259	84.8	83.1	1.7

*가동률: 100 *(생산액/최대생산능력)

위의 자료를 보면 반월특수국가산업단지의 가동률은 전월에 비해 상승

했으나, 전국 평균가동률인 84.4%보다 다소 낮은 편입니다. 하지만 수도권 산업단지의 평균가동률이 대부분 평균 이하인 것을 보면 특별히 나쁜 상황은 아닌 것으로 보입니다. 시에서 일자리 22만개 만들기 정책을 활성화하면 산업단지의 상황이 더 좋아질 것으로 기대됩니다.

이 아파트 주민의 직장은 주로 시화공단, 반월공단, 인천 남동공단입니다. 일자리가 가까이 있어 실수요자층이 탄탄한 지역입니다.

데이터를 기반으로 한 부동산 정보 홈페이지

정부에서 제공하는 사이트 외에도 다양한 곳에서 부동산 정보를 얻을 수 있습니다. 하지만 정보가 많을수록 이를 판단하는 일은 쉽지 않습니다. 다양하고 수많은 정보를 취합하여 판단을 하기에 인간의 능력은 한계가 있기 때문이죠. 때문에 부동산에도 대량의 정보를 취합하고 분석하는 빅데이터 열풍이 불고 있습니다. 특히 부동산 데이터를 한눈에 알아보도록 취합하고 가공한 사이트들은 유용하지요. 이 사이트들을 이용하면 부동산 초보도 보는 것만으로 전문가의 시각을 얻을 수 있으니 참고하세요.

부동산지인(www.aptgin.com)

지역분석과 빅데이터 지도 서비스 등을 무료로 제공합니다. 특히, 몇 년 후 몇 건의 입주가 예정되어 있는지 그림으로 알려주는 공급그래프가 있어 공급데이터를 한눈에 보기 좋습니다.

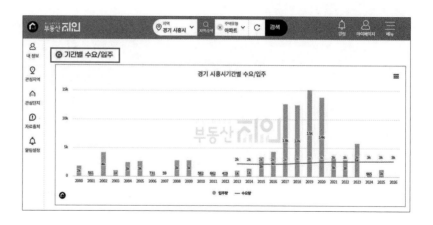

위 자료의 막대그래프를 보면 2018, 2019, 2020년에는 시흥에 입주물량이 많았습니다. 새 아파트의 전세가가 저렴하면 기존 아파트의 임차인이 빠져나가지요. 신규아파트 입주시기에는 기존 아파트의 임대가와 매매가는 하락하기 마련입니다. 입주물량이 중요한 이유입니다. 이 지역에 대한 미래 수요가 파악되기 때문이죠. 데이터상으로 2023년의 신규입주 이후로 물량이 크게 부족해질 것으로 보입니다. 공급이 없으면, 수요 대비 공급부족으로 부동산 가격이 오를 가능성이 높습니다.

리치고(richgo.co.kr)

매주 업데이트되는 최근 정보를 색과 그림으로 나타내주는 서비스를 제공하며 유료입니다. 지역별 시세, 아파트단지별 분석, 입주물량, 투자조건데이터, 수급거래, KB기타지표, 수도권지하철이용현황, 미국경제지표, 한국경제지표를 한눈에 볼 수 있는 서비스를 제공합니다. 데이터를 검색하는 방법을 배워야 하지만, 잘 활용하면 원하는 정보를 빠르고 정확하게 찾을 수 있습니다.

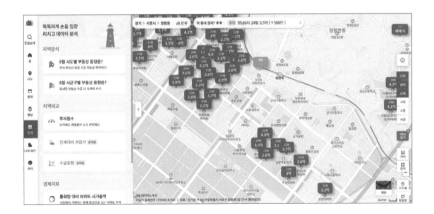

아실(asil.kr)

아파트 실거래가, 분양정보, 매매·전세·월세 매물, 입주물량, 미분양,
학군 등 부동산 빅데이터를 확인할 수 있습니다.

**무작정
따라하기**

지자체 공식 홈페이지에서
도시계획 찾아보기

시흥시를 예시로 지자체 도시계획을 알아보도록 하겠습니다. 세부 사항은 지자체 홈
페이지마다 조금씩 다르다는 점 참고하세요.

① 해당 지자체의 홈페이지를 방문합니다

시흥시 홈페이지(www.siheung.go.kr)에 들어가 보겠습니다. 상단에 소통과 민원,
열린행정, 시흥소개, 섹션별 보기 메뉴가 있습니다.

[시흥시] 정왕동 도시재생 뉴딜사업 선포식 개최 전국 최초, 2022년까지 5년간
2019-03-29 | 253 views | 0 Comments| 콘텐츠 프린트
시흥시(시장 임병택)는 28일 정왕동 1799-2번지 (맨땅의 그린)에서 '정왕동 어울림 스마트 안전도
시 재생사업'의 선포식을 가졌다.   이날 선포식에는 임병택 시흥시장을 비롯해 김태경 시흥시의회
의장, 박선호 국토교통부 제1차관, 조정식 국회의원, 장재철 당협위원장...

👍 좋아요 0개   🐦 트윗

시흥시 홈페이지의 시정소식

② '열린행정 → 시흥통계'에서 시 관련 통계자료를 확인합니다

시흥통계에서 인구현황, 차량등록현황 등의 시 관련 통계자료를 볼 수 있습니다. 인구
현황은 매달 시흥시민의 수에 대한 정보를 제공합니다. 해당 게시글을 클릭하면 남녀
비율, 세대수, 외국인 인구통계까지 확인할 수 있습니다.

③ 분야별 정보를 통해 시의 상황을 속속들이 살펴봅니다

홈페이지 첫화면 상단의 분야별을 클릭하면 복지, 보건, 재난안전, 지능형도시/ 교통, 교육/체육, 환경/농어업, 문화/관광으로 이루어져 있습니다.

'지능형도시/교통'에서는 시흥시의 도시계획, 도시개발사업 등 시흥시와 관련된 계획을 볼 수 있습니다. 지역간 연결도로개설에 관한 내용과 실천사항 계획도 볼 수 있습니

다. 다만, 현재 상황을 반영하지 못해 업데이트되지 않은 정보도 있으니 감안하세요.

'지능형도시/교통 → 시흥 전철사업 → 신안산선 복선전철'을 클릭하면 시흥시와 관련된 교통계획을 확인할 수 있습니다. 이곳에서 신안산선 복선전철사업에 대한 내용을 확인할 수 있습니다. 계획과 실제 적용되는 정책이 다른 경우가 많아 현황은 따로 확인해야 합니다. 시청 계획으로는 2018년 하반기 착공 예정이었으나 2019년 9월 착공되었으며, 2024년 하반기 준공예정입니다.

현장조사 ①
무조건 보고 와야 할
필수 리스트

열심히 손품을 팔아 해당 물건에 대한 정보를 수집했다면, 이제는 현장
으로 나갈 때입니다. 현장으로 나갈 때 꼭 확인할 요소들과 필요한 준비
물이 무엇인지 알아봅시다.

준비물과 복장

 용어 해설

전입세대열람원
물건 주소에 전입되어 있는 세대
를 확인하는 내역서로 읍·면·동사
무소와 주민센터에서 발급 가능
합니다. 해당 세대에 살고 있는 사
람이 경매물건상세페이지에 있는
사람과 같은지 확인하는 용도로
쓰입니다.

사전조사한 메모 내역과 확인할 물건 리스트는 필수입니다. 그리고 전
입세대열람원 발급에 필요한 신분증도 꼭 챙기세요. 이곳저곳 돌아다녀
야 하니 복장은 최대한 간편하게 갖추세요. 발에 꼭 맞는 편한 신발도 필
수입니다. 최대한 여러 개의 물건을 한 번에 봐야 하는데, 발이 편해야
덜 지칩니다. 3~6개의 물건 정도는 한 번에 살펴보세요. 너무 이른 시간
에 가면 공인중개사무소에 들르기 어려워요. 중개사무소 방문은 점심시
간 이후, 오후 시간이 좋습니다.

가능하면 대중교통을 이용하자

가능하면 대중교통을 이용하여 지하철역이나 버스정류장에서 해당 물건까지 걸어보세요. 차로 이동할 때는 보지 못했던 것들이 보입니다. 커다란 개가 골목입구에서 짖어대는 것을 볼 수도 있지요. 가는 길이 으슥하여 위험하다면 여성 임차인이 입주를 꺼릴 것입니다. 골목길이 밝고 CCTV까지 설치되어 있다면, 임차인들에게 환영받는 물건이 될 것입니다. 자가용을 이용하더라도 물건 바로 앞에 주차하기보다 아파트단지 입구에 주차하고 걷는 것이 좋습니다.

주변환경 확인은 필수

아파트단지 앞의 상가에 보습학원이나 미술학원, 피아노학원이 있다면 아이들이 많은 곳일 것입니다. 편의점이 여러 개 있다면 젊은 직장인이 많겠지요. 이곳에 이사를 올까 고민하는 마음으로 주변을 둘러보세요. 가벼운 궁금증은 가까운 슈퍼마켓에 들러 해결할 수 있습니다. 캔커피 하나 정도 사서 계산하면서 질문해보세요. 인근의 대학생을 대상으로 임대수익을 기대한다면 이렇게 질문해야겠지요.

"여기 ○○대 학생들 많이 사나요?"
"그럼요, 학생들 많아요."
이런 대답이 돌아온다면 임대 놓기 좋은 물건일 가능성이 높습니다.
"거의 안 살아요, 작년에 기숙사 지어서 다들 이사 갔어요. 지금 빈 집 많을걸요."
이런 대답이 돌아온다면 이 물건뿐 아니라 인근 물건도 임대상황이 좋지 않을 것입니다.

"이 동네 살기 어때요?"라는 질문은 의미 없습니다. 그곳에 살고 있는 사람들은 대개 자신이 사는 곳에 대해 긍정적으로 생각하거든요. 그렇지 않다면 그곳을 떠났겠지요.

이웃의 정은 아직 남아 있다

요즘은 옆집에 살고 있는 사람이 누구인지 모를 정도로, 이웃에 대해 무관심하다고 합니다. 하지만 한 아파트에서 오래 사신 어르신들 중에는 이웃 일을 잘 알고 계신 분들이 종종 있습니다. 동네 사정을 잘 알고 계신 분들입니다.

오랫동안 공실로 비어 있던 경매 물건 앞에 서성이고 있을 때였습니다. 복도식 아파트라 사람들이 오가고 있었는데, 아기를 업은 할머니가 다가오셨습니다.
"어떻게 오셨어? 그 집에는 아무도 없어."
"아 네, 그렇군요. 고맙습니다."
"더운데, 물 한잔 줄까?"
할머니는 같은 층에 있는 자신의 집으로 안내하셔서 물도 주시고, 손녀 자랑도 하십니다.
"아기가 너무 귀엽네요. 할머니 닮았어요."
"그치? 우리 며느리가 똑똑해서 회사에 다니니 손주는 내가 봐줘야지. 이번에 며느리가 화장실을 싹 고쳤다우."
"오, 정말 좋네요. 605호는 안 이러겠네요."

"그럼, 우린 1,000만원 들여서 고쳤다니까. 우리집하고는 완전 차이 나지. 근데 그 집 내부 볼 수 있잖아. 열쇠가 경비실에 있을걸. 가져다가 봐요."

회사의 사택으로 쓰였던 그 아파트는 회사가 부도나면서 경매에 나왔습니다. 살던 직원들은 떠나버리고, 세간살이들도 그대로 남은 채 빈집으로 있었던 거지요. 회사는 집의 열쇠를 관리사무소에 맡겼고, 이 사실을 동네 소식통인 할머니가 전해주셨던 것입니다. 경비실에 갔더니 경비아저씨가 친히 열쇠로 문을 열어주어 내부를 확인할 수 있었습니다. 일반적으로 경매 물건의 열쇠를 경비실에서 보관하지는 않지요. 할머니를 만나지 못했다면 경비실에 열쇠가 있는지 물어볼 생각도 하지 못했을 것입니다. 이렇게 운이 좋으면 이웃들로부터 고급정보를 얻는 경우가 종종 있습니다.

건물 외관을 보면 내부가 보인다

경매 물건 자체도 중요하지만, 해당 건물 상태도 매우 중요합니다. 또한, 건물 외관을 자세히 보면 내부 상태도 알 수 있습니다. 현장답사를 할 때 특별한 경우가 아니면, 물건의 내부를 확인하지 않아도 괜찮습니다.

건물 외벽 상태
아파트관리실에서는 때가 되면 방수처리작업을 하고, 외벽페인트작업도 하면서 건물 노후를 방지합니다. 이 작업을 하기 위한 비용은 관리비에 포함해 받습니다. 빌라는 주민들이 자체적으로 보수작업을 합니다. 주민들의 협조가 이루어지지 않아 제때 보수작업을 하지 않으면 건물 노후가 빨라지고, 누수 등의 문제가 생깁니다. 때문에 빌라는 외관을 더욱 주의 깊게 봐야 합니다. 건물에 미세한 금이 있다면 틈 사이로 빗물이 스며 누수가 있을 수 있습니다. 누수는 해결하기 힘드니 이런 물건은 되도록 피해야 합니다.

말끔하게 페인트를 칠한 외벽

외벽 누수 흔적이 있는 빌라

창틀 상태

이 집의 창틀이 옆의 다른 집들과 비교해서 어떤지 살펴보세요. 다른 집은 모두 낡은 창틀인데, 해당 물건만 새 창틀이라면 리모델링을 한 집입니다. 실내도 이웃집에 비해 상태가 좋을 것입니다. 반대로 해당 물건만 낡은 창틀이라면 실내 리모델링이 필요하다는 뜻입니다.

창틀을 교체했다면 리모델링을 한 집일 가능성이 높다.

발코니 상태

저층인 경우 발코니를 확인할 수 있습니다. 발코니 상태를 보면 실내 상태도 유추할 수 있습니다. 발코니가 깨끗하다면 집도 관리가 잘되어 있을 것으로 추측할 수 있습니다.

우편물 확인

아파트 입구 우편함 안에 있는 우편물에서 받는 사람 이름을 확인합니다. 이 집에 살고 있는 사람이 경매 물건정보에 나온 거주자와 동일한지 확인하기 위해서입니다. 물론 우편물의 주인이 세대주 외에 다른 가족일 수도 있습니다. 다만, 성도 이름도 전혀 다른 사람의 이름이 있다면 정체불명의 임차인을 상대로 명도해야 할 수도 있으니 조심하세요.

우편함을 통해 해당 물건의 점유자를 알 수 있다.

우편물의 내용을 확인해볼까요? 우편함에 각종 고지서가 어지럽게 쌓여 있다면, 점유자가 경제적인 어려움을 겪고 있음을 직감할 수 있습니다. 경매 물건에는 경매컨설팅업체들의 우편물이 많이 옵니다. 경매를 당하는 점유자는 해결방법을 찾고 있기에 컨설팅업체의 고객이 될 가능성이 많기 때문이죠. 이들은 낙찰자에게 이사비를 받아주거나, 집주인이 스스로 낙찰받게 도와주면서 수수료를 받습니다. 하지만 이런 우편물이 우편함에 꽂혀 있으면 동네 사람들이 알까봐 얼른 치우게 마련이지요. 우편함이 깨끗하게 비워져 있다면 남들의 시선을 신경 쓰는 사람이 점유하고 있다는 뜻입니다. 단, 우편물은 살짝만 보세요. 우편물을 가져가면 절대 안 됩니다.

해당 물건 현관 확인

현관은 집의 얼굴입니다. "아기가 자고 있어요."라는 예쁜 글씨가 붙어 있다면 젊은 부부가 거주하고 있을 것입니다. 현관문에 아무 광고지 없이 깨끗한 집은 안도 잘 관리되어 있을 가능성이 높습니다.

반면에 스티커나 전단지들이 덕지덕지 붙어있다면 집 안의 상태도 비슷할 것이라고 생각하면 됩니다. 문 앞에 쓰레기들이 쌓여 있거나, 술병들이 뒹굴고 있다면 상태는 더 좋지 않으리라 예상됩니다.

실내 확인은 굳이 하지 않아도 된다

벨을 눌러 현장 내부를 확인하면 물론 좋겠지만, 현실적으로 쉬운 일이 아닙니다. 아래와 같은 이유들 때문이죠.

첫째, 낮 시간에는 사람들이 집에 없어요.
둘째, 있더라도 경제적 결정권이 없는 노인이나 아이들만 있습니다.

셋째, 결정권이 있는 사람이 집 안에 있더라도 경매 물건을 보러 온 사람에게 거부감이 심해 부당한 대우를 받기 쉽습니다. 어떤 분은 평생 들어본 욕보다 더 많은 욕을 먹었다고 하더군요. 낙찰받은 것도 아닌데, 현장답사에서 이런 일을 겪으면 몹시 지칩니다.

넷째, 하루에 많은 물건을 보려면 시간을 잘 분배해야 합니다.

하지만 누수가 의심되는 등 내부 상태가 몹시 안 좋을 것으로 예상되거나, 점유자가 어떤 사람인지 꼭 확인해야 하는 경우라면 반드시 실내 확인을 해야 합니다. 그게 어렵다면 낙찰 포기도 고려하세요. 잘못된 물건을 낙찰받는 것보다 치명적인 일은 없습니다.

지역주민센터 방문하여 전입세대열람하기

법원에서는 본격적으로 경매를 진행하기 전 입찰자들에게 점유자정보를 알립니다. 점유자가 신고한 내용을 바탕으로 고지하지만, 점유자가 아무 신고를 하지 않으면 전입일과 점유자 이름만을 올리기도 합니다. 이러한 정보를 전입세대열람이라고 합니다. 입찰자도 직접 전입세대열람을 할 수 있습니다.

가까운 지역주민센터에서 '전입세대열람서'를 신청하면 됩니다. 과거에는 해당 물건의 지역주민센터에서만 발급이 가능했지만, 지금은 어디서나 발급 가능합니다. 신청서는 주민센터에 비치되어 있고, 신청자의 신분증이 필요합니다. 이 물건이 경매에 나왔음을 증명할 서류도 필요하니 스피드옥션의 물건상세페이지도 프린트해 가세요.

전입세대열람을 하면 집에 살고 있는 사람이 누구인지 재확인할 수 있습니다. 매각물건명세서에도 나와 있지만, 그동안 변동이 있을 수도 있으니까요. 새로 전입을 한 사람이 있다면 그에 대한 명도 계획을 추가해야 합니다. 특이사항이 없는 일반물건은 전입세대열람을 생략하기도 합니다.

현장조사 ②
꼭 가야 할 관리사무소

관리사무소를 방문하는 세 가지 이유

① 체납관리비 확인

💬 용어 해설

내야 할 관리비는 따로 있다

관리비는 아파트 공동에 대한 비용인 공용관리비와, 해당 물건에 대한 전용관리비로 구분합니다. 법적으로는 낙찰자가 전용관리비를 인수할 의무가 없으나, 공공연하게 낙찰자에게 전가하는 경우가 간혹 있습니다.

관리비는 원칙적으로 점유자가 내는 것이 맞습니다. 하지만 경제적 어려움으로 인해 경매를 당하는 점유자들은 관리비 역시 연체하는 경우가 많습니다. 낙찰자 입장에서는 점유자의 관리비를 인수하는 것이 부당하다고 생각하겠지만, 판례에서는 아파트 공용관리비는 낙찰자가, 전용관리비는 점유자가 인수하도록 하고 있습니다.

관리사무소를 방문하여 "안녕하세요? ○동 ○호 관리비 확인 좀 할 수 있을까요?"라고 질문하면 일반적으로 체납관리비를 알려줍니다. 집주인이냐고 묻는다면 경매에 나온 집이라고 대답하면 됩니다. 간혹 "개인정보라 알려드릴 수 없습니다."라며 체납관리비를 알려주지 않는 경우도 있습니다. 이럴 때는 스무고개를 하듯 질문해보세요. "혹시 제가 입찰해도 될까요? 위험할까요?" 하고 넌지시 물어보면 "글쎄요. 하셔도 될 것 같은데요."라며 재치 있게 답하는 직원도 있습니다.

② 집 상태와 점유자 상태 파악

관리사무소는 아파트주민의 여러 가지 사정을 잘 알고 있는 곳입니다. 주민들 사이에서 문제를 일으키는 사람이 있거나, 누수로 인해 아랫집과 마찰이 있었던 집이라면 관리사무소에서 알고 있습니다.

"그런데 그 집이요, 보일러가 터졌어요. 수리 좀 하셔야 할 거예요."
관리비 미납금액을 확인하고 돌아서는데 친절한 관리사무소 직원이 한마디를 던집니다.
"네? 무슨 일 있어요, 그 집?"

이때 현장조사를 나갔던 아파트는 30년이 넘은 오래된 아파트였는데, 노후로 인해 수리가 필요한 집이었습니다. 이런 아파트는 보일러배관이 삭아 물이 새면 보일러가 돌면서 아랫집에도 물이 샐 수 있습니다. 이 물건도 지난 겨울 보일러배관이 터졌고 누수가 발생해 아랫집 천장에서 물이 샜던 것이지요.

아랫집의 신고를 받은 관리사무소 직원이 해당 물건을 방문했지만, 경매가 진행 중인 집이라 주인은 집수리를 할 생각이 없었다고 합니다. 수리는 못 하는데, 아랫집 천장에 물은 계속 새는 상황이었지요. 집주인은 어쩔 수 없이 보일러를 틀지 않고 겨울을 보냈다고 합니다. 관리사무소 직원은 친절하게도 보일러 수리비용까지 알려주었습니다.

경매에 나오는 물건에는 다양한 사연이 있습니다. 정상적인 생활을 하는 사람들이 대부분이지만, 간혹 정상이 아닌 사람들도 있습니다. 2년간 관리비를 미납한 집에 대한 사연도 관리사무소에서 들을 수 있었습니다.

"관리비를 그렇게나 오래 안 내더라고요. 그 집은 정말 어쩔 수 없어요. 정신병원에 들락거리는 여자인데, 몇 개월 전부터는 전기, 가스 다 끊기고도 끄떡없이 그러고 살았어요. 그 여자 진짜 무서워요."

이런 점유자는 피하는 게 정신건강에 좋습니다. 관리실에서 점유자에 대한 특이한 사항을 모르고 있다면 일반적인 점유자로 보면 됩니다.

③ 경쟁자 수 파악

아파트에 입찰할 때 관리비 미납은 반드시 확인하는 것이 좋습니다. 때문에 입찰할 생각이 있는 사람은 관리실에 들르거나 전화를 하게 마련입니다. 관리실은 경쟁자 수를 파악하기에 가장 좋은 장소입니다.

"안녕하세요, ○동 ○호 관리비 확인 좀 부탁드려요."라고 질문했을 때, "잠깐만요." 하며 미납 내역을 찾아본다면 그동안 방문한 사람이 거의 없다는 뜻입니다. "거기요? ○○원이에요."라고 바로 대답한다면, 그동안 많은 사람이 방문했다는 뜻입니다. 이때 얼마나 많은 사람들이 방문했는지 물어보세요. "거기 붙여놨어요." 미납관리비를 데스크에 붙여둔 관리실 직원도 있었습니다. 그 관리실 직원은 그 물건으로 인해 업무를 못 할 정도로 바빠 몹시 성가셨다고 합니다. 경쟁자가 엄청나게 많다는 뜻으로 해석할 수 있겠죠?

현장조사 ③
실거래가 최종 확인은
공인중개사무소에서!

지금 거래되는 가격은 공인중개사무소에서!

입찰가를 정할 때 기준이 되는 금액은 무엇일까요? 부동산 가격은 여러 가지가 있습니다. 감정가, 호가, 국토교통부 실거래가, KB국민은행 실거래가, 공시가격 등이지요(40장 참고). 경매에서는 감정가를 가장 먼저 만납니다. 감정가는 경매의 시작이 되는 가격입니다. 감정평가사가 처음 경매를 시작할 때 조사한 금액이지요. 감정가는 입찰하는 시점과는 차이가 있기에 입찰가를 정하는 기준이 되기는 어렵습니다.

실거래가는 실제로 거래된 가격입니다. 실거래가는 거래를 중개한 공인중개사가 국토교통부에 신고하는 가격입니다. 입찰가를 정할 때 가장 참고가 되는 금액이지만, 역시 시간 차이가 있습니다.

부동산은 움직이지 않지만, 부동산 가격은 수시로 움직입니다. 심할 때는 하루 사이에 몇 천만원씩 오르거나 내립니다. 때문에 입찰을 할 때 기준이 되는 금액은 어제 팔린 금액입니다. 이 금액은 현장에 있는 공인중개사가 가장 잘 알고 있습니다. 그중에서도 매매 거래를 많이 하는 공인중개사가 더 잘 알겠지요. 때문에 공인중개사무소를 방문하는 일은 매우 중요합니다.

내가 손님이 될 수도 있다는 사실을 어필하라

"안녕하세요? 말씀 좀 여쭤보려고요. ○○아파트 25평 경매 물건이요. 사장님께 맡기면 전세를 2억원에 놓을 수 있을까요?" 이렇게 공인중개사와 대화를 할 때는 여러분이 손님이 될 수도 있다는 것을 전제로 질문을 하는 것이 좋습니다. 공인중개사에게 경매 입찰자는 귀찮은 사람입니다. 나에게 중개수수료를 주는 매도인도, 매수인도 아니니까요. 무작정 정보만 알아내려는 사람에게 호의적인 사람은 없습니다. 질문만 하지 말고, 낙찰 후 임대나 매물을 의뢰할 수 있는 손님이라는 점을 살짝 알려주세요.

미래의 손님이라고 생각되면 공인중개사의 태도도 달라집니다. "아휴, 그럼요. 요새 전세물건이 없어서 나오기만 하면 바로 나가요. 근데 낙찰가가 좀 높아야 할 거예요."라거나 "글쎄, 손님이 통 없어서 모르겠네요." 혹은 "그 집에 사는 임차인이 입찰한다던데요." 등 쏠쏠한 꿀팁을 얻을 수도 있습니다.

특히 그 동네에서 오래 일해온 공인중개사는 경매 물건의 내부사정과 점유자의 상황까지 자세히 알고 있는 경우도 종종 있습니다. 현재 살고 있는 임차인에게 집을 중개한 공인중개사라면 좋은 정보를 얻을 수 있습니다. 다만, 공인중개사가 경매대행을 맡은 경우, 거짓 정보를 알리는 경우도 간혹 있습니다. 중개사가 거짓 정보를 주는지를 판단하기는 쉽지 않으니 여러 곳에 알아보는 것이 좋습니다. 매수대리인 자격이 있는 공인중개사는 합법적으로 입찰자를 대신하여 경매에 참여할 수 있습니다. 경매 컨설팅을 하기도 합니다.

현재 거래가격을 알아보는 것이 목표

공인중개사무소에서 반드시 확인해야 할 내용은 현재 거래가격입니다. 인근에 같은 평형, 혹은 비슷한 물건의 거래가와 임대가를 확인하여야 합니다. 이때 사전에 조사한 내용을 토대로 질문해봅시다.

"사장님, 이 아파트에서 최근 거래된 가격이 3억도 있고, 3억 5,000만원도 있던데, 왜 그런 거예요?"
"제가 이 물건을 3억 5,000만원에 매도할 수 있을까요?"
"보증금 1,000만원에 월세 50만원으로 내놓으면 바로 나가나요? 2,000만원에 40만원이 더 나올까요?"
"지금 매물이 몇 개나 나와 있어요?"
"오래된 것은 얼마 동안 안 팔리고 있는 거죠? 이유가 뭘까요?"

질문은 이렇게 구체적이어야 합니다. 미리 조사하지 않아 알고 있는 것이 없으면 제대로 된 질문을 할 수 없습니다. 그냥 "사장님, 요새 전세 잘 나가나요?"라는 간단한 질문에는 답변도 간단하게 나올 뿐이지요.

공인중개사무소는 여러 곳을 방문하는 것이 좋다

어떤 사람은 낙천적이고, 어떤 사람은 부정적이지요. 어떤 사람은 확실하게 할 수 있는 일만 하고, 어떤 사람은 도전하고 모험을 즐깁니다. 공인중개사의 성향도 각자 다릅니다. 같은 동네에서 같은 시기에 중개업을 하는 공인중개사들이라고 해도 예상하는 거래가는 저마다 다르기 마련입니다. 어떤 이는 시장을 좋게 보고, 어떤 이는 나쁘게 볼 수 있기 때문이죠. 따라서 공인중개사무소는 여러 곳을 방문해보는 것이 좋습니다.

공인중개사무소에서 질문하면 얻을 수 있는 정보들

공인중개사무소를 방문해서 뭐부터 물어봐야 하는지 막막해하는 사람들이 많습니다. 이때 몇 가지 질문 리스트를 만들어 가면 손쉽게 정보를 얻을 수 있죠. 아래 질문을 통해 얻은 답으로 예상임대가, 매도대기자, 실거래가 등을 확인할 수 있답니다. 이렇게만 물어보면 그 이후는 공인중개사가 알아서 정보를 줄 거예요.

질문	알고자 하는 정보
이 물건을 보증금 ○○만원, 월세 ○○만원에 놓으면 바로 나갈까요?	예상임대가 확인
얼마면 가장 잘 나갈까요?	예상임대가 확인
그 가격이면 바로 들어오실 분 계신가요?	예상임대가 확인
화장실, 부엌 수리 싹 다 하면 ○○만원까지 받아주실 수 있으세요?	최대임대가 확인
지금 나온 임대매물이 얼마나 되나요?	경쟁물건 상태 확인
가장 괜찮은 매물은 어떤 거예요?	가격과 인테리어 상황, 경쟁물건 상태 확인
가장 최근 매매가는 얼마인가요?	실거래가 확인
이 물건을 ○○만원에 내놓으면 바로 나갈까요?	예상매도가/적정입찰가 확인
매수대기자가 있나요?	매도대기자 확인
그 가격이면 사장님께서 거래해주실 수 있나요?	손님임을 어필

넷째
마당

실전!
법원 입찰
무작정 따라하기

모든 준비가 끝났다!
법원 입찰 한눈에 보기

권리분석, 현장조사도 끝났다면 이제 입찰뿐!

권리분석을 하고, 현장조사를 하는 궁극적인 목적은 결국 입찰을 하기 위해서입니다. 구슬이 서말이라도 꿰어야 보배라는 말처럼, 아무리 좋은 물건을 고르더라도 낙찰을 받지 못하면 아무 소용이 없습니다. 목적에 맞는 물건을 찾아 꼼꼼한 권리분석과 사전조사, 현장조사까지 마쳤다면 이제 법원으로 가봅시다.

사실 경매 초보자에게 입찰 과정은 쉽지 않습니다. 평소 갈 일이 없는 생소한 장소인 법원을 찾아가야 하고, 법률용어로 가득한 입찰서류를 실수 없이 작성해야 합니다. 그리고 돈도 오가야 합니다. 자칫 실수로 0을 한 자리 더 쓰게 되면 1억원짜리 물건에 10억원으로 입찰할 수도 있죠. 이런 실수를 누가 하느냐고요? 의외로 많이 발생합니다. 이런 어이없는 실수로 소중한 입찰보증금을 잃는 사람들이 종종 있습니다.

이런 실수를 하는 일은 없어야 하겠지요. 이번 마당에서는 허둥대지 않고 입찰하는 방법을 배워보겠습니다. 경매 초보자도 침착하고 안전하게 입찰하는 방법을 하나하나 익혀봅시다.

경매의 공인중개사는 바로 법원

우리는 부동산 거래를 하기 위해 공인중개사를 찾습니다. 자격을 갖추고 경험이 많은 공인중개사는 고객이 원하는 물건을 적절히 제안하고, 매수자와 매도자를 중재해 거래를 성사시킵니다. 뿐만 아니라 부동산의 권리관계를 파악하여 고객에게 알려줍니다. 등기부등본상에 해결되지 않은 권리가 있다면 공인중개사가 거래를 만들지 않겠지요. 중개수수료가 아깝다고 직거래를 하다가는 낭패를 볼 수 있습니다. 부동산에 대한 지식이 없을수록 공인중개사를 통한 거래가 안전합니다.

경매에서는 법원이 바로 공인중개사입니다. 부동산의 권리관계를 법원이 파악하여 공지하고 해당 물건에 대한 현황까지 파악해서 알려줍니다. 주의해야 할 점이 있다면 기타 비고란에 따로 적어주기도 합니다. 감정평가사를 고용하여 감정가까지 알려줍니다. 법원경매보다 더 확실한 공인중개사가 있을까요? 우리는 그저 법원이 제공한 정보를 제대로 해석하고, 정확하게 입찰하기만 하면 됩니다.

입찰 과정을 알면 입찰이 쉬워진다!

입찰은 크게 3단계로 나눌 수 있습니다. 먼저 입찰 전 필요한 서류를 준비하고, 해당 법원에 도착하여 정보를 확인한 후 입찰서를 작성합니다. 입찰하고 나서 잠시 기다리면 최고가매수인이 발표됩니다. 앞선 권리분석과 현장조사에 비하면 매우 간편합니다. 하지만 간편한 만큼 많은 실수가 나오는 단계이기도 하죠. 이제 3단계에 걸쳐 입찰 과정을 하나하나 살펴보겠습니다.

스피드옥션으로 관할법원 검색하기

① 스피드옥션에 접속하여 경매 물건내역서 상단에 있는 '법원안내'를 클릭합니다.

수원지방법원	대법원바로가기	법원안내			가로보기	세로보기	세로보기(2)

2018 타경 504...(임의) 2019타경 (중복)		매각기일 : 10:30~ (화)		경매18계 031-210-

소재지	(16537) 경기도 수원시 영통구 매탄동 810-4 성일아파트 [도로명] 경기도 수원시 영통구 인계로 239, [매탄동 810-4 성일아파트]				
용도	아파트	채권자	미래크레디트대부	감정가	211,000,000원
대장용도	아파트	채무자	김	최저가	(70%) 147,700,000원
대지권	31.45㎡ (9.51평)	소유자	김	보증금	(10%) 14,770,000원
전용면적	49.68㎡ (15.03평)	매각대상	토지/건물일괄매각	청구금액	25,696,300원
사건접수	2018-03-22	배당종기일	2018-06-14	개시결정	2018-03-23

② 관할법원안내창이 팝업으로 나타납니다.

각 지역마다 관할법원이 있습니다. 평택 물건은 수원지방법원 평택지원에서, 분당 물건은 수원지방법원 성남지원에서 진행합니다. 이런 식으로 총 59개의 경매법원에서 경매를 진행합니다. 법원경매정보(www.courtaucion.go.kr) 사이트를 통해서도 법원정보를 확인할 수 있습니다. 상단의 '이용안내 → 집행기관 → 경매법원'에서 자세한 정보를 확인하세요.

법원경매정보 사이트의 경매법원 페이지(이용안내 → 집행기관 → 경매법원)

경매법정은 보통 10시 30분경 시작하여 11시 30분경 마감을 하는데, 법정마다 시작시간, 마감시간이 다릅니다. 시간을 미리 알아두고 조금 일찍 도착하기를 권합니다. 특히 법원에 차를 가지고 간다면 주차시간도 고려해야 합니다. 법원은 늘 주차가 어렵기에 이른 시간에 도착하거나, 인근의 유료주차장을 이용하는 것이 좋습니다. 법원경매정보 사이트에서 법원명을 클릭하면 교통편을 확인할 수 있습니다.

부동산 경매
무작정 따라하기

040

입찰 1단계 –
입찰가와 보증금은
미리미리 준비하자

준비물 없이 법원 가지 말자!

법원서류를 작성할 때는 반드시 챙겨야 할 세 가지 준비물이 있습니다.
바로 신분증, 인감도장, 입찰보증금입니다. 본인이 직접 입찰한다면 일
반 도장만 있어도 되지만, 대리인이 입찰할 경우 입찰자 본인의 인감도
장과 인감증명서가 필요합니다. 입찰보증금은 뒤에서 자세히 알아보겠
습니다.

법원 가기 전 입찰가를 정해두자

입찰 당일 법원에서 결정할 수도 있지만 입찰가는 보통 현장답사를 할
때 미리 결정하는 것이 좋습니다. 입찰가의 기준이 되는 것은 감정가나
실거래가가 아닙니다. 그렇다면 입찰가는 어떤 금액을 기준으로 정해야
할까요? 부동산에서 통용되는 여러 금액을 파악하고, 이 금액들을 모두
따져 적절한 입찰가를 정해야 합니다.

감정가

공인된 감정평가사가 결정한 금액입니다. 법원이 현황조사를 할 때 결정된 금액이기에 입찰기일과는 시간 차이가 있습니다. 또한 경매에서는 채권회수가 목적이기에 감정가가 다른 부동산 가격에 비해 다소 높게 책정되는 경향이 있습니다.

실거래가

과거 실제 거래된 부동산 매매가격입니다. 주로 거래를 중개한 공인중개사가 신고를 합니다. 실거래가는 계약 후 신고하게 되어 있어서 시간 차이가 생깁니다. 또한 계약이 취소되어도 실거래가는 그대로 남아 있는 문제도 있습니다. 그렇기에 실거래가를 기준으로 입찰가를 결정하는 것은 곤란합니다. 과거에는 60일 이내에 실거래가를 신고하면 됐는데 2018년 9·13대책 이후 신고기간이 30일 이내로 줄었고, 앞으로 15일 내로 더 줄어들 예정입니다.

호가

공인중개사무소에서 부르는 가격입니다. 개인의 주관적인 판단이 들어가기에 같은 아파트라도 가격이 조금씩 다릅니다. 물건 상태에 따라 다를 수도 있고, 공인중개사의 성향에 따라 다를 수도 있습니다. 가격협상을 하기 위해 일부러 높게 책정하기도 하고, 손님을 끌기 위해 낮게 책정하기도 합니다.

경매에서 기준은 가장 최근 거래 가격!

많은 사람들이 입찰가를 결정하기 위해 감정가, 실거래가, 호가 등 부동산의 여러 가지 가격을 참고합니다. 하지만 입찰할 때 기준이 되는 가격은 가장 최근에 팔린 가격입니다. 그리고 이 가격은 현장조사에서만 확인할 수 있습니다. 현장조사를 하는 가장 중요한 이유는 입찰가를 결정하기 위해서입니다. 원하는 수익률을 낼 수 있는 가격으로 정할 수도 있습니다. 이때에도 현재 거래되는 매매가를 확인하는 것은 필수입니다.

입찰가는 자신이 생각하는 최저입찰가와 최고입찰가를 정하고, 그 안에서 결정합니다. 물론 가장 낮은 금액으로 낙찰받으면 좋지만, 경쟁자보다 높은 금액을 써야 낙찰될 수 있습니다. 입찰 가격은 법원에 가기 전에 미리 결정하고, 현장에서 변경하고 싶으면 염두에 둔 최저가와 최대가 내에서 정합니다. 분위기에 휩쓸려서 최대가격을 넘겨 입찰하지는 마세요.

실제 예를 들어볼까요? 저는 2021년에 대전의 아파트 경매 물건에 입찰했습니다. 그 물건은 매매가가 상승 중인 지역에 있었고, 현장조사를 통해 실제 거래되는 부동산 가격이 1억 6,500만원에서 1억 9,000만원 사이인 것을 파악했습니다. 여기에 국토부 실거래가를 함께 참고하여 아파트의 최대 입찰가는 1억 6,000만원, 최소 입찰가는 1억 5,000만원 정도로 정할 수 있었습니다. 저는 이 물건의 최종 입찰가를 1억 5,573만원(감정가 1억 7,900만원의 87%)으로 정했습니다.

이렇게 현장에서 조사한 내용과 가격정보를 토대로 현장답사일지를 작성하면, 객관적으로 입찰가를 결정할 수 있습니다.

현장답사일지

물건	사건번호	2022타경 12345		
	주소	대전시 유성구 ○○동 111-111 아파트 111동 8층(15층 중) 801호		
	전용면적	59.99㎡ (18.15평)	실평수	25평

물건	채무자	김소유	소유자	김소유
	입찰일자	2022년 7월 24일	입찰목적	전세 후 매도수익
	감정가	1억 7,900만원	최저가	1억 2,530만원
	비고	채무자는 2016년 4월 4일 소유권 취득(1억 7,800만원), 2016년 4월 5일 세대전입		
권리분석	인수권리	없음		
	점유자 특이사항	없음 (전입세대열람내역서에 2016년 4월 5일 박대리 세대주 등재)		
	미납공과금	없음	기타비용	관리비 미납 없음
	비고	o 말소기준권리는 2016년 4월 4일 하나은행 근저당 1억 3,980만원임 o 그 이후 권리는 캐피탈, 카드 가압류임		
지역분석	지역정보	o 충남대학교 뒤편에 있는 아파트로 주변에 연구단지 있음 o 대전 지하철 1호선 유성온천역에서 버스로 약 30분 거리에 있음		
	지역 호재	한스코 기술연구소 등 다수 연구소 있음		
	지역 약재			
	특이사항			
가격정보	실거래가	(국토부) 1억 6,000만~1억 7,600만원		
	전세, 월세	(국토부) 1억 6,000만~1억 8,000만원 (보증금 4,000만원/월세 45만원)		
	현매물가	(네이버 부동산) 1억 6,800만~1억 9,900만원		
	실제 부동산 가격	(부동산 문의) 매매 1억 6,800만~1억 9,000만원, 전세 1억 6,500만~1억 8,000만원 o *** 공인중개사 : 수리(×) 1억 7,000만~1억 7,500만원, 수리(○) 1억 8,000만~1억 9,000만원, 전세 없음 o *** 공인중개사 : 매매 1억 6,800만~1억 7,500만원, 전세 1억 6,500만~1억 8,000만원		
	급매가격			
	인근낙찰가	없음		
입찰가격결정	최대	1억 6,000만원		
	최소	1억 5,000만원		
	결정	1억 5,573만원(감정가 1억 7,900만원 × 87%)		
비고		상가건물이 많고 거리가 가까워 로열동에 해당함		

입찰보증금은 수표 한 장으로 준비하자

입찰보증금은 일반적으로 최저가의 10%입니다. 하지만 잔금 미납 등으로 재경매가 진행될 때는 20~30%의 보증금이 필요합니다. 이 경우 아래와 같이 경매 물건내역서에 표시됩니다.

2021 타경 ▓▓▓ (강제)		매각기일 : 2022-08-30 10:30~ (화)		경매5계 031-828-0361	
소재지	(12169) 경기도 남양주시 화도읍 묵현리 ▓▓▓ ▓▓ ▓▓ ▓▓				
	[도로명] 경기도 남양주시 화도읍 먹갓로2천길 ▓▓ ▓▓ ▓▓ [묵현리 ▓▓▓▓]				
용도	아파트	채권자	한국토지주택공사외	감정가	90,000,000원
대장용도	아파트	채무자	김▓▓	최저가	(49%) 44,100,000원
대지권	29.16㎡ (8.82평)	소유자	김▓▓	보증금	(20%)8,820,000원
전용면적	48.96㎡ (14.81평)	매각대상	토지/건물일괄매각	청구금액	97,885,479원
사건접수	2021-04-13	배당종기일	2021-07-05	개시결정	2021-04-14

기일현황 ⊙ 입찰2일전

회차	매각기일	최저매각금액	결과
신건	2021-12-21	90,000,000원	유찰
	2022-01-25	63,000,000원	변경
2차	2022-05-17	63,000,000원	유찰
3차	2022-06-21	44,100,000원	매각
김▓▓/입찰1명/낙찰48,500,000원(54%)			
	2022-06-28	매각결정기일	허가
	2022-08-08	대금지급기한	미납
3차	2022-08-30	44,100,000원	

| 모의입찰가 | 0 원 | 입력 | ? |

미납으로 인해 재매각이 되었고, 최저가의 30%가 입찰보증금이 되었다.

보증금은 가능한 입찰하기 전날 미리 준비하는 것이 좋습니다. 만약 입찰 당일 준비해야 한다면, 예정보다 일찍 은행에 방문하세요. 법원 근처의 은행 창구는 경매 입찰자들로 인해 꽤 붐빕니다. 법원 안에도 은행이 있어요. 주로 신한은행이 있지만 법원마다 다릅니다.

입찰보증금은 수표로 준비하세요. 현금으로 냈다가 만원 한 장이라도 빠뜨리면 낭패입니다. 보증금이 1,645만원이라면 금액을 딱 맞춘 수표 한 장으로 준비하는 것이 좋습니다.

법원에 가서 가장 먼저 확인하는 입찰게시판

법원에 도착하고 난 후, 가장 먼저 확인해야 할 일은 입찰게시판을 확인하는 것입니다. 입찰게시판은 경매법정 입구에 붙어 있습니다. 게시판에서 입찰할 물건이 제대로 진행되는지 확인합니다. 집주인이 빚을 갚거나, 서류에 문제가 생겨서, 또 여러 가지 이유로 입찰이 연기되거나 취소되는 경우가 종종 있습니다. 이것은 입찰시간 직전에도 얼마든지 가능하기 때문에, 법원에 도착하면 가장 먼저 내가 입찰할 물건이 취소나 변경되지 않았는지 확인해야 합니다.

만약 확인하지 않고 입찰을 했다면, 취소된 건들은 개찰 후 먼저 불러서 보증금을 돌려줍니다. 입찰하는 사람들 틈에서 입찰봉투를 돌려받는 사람들이 신기하게도 꼭 한 명씩 있습니다. 괜한 시간낭비를 하지 않도록 미리 입찰게시판을 확인하세요.

법원에 게시된 입찰게시판

서류 열람은 온라인으로

게시판을 확인한 후 물건 관련 서류를 열람합니다. 매각물건명세서는 입찰 당일까지 변경될 수 있기에 기존에 알고 있는 내용 외에 추가되거나 변경된 내용이 있는지 확인합니다. 과거에는 집행관이 종이로 된 서류를 열람하게 했는데, 지금은 온라인으로 법원경매정보 사이트에서 확인합니다. 스마트폰으로 확인해도 되고, 법원에 있는 컴퓨터를 이용해서 확인할 수도 있습니다. 매각물건명세서상에 특별한 내용이 있는지 확인합니다. 별다른 내용이 없으면 입찰서를 작성합니다.

법원 경매법정, 직접 가보면 이렇다!

경매진행은 경매 물건의 관할법원에서 진행합니다. 스피드옥션에서 물건번호 위에 있는 관할법원안내를 클릭하면 입찰할 물건을 어느 법원에서 관할하는지 알 수 있습니다.

경매법정은 보통 법원 안쪽에 자리하고 있습니다. 입찰하는 사람이 많은 날에는 법정 밖까지 사람이 꽉 차서 발 디딜 데가 없기도 합니다. 특히 찌는 듯한 여름, 좁은 공간에 많은 사람이 몰리면 숨 쉬기조차 괴롭습니다. 반면에 입찰하는 사람이 적거나, 한겨울 눈이 많이 오는 날 또는 비가 많이 오는 날에는 법정이 한산하기도 합니다. 입찰자의 수는 부동산 경기에 따라 변화가 많습니다.

단상 앞에서 진행하는 판사 같은 사람을 집행관이라고 합니다. 법원에서는 집행관의 진행과 안내에 따르도록 합니다. 법정 안에서는 조용해야 하고, 촬영을 하거나 휴대폰을 사용할 수 없습니다. 모자는 벗어야 하고, 선글라스도 착용할 수 없습니다. 먹거나 마시는 행위도 금지입니다.

법원 경매법정에 오는 사람들 중에는 입찰하는 사람들, 대출을 알선하는 사람들, 경매를 공부하러 온 사람들, 그 외 세입자, 공유자, 채권자 등 관계자들이 있습니다. 때문에 법원에 오면 경매법정 밖에서부터 목소리를 낮추는 것이 좋습니다. 특히 입찰할 물건에 대한 얘기는 귓속말로 하거나 문자로 하는 것이 좋습니다. 옆자리 아가씨가 해당 물건의 임차인일 수도 있고, 입찰을 하려고 온 경쟁자일 수도 있으니까요. 저는 입찰하러 가는 버스 안에서 해당 물건에 대해 전화로 통화하는 경쟁자를 만난 적도 있었습니다. 의논은 집에서 마무리하고 법원으로 오는 것이 좋습니다.

대한민국법원 앱에서
매각물건명세서 확인하기

① 대한민국법원 앱을 다운받고, 하단의 '모바일통합경매'를 터치합니다.

② 대한민국법원경매정보 홈페이지가 PC 화면과 똑같이 나타납니다. 홈페이지 하단의
'모바일사이트 바로가기'를 터치합니다.

③ 모바일 버전으로 바뀌면 법원을 선택합니다.

④ 해당 법원에서 진행 중인 매각기일을 선택합니다. 4월 9일에 입찰하는 담당계를 터치 해볼까요?

⑤ 매각기일을 선택하면 해당기일에 입찰하는 물건이 나옵니다. 해당 물건을 터치합니다.

⑥ 매각물건명세서 내려받기를 터치하면 새 창으로 매각물건명세서가 나타납니다.

⑦ 매각물건명세서상에 변경된 부분이 있는지 확인합니다.

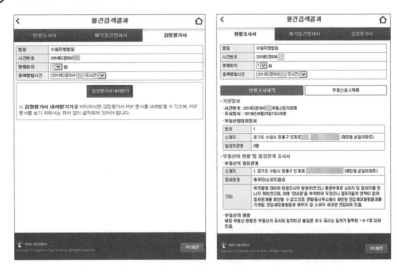

수 원 지 방 법 원

2018타경504

매각물건명세서

사 건	2018타경50 부동산임의경매 2019타경2 (중복)	매각 물건번호	1	작성 일자	2019.03.22	담임법관 (사법보좌관)	최
부동산 및 감정평가액 최저매각가격의 표시	별지기재와 같음	최선순위 설정	2016.06.30. 근저당권		배당요구종기	2018.06.14	

부동산의 점유자와 점유의 권원, 점유할 수 있는 기간, 차임 또는 보증금에 관한 관계인의 진술 및 임차인이 있는 경우 배당요
구 여부와 그 일자, 전입신고일자 또는 사업자등록신청일자와 확정일자의 유무와 그 일자

점유자의 성 명	점유부분	정보출처 구 분	점유의 권 원	임대차기간 (점유기간)	보증금	차임	전입신고일자,사업 자등록 신청일자	확정일자	배당요구여부 (배당요구일자)

조사된 임차내역없음

※ 최선순위 설정일자보다 대항요건을 먼저 갖춘 주택·상가건물 임차인의 임차보증금은 매수인에게 인수되는 경우가 발생 할
수 있고, 대항력과 우선변제권이 있는 주택·상가건물 임차인이 배당요구를 하였으나 보증금 전액에 관하여 배당을 받지 아니한
경우에는 배당받지 못한 잔액이 매수인에게 인수되게 됨을 주의하시기 바랍니다.

등기된 부동산에 관한 권리 또는 가처분으로 매각으로 그 효력이 소멸되지 아니하는 것

매각에 따라 설정된 것으로 보는 지상권의 개요

비고란

주1 : 매각목적물에서 제외되는 미등기건물 등이 있을 경우에는 그 취지를 명확히 기재한다.
  2 : 매각으로 소멸되는 가등기담보권, 가압류, 전세권의 등기일자가 최선순위 저당권등기일자보다 빠른 경우에는 그 등기일자를
기재한다.

⑧ 감정평가서와 현황조사서도 볼 수 있습니다.

입찰 2단계 –
실전! 입찰 참여하기

실전 입찰 한눈에 알아보기

① 매각장소 도착

경매는 법원에서 진행합니다. 경매법정에는 입찰을 원하는 입찰자가 입찰표를 작성할 수 있는 설비(입찰기재대)가 있습니다.

② 입찰 개시

입찰 절차는 집행관이 진행합니다. 집행관은 입찰을 시작하기에 앞서 입찰 희망자가 매각물건명세서, 현황보고서 및 평가서의 사본을 볼 수 있도록 합니다. 특별한 매각조건이 있으면 이를 알립니다. 집행관이 입찰표를 제출할 것을 알리고 입찰 마감시간과 개찰시간을 고지하면 입찰이 시작됩니다.

③ 입찰표 작성

입찰에 참여하려면 흰색 용지로 된 '기일입찰표'를 작성해야 합니다. 경매법정 앞 단상에 가면 기일입찰표와 보증금을 넣을 매수신청보증금봉투, 그리고 입찰봉투를 받을 수 있습니다. 경매법정 내에 입찰기재대는 칸막이가 있어서 옆 사람에게 입찰금액이 보일 염려도 없습니다. 입찰기재대 내에는 입찰표를 작성하는 방법이 안내된 곳도 있습니다. 도장을 찍을 수 있는 인주도 준비되어 있지요. 사람이 많을 수도 있으니 미리 개인인주를 가지고 가면 편합니다.

기일입찰표에는 사건번호, 입찰자의 성명과 주소, 주민등록번호, 물건번호, 입찰가격, 입찰보증금액을 기재합니다. 대리인이 입찰하는 경우에는 대리인의 성명과 주소 등도 기재해야 합니다. 입찰금액은 숫자로 써야 합니다. 물건번호가 있는 경우 꼭 써야 하지만 없는 경우에는 공란으로 비워둡니다.

직접 입찰자의 입장이 되어서 써볼까요? 오늘 입찰하는 김미소 씨가 되어봅시다! 오늘 김미소 씨가 입찰할 물건의 사건번호는 '2022타경 12300'입니다. 물건번호가 없다면 공란으로 남기세요. 본인이 직접 낙찰받을 예정이라면 대리인이 아닌 본인란에 이름과 주소, 그리고 가장 중요한 입찰금액을 쓰고 나서 도장을 찍습니다. 본인이 직접 입찰을 할 때 도장이 없다면 지장도 가능합니다. 단, 서명은 안 됩니다.

아래 '보증의 제공방법' 부분은 입찰 시 쓰는 곳이 아니라, 패찰 후 보증금을 반환받았을 때 서명하는 곳입니다. 추후 이곳에 서명하고, 도장을 찍으면 보증금을 반환받을 수 있습니다.

기 일 입 찰 표

인천지방법원 집행관 귀하　　　　　　입찰기일 : 2022년 9월 18일

사건번호	2022 타경 12300 호	물건번호	※ 물건번호가 여러개 있는 경우에는 꼭 기재

입찰자	본인	성 명	김미소 ㉑	전화번호	010-234-5678
		주민(사업자)등록번호	123456-234567'8	법인등록번호	
		주 소	서울시 강남구 대치빌4 202호		
	대리인	성 명	㉑	본인과의 관계	
		주민등록번호		전화번호	-
		주 소			

입찰가격	천억	백억	십억	억	천만	백만	십만	만	천	백	십	일		보증금액	백억	십억	억	천만	백만	십만	만	천	백	십	일	
				4	7	0	7	3	0	0	0	0	원				4	6	8	0	0	0	0	0	0	원

보증의 제공방법	☐ 현금·자기앞수표 ☐ 보증서	보증을 반환 받았습니다. 입찰자 김미소 ㉑

④ 입찰표 및 매수신청보증금 제출

입찰에 필요한 봉투는 두 가지입니다. 하나는 보증금을 담는 매수신청
보증금봉투이고, 다른 하나는 이 매수신청보증금봉투와 입찰표를 넣는
입찰봉투입니다.

매수신청보증금봉투는 일반 편지봉투 사이즈입니다. 이 봉투 앞면에는
사건번호를 적습니다. 물건번호가 있으면 물건번호도 적습니다. 없으면
공란으로 비워둡니다. 그리고 입찰자의 이름을 적고 도장을 찍습니다.
보증금으로 준비한 수표를 봉투에 넣은 후 뒷면에 도장을 세 번 찍습니
다.

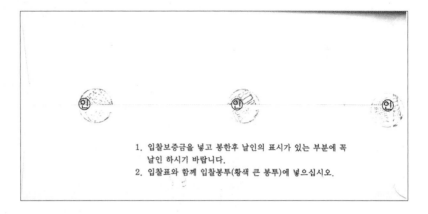

서류봉투 사이즈의 노란 입찰봉투 앞부분에 입찰자의 이름을 적고 도장을 찍습니다. 그리고 봉투 안쪽의 접는 부분에 사건번호를 적습니다. 여기에 매수신청보증금봉투와 입찰표를 넣고 사건번호를 다른 사람이 볼 수 없도록 스테이플러로 찍어서 봉합니다.

이 입찰봉투를 집행관에게 가지고 가면 집행관은 입찰봉투의 접히는 부분 가운데에 일련번호 도장을 두 번 찍어줍니다. 봉투 끝에는 "주의: 이 부분을 절취하여 보관하다가 매수신청보증(금)을 반환받을 때 제출하십시오. 분실 시에는 매수신청보증(금)을 반환받지 못할 수가 있으니 주의하십시오."라고 적혀 있습니다.

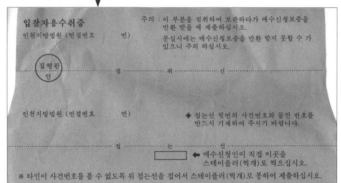

집행관은 도장이 찍힌 봉투 끝 절취선 상단부분을 잘라 입찰자에게 돌려주는데, 이것은 영수증과 같은 역할을 합니다. 패찰 시 보증금을 돌려받을 때 필요합니다. 집행관이 돌려준 입찰자용 수취증(입찰봉투 끝부분)은 잘 보관합니다.

⑤ 입찰 종결

최고가신고인과 차순위매수신고인이 결정되면 집행관은 매각기일을 종결하고, 나머지 입찰자들에게 입찰보증금을 반환합니다. 그러면 입찰이 종결됩니다.

입찰표 작성할 때 꼭 확인하자!

입찰표를 작성할 때 특히 입찰가격과 보증금액을 쓰는 곳이 바뀌지 않도록 주의하세요. 입찰가격은 낙찰받고자 하는 금액이고, 보증금액은 경매물건내역서에서 미리 공표한 최저가액의 10%입니다. 간혹 입찰가액의 10%로 착각하는 분들이 있는데 경매물건내역서에서 볼 수 있는 최저가의 10%입니다. 혹 잘못해서 보증금을 더 냈다면 추가된 금액만큼 환불해서 내어줍니다.

2021 타경 ▒▒ (임의) 공유물분할들위한경매		매각기일 : 2022-08-30 10:00~ (화)		경매9계 02-910-3679	
소재지	(01865) **서울특별시 노원구 월계동 320-11** ▒▒▒▒▒▒▒▒ [도로명] 서울특별시 노원구 월계로55길 ▒▒▒ [월계동 320-11]				
용도	아파트	채권자	장천	감정가	520,000,000원
대장용도	아파트	채무자	장▒ 등 外	최저가	(80%) 416,000,000원
대지권	26,018㎡ (7.87평)	소유자	장▒ 등 外	보증금	(10%)41,600,000원
전용면적	39.6㎡ (11.98평)	매각대상	토지/건물일괄매각	청구금액	0원
사건접수	2021-09-07	배당종기일	2021-11-17	개시결정	2021-09-07

낙찰자의 잔금미납으로 재입찰할 경우에는 입찰보증금액이 최저가의 20% 혹은 30%로 정해지니 경매물건내역서를 사전에 꼭 확인하세요. 정해진 매수신청보증금보다 적은 금액을 제출하면 낙찰이 되더라도 입찰이 무효로 처리됩니다. 봉투를 입찰함에 넣으면 집행관에게 제출 완료한 것으로 간주되며 한 번 제출한 입찰표는 취소, 변경, 교환할 수 없습니다.

입찰 과정에서 생기는 다양한 변수들

입찰서를 잘못 쓰면 어떻게 되나요?

입찰 과정에서는 정말 다양한 변수가 생깁니다. 어떤 실수는 어렵지 않게 해결할 수도 있지만, 어떤 실수는 복잡한 일을 동반할 수 있습니다. 실수 유형별 대처방법을 알아볼까요?

사건번호를 잘못 썼어요

경매개찰을 시작할 때, 진행하지 않는 잘못된 사건번호를 썼다면 집행관이 입찰봉투를 입찰자에게 돌려줍니다. 하지만 공교롭게도 잘못 쓴 번호가 그날 사건번호에 있었다면, 엉뚱한 물건에 입찰한 꼴이 됩니다. 혹여 낙찰이라도 받으면 문제가 복잡해지니 사건번호는 꼼꼼히 확인해야 합니다. 만약 낙찰을 받았는데 본인 변심에 의해 포기할 경우 입찰보증금을 돌려받을 수 없습니다.

물건번호를 잘못 썼어요

한 사람 소유의 여러 물건이 같이 경매에 나올 때 사건번호는 하나지만 물건마다 물건번호가 정해지는데, 이 물건번호를 안 쓰면 입찰은 무효가 됩니다. 만약 기일입찰표 물건번호란에 3을 써야 하는데, 5를 썼다면

5번에 입찰하게 되어버려서 엉뚱한 물건에 입찰한 셈이 됩니다. 물건번호가 없다면 공란으로 둡니다.

입찰자를 잘못 썼어요

입찰하는 사람은 한번 정해지면 변경이 안 됩니다. 명의를 남편으로 하고 싶다면 입찰자를 남편으로 해야 하며, 부인이 대신 경매법정에 간다면 위임장을 써야 합니다. 부부 공동명의로 하고 싶다면 처음부터 공동입찰을 해야 합니다. 입찰자는 이 부동산의 명의자가 되어 소유권도 갖고 세금도 모두 내야 합니다. 입찰자가 낙찰자가 되고, 그 부동산의 명의자가 된다는 것을 잊지 마세요.

주소를 잘못 썼어요

주소는 등기부에 올라갈 내용이기 때문에 낙찰되면 신분증으로 번지까지 확인하고, 수정할 내용이 있으면 그 자리에서 수정하게 합니다.

도장을 깜빡하고 두고 왔어요

아무리 디지털 세상이지만 법원에선 여전히 도장이 필요합니다. 사인으로 대체할 수 없습니다. 단, 입찰자가 본인이라면 엄지 지장으로 도장을 대신할 수 있습니다.

입찰금액을 잘못 썼어요

입찰금액은 절대로 틀리면 안 됩니다! 입찰 과정에서 가장 중요한 것은 입찰금액 쓰기입니다. 입찰금액은 사길 원하는 가격입니다. 글자 위로 두 번 그어 다시 쓰거나, 한글이나 한자로 쓰거나, 0을 빼먹거나 하면 안 됩니다. 5,000만원이라면 꼭 정자로 '50,000,000'이라고 써야 합니다. 틀렸다면 입찰서를 다시 가져다가 처음부터 다시 쓰세요.

숫자 자리를 잘못 썼어요

예를 들어 50,000,000원을 5,000,000원이라고 썼다면 낙찰받지 못하니 다행입니다. 하지만 만약 50,000,000원을 잘못해서 500,000,000원으로 써서 낙찰이 된다면 5,000만원짜리를 5억원에 사는 꼴입니다. 당연히 잔금을 내지 못해 경매를 포기하게 되니 입찰보증금만 날리게 됩니다.

대리인이 입찰을 대신할 때

본인이 입찰하지 못할 경우 다른 사람이 대신 입찰을 해줄 수 있습니다. 가족이 아니더라도 일반적인 성인이라면 누구나 가능합니다. 인지능력이 떨어지는 사람이나 금치산자는 경매 물건을 받을 수 없습니다. 또한 일반인이 입찰대리를 하고 수수료를 받는 것은 불법입니다.

 용어 해설

입찰대리로 수익을 얻는 것은 매수대리인만 가능!
변호사, 법무사, 공인중개사 중 법원에 매수대리인으로 등록된 사람만이 수수료를 받을 수 있습니다. 위반 적발 시 7년 이하의 징역 또는 7,000만원 이하의 벌금형에 처해집니다.

대리인이 입찰할 때에는 입찰자란에 입찰자 본인과 대리인의 인적사항 및 입찰자와의 관계 등을 모두 기재합니다. 입찰자의 도장은 반드시 인감도장을 사용하고, 입찰자 본인의 위임장과 인감증명서를 함께 제출해야 합니다. 위임장에는 인감도장을 찍습니다. 경매법원의 입찰표 뒷면에 위임장이 있고, 프린트해서 미리 작성해 갈 경우 각각 제출해도 됩니다.

만약 아내 명의로 집을 낙찰받고, 남편이 입찰할 시 다음과 같이 ① 본인란에는 명의자인 아내, ② 대리인란에는 남편의 인적사항을 기재한 후 날인합니다.

기 일 입 찰 표

인천지방법원 집행관 귀하				입찰기일 : 2022 년 9 월 18 일		

사건번호	2022 타경 12300 호	물건번호	※ 물건번호가 여러개 있는 경우에는 꼭 기재

입 찰 자	❶본인	성 명	김미소 ㉑	전화번호	010-234-5678
		주민(사업자) 등록번호	123456-789234	법인등록 번 호	
		주 소	서울시 강남구 대치빌라 202호		
	❷대리인	성 명	이남편 ㉑	본인과의 관 계	남편
		주민등록번호	123456-123456	전화번호	010-234-5678
		주 소	서울시 강남구 대치빌라 202호		

입찰 가격	천억	백억	십억	억	천만	백만	십만	만	천	백	십	일	원	보증 금액	백억	십억	억	천만	백만	십만	만	천	백	십	일	원
				4	7	0	3	0	0	0	0	0						4	6	8	0	0	0	0	0	

보증의 제공방법	☐ 현금·자기앞수표 ☐ 보증서	보증을 반환 받았습니다. 입찰자 이남편 ㉑

위 임 장

대 리 인	성 명	이남편	직 업	회사원
	주민등록번호	123456-123456	전화번호	010-234-5678
	주 소	서울시 강남구 대치빌라 202호		

위 사람을 대리인으로 정하고 다음 사항을 위임함.

- 다 음-

인천지방법원 2022 타경 12300 호 부동산

경매사건에 관한 입찰행위 일체

본 인 1	성 명	김미소 ㊞	직 업	회사원
	주민등록번호	123456-234567 8	전화번호	010-234-5678
	주 소	서울시 강남구 대치빌라 202호		

본 인 2	성 명	㊞	직 업	
	주민등록번호		전화번호	
	주 소			

본 인 3	성 명	㊞	직 업	
	주민등록번호		전화번호	
	주 소			

※ 본인의 인감증명서 첨부
※ 본인이 법인인 경우에는 주민등록번호란에 사업자등록번호를 기재

인천지방법원 귀중

부부 공동명의로 입찰할 때

부동산은 명의가 중요합니다. 부부라도 함부로 명의를 바꿀 수 없습니다. 군이 바꾸려면 매매나 증여를 해야 하고, 취등록세를 다시 내야 합니다. 그러니 아내 명의로 할지, 남편 명의로 할지 또는 부부 공동명의로 할지 처음부터 정해서 입찰에 참여해야 합니다.

공동으로 입찰할 때는 입찰표와 함께 공동입찰신고서를 제출합니다. 입찰표의 본인란에 '별첨 공동입찰자목록 기재와 같음'이라고 쓰는 것이 원칙인데, 실무에서는 흔히 '김미소 외 1명'이라고 씁니다. 입찰표와 공동입찰신고서 사이에는 공동입찰자 전원이 간인을 합니다. 간인은 종이

공 동 입 찰 신 고 서

사건번호   2022 타경 12300 호

물건번호

공동입찰자 별지 목록과 같음

위 사건에 관하여 공동입찰을 신고합니다.

2022. 9. 18.

신청인 김미소 외 1인 (별지목록 기재와 같음)

인천지방법원   **집행관 귀하**

※ 1. 공동입찰을 하는 때에는 입찰시 목록에 각자의 지분을 분명하게 표시하여야 합니다.
   2. 별지 공동입찰자 목록과 사이에 공동입찰자 전원이 간인하십시오.

와 종이를 맞대고 도장을 찍는 것을 말하는데 두 서류가 연계되어 있음을 나타내기 위해서입니다. 지분은 1/2, 1/3 등 분수로 표시합니다. 만약 표시가 없으면 법원에서 인원수대로 균등하게 나누어 표시합니다.

비례(比例)의 원칙(原則)

번호	성 명	주소		지분
		주민등록번호	전화번호	
1	이남편(인)	서울시 강남구 대치빌라 202호		1/2
		123456-123456	010-234-5678	
2	김미소(인)	서울시 강남구 대치빌라 202호		1/2
		123456-2345678	010-234-5678	
	(인)	-		
	(인)	-		
	(인)	-		
	(인)	-		
	(인)	-		

경매 입찰에 공동입찰인인 부부가 모두 참여할 경우에는 각자 신분증과 도장을 가지고 오면 됩니다. 입찰표의 본인란에는 '김미소 외 1인'이라고 씁니다. 매수신청보증금봉투와 입찰봉투에 있는 본인 성명란에도 모두 같은 방법으로 쓰면 됩니다.

공동입찰인 중 한 사람만 경매 입찰에 참여한다면?

부부가 공동입찰 시 아내 김미소 씨가 법원에 오지 못하고 남편 혼자 경매에 참여한다면 어떻게 쓰면 될까요? 이때는 입찰표가 살짝 복잡해집니다. 그래서 서류도 잘 챙겨서 써야 합니다. 입찰에 참여하는 남편은 본인의 신분증과 도장, 그리고 참여하지 못하는 아내 김미소의 위임장, 인감증명서, 인감도장을 챙겨야 합니다. 남편이 아내의 대리인이 되는 것이지요. 물론 공동입찰신고서와 공동입찰자 목록도 준비해야 합니다.

작성방법은 대리인 입찰 방식과 동일합니다. 다만 입찰표의 본인란에 '이남편 외 1명'이라고 적고 둘 중 한 명의 인적사항을 기재합니다. 그리고 대리인란에 이남편 본인 이름과 인적사항을 적습니다.

기 일 입 찰 표

창원지방법원 통영지원 집행관 귀하　　매각(개찰)기일:2022년 9 월 18 일

사건번호	2022 타경 12300 호	물건번호	※ 물건번호가 여러개 있는 경우에는 꼭 기재

입찰자	본인	성 명	이남편 외 1명 ⑪	전화번호	010-234-5678
		주민등록번호 (사업자등록번호)	123456 - 123456	법인등록번호	
		주 소	서울시 강남구 대치빌라 202호		
	대리인	성 명	이남편 ⑪	본인과의 관계	남편
		주민등록번호	123456 -123456	전화번호	010-234-5678
		주 소	서울시 강남구 대치빌라 202호		

입찰가액	천억	백억	십억	억	천만	백만	십만	만	천	백	십	일		보증금액	백억	십억	억	천만	백만	십만	만	천	백	십	일	
				4	7	0	7	3	0	0	0	0	원				4	6	8	0	0	0	0	0	원

보증의 제공방법	☐ 현금·자기앞수표 ☐ 보증서	보증을 반환 받았습니다. 입찰자 이남편 ⑪

남편이 아내 김미소 씨의 대리인이므로 위임장에는 대리인란에 남편의 인적사항을 적고 아래 본인란에 아내 김미소 씨의 인적사항을 적으면 됩니다. 매수신청보증금봉투나 입찰봉투에는 모두 '이남편 외 1인'이라고 적습니다.

위 임 장

대리인	성 명	이남편	직 업	회사원
	주민등록번호	123456 - 123456	전화번호	010-234-5678
	주 소	서울시 강남구 대치빌라 202호		

위 사람을 대리인으로 정하고 다음 사항을 위임함.

다 음

창원지방법원 통영지원 2022 타경 12300 호 부동산
경매사건에 관한 입찰행위 일체

본인 1	성 명	김미소 (인감)	직 업	회사원
	주민등록번호	123456 - 2345678	전화번호	010-234-5678
	주 소	서울시 강남구 대치빌라 202호		
본인 2	성 명	(인감)	직 업	
	주민등록번호	-	전화번호	
	주 소			
본인 3	성 명	(인감)	직 업	
	주민등록번호	-	전화번호	
	주 소			

※ 본인의 인감증명서 첨부
※ 본인이 법인인 경우에는 주민등록번호란에 사업자등록번호를 기재

창원지방법원 통영지원 귀중

법인명의로 입찰할 때는 이렇게

법인명의로 입찰할 때는 입찰자 본인란에 법인 이름과 대표자 이름을 쓰고, 주민등록번호란에 법인사업자등록번호를 쓰세요. 주소는 법인등기부상의 본점 소재지를 적습니다. 대표자의 신분확인을 위해 법인등기부등본(법인등기사항전부증명서)을 입찰봉투에 함께 넣어 제출해야 합니다.

토막상식

입찰표 작성할 때 꼭 알아야 할 필수 사항들!

① 입찰가격은 절대 수정할 수 없습니다. 틀리면 새 입찰표를 이용하세요.
② 신분증을 반드시 가져가세요.
③ 물건번호가 있는 물건은 물건번호까지 쓰세요.
④ 대리인이 입찰할 때에는 위임장을 작성해야 하고, 인감증명서를 첨부합니다.
⑤ 공동으로 입찰할 때에는 공동입찰신고서를 제출하여야 합니다. 입찰표 본인란에는 '별첨 공동입찰자목록 기재와 같음'이라고 쓰고, 입찰표와 공동입찰신고서 사이에 공동입찰자 전원이 간인을 합니다.
⑥ 낙장불입! 일단 제출한 입찰표는 취소, 변경할 수 없습니다.

입찰 3단계 –
입찰 마감 및 발표

입찰 마감과 동시에 개찰 시작

입찰이 마감되면 바로 입찰봉투를 개봉하여 개찰을 실시합니다. 입찰에
참여한 사람은 물론, 그 외 누구나 개찰에 참관할 수 있습니다. 입찰 마
감시간은 법원마다 조금씩 다르고, 상황에 따라 변경될 수 있지만, 보통
오전 11시 반경에 마감합니다. 특별한 경우 법원은 입찰 마감시간을 변
경할 수 있지만, 입찰자는 반드시 시간을 지켜야 합니다.

입찰이 마감되면 집행관과 사무관들은 입찰함 안의 서류들을 모두 쏟아
내서 분류하고, 정리가 끝나면 바로 개찰을 시작합니다. 개찰은 일반적
으로 사건번호 순서에 따르지만, 법원에 따라 입찰자가 많은 물건을 먼
저 개찰해주기도 합니다. 입찰자가 많은 물건을 먼저 개찰하면 많은 사
람이 법원을 빠져나가 여유가 생기기도 합니다.

최고가매수인의 결정

개찰 결과 가장 높은 가격으로 입찰하고, 정해진 보증금을 알맞게 낸 사

람이 최고가매수인이 됩니다. 집행관은 개찰 시 사건번호와 입찰한 사람들을 모두 호명합니다. 어떤 집행관은 해당 물건에 입찰한 입찰자들의 이름과 주소를 모두 부르기도 하고, 어떤 집행관은 입찰한 사람들의 이름만 부르기도 합니다.

"2022타경 12300호 물건에 입찰하신 분은 김미소, 이○○, 박○○, 손○○입니다. 모두 앞으로 나와주세요."

해당 물건에 입찰한 입찰자들이 단상 앞으로 나오는 동안 집행관들은 입찰표의 금액이 가장 큰 낙찰자를 선별하고, 낙찰자의 매수신청보증금 봉투에 보증금이 제대로 들어 있는지 확인합니다.

"2022타경 12300호의 최고가매수인은 4억 7,073만원으로 입찰한 서울 강남구에 사는 김미소입니다. 이쪽으로 오세요."

이때 집행관의 호명을 듣고 유료경매사이트에서 나온 직원이 낙찰자의 이름과 낙찰금액을 물건정보에 올립니다. 직원이 낙찰자의 이름을 잘못 듣고 올리기도 합니다. 간혹 낙찰자의 이름이 다른 이유입니다.

가장 높은 가격으로 입찰한 사람이 2인 이상일 경우 그들만을 상대로 추가입찰을 합니다. 추가입찰을 하였는데도 같은 가격이 나오면 추첨으로 최고가매수인을 결정합니다. 아주 드문 일입니다.

차순위매수인의 결정

"차순위매수신고 하실 분 계십니까?" 최고가매수인이 정해지면 집행관이 이렇게 묻습니다. 차순위매수신고는 낙찰자가 잔금을 내지 못했을 때 자기의 입찰에 대해 매각을 허가해 달라는 신고를 말합니다. 차순위매수신고는 2등이 하는 것이 아닙니다. 낙찰가격에서 보증금을 뺀 금액 이상으로 입찰한 사람이라면 누구나 할 수 있습니다. 예를 들어 낙찰가격이 1억원, 보증금이 1,000만원인 물건이라면 9,000만원 이상의 가격으로 입찰한 사람은 누구나 차순위매수신고를 할 수 있습니다.

차순위매수신고는 1명만 할 수 있으며 2명 이상이라면 그중 입찰가격이 높은 사람으로 정합니다. 차순위매수신고를 한 사람은 보증금을 잔금일까지 법원에 맡깁니다. 최고가매수인이 잔금을 미납하면 차순위매수신고인이 낙찰자가 되고, 최고가매수인이 잔금을 납부하면 보증금을 돌려받습니다.

매각기일의 종결과 입찰보증금 반환

최고가매수신고인과 차순위매수신고인이 결정되면 집행관은 그들의 성명과 가격을 부르고, 매각기일의 종결을 고지합니다. 입찰한 사람이 아무도 없어도 그 입찰은 종결됩니다. 집행관은 매각기일의 종결을 고지하고 낙찰자인 최고가매수인과 차순위매수신고인 이외의 다른 입찰자들에게 입찰보증금을 반환합니다. 낙찰자는 낙찰영수증을 받고, 패찰자는 보증금이 들어 있는 매수신청보증금봉투를 돌려받아 집으로 돌아가면 됩니다.

다섯째 마당

낙찰 이후,
자금 마련을 위한
대출 정복

이제 나도 집주인?
낙찰 후 준비해야 할 돈

낙찰을 받긴 받았는데, 돈은 어떻게 마련하지?

경매에 참여하기 위해서는 최저가의 10%인 입찰보증금만 필요합니다.
하지만 낙찰을 받고 나면 잔금 외에도 필요한 기타비용들이 있습니다.
잔금을 제때 내지 못하면 10%의 보증금을 날릴 수도 있기에 잔금계획
은 입찰 전에 세워야 합니다. 필요한 자금에는 어떤 것들이 있을까요?

① 입찰보증금

먼저 경매에 입찰하려면 입찰보증금이 있어야 합니다. 입찰보증금액은
입찰할 물건 최저가의 10% 혹은 20%로 경매물건내역서에 표시되어 있
습니다.

2021 타경 █████ (임의)		매각기일 : 2022-07-25 10:00~ (월)		경매4계 063-259-5534	
소재지	(55119) 전라북도 전주시 완산구 평화동1가 ███ █ █████ ████ █ ███ ████				
	[도로명] 전라북도 전주시 완산구 덕적골2길 █ █████ ███ [평화동1가 ███ ███]				
용도	아파트	채권자	스타뉴캐피탈대부	감정가	60,000,000원
대지권	30.4753㎡ (9.22평)	채무자	김██	최저가	(70%) 42,000,000원
전용면적	44.94㎡ (13.59평)	소유자	김██	보증금	(10%) 4,200,000원
사건접수	2021-12-03	매각대상	토지/건물일괄매각	청구금액	45,000,000원
입찰방법	기일입찰	배당종기일	2022-03-07	개시결정	2021-12-06

기일현황

회차	매각기일	최저매각금액	결과
신건	2022-05-30	60,000,000원	유찰
2차	2022-07-25	42,000,000원	매각
김██외1/입찰17명/낙찰58,990,000원 (98%)			
	2022-08-01	매각결정기일	허가
	2022-09-15	대금지급기한 납부(2022.08.18)	납부
	2022-09-28	배당기일	진행

감정평가현황 ▶ (주)대한감정 , 가격시점 : 2021-12-09

위 물건의 경우 감정가 6,000만원에서 1회 유찰되어 최저가는 4,200만원입니다. 보증금은 최저가의 10%인 420만원입니다. 총 17명이 입찰에 참여했고 최종 낙찰자는 5,899만원에 이 집을 낙찰받았네요.

매각결정기일은 8월 1일로 정해졌습니다. 낙찰에 이의가 있는 사람들은 이 기간에 이의 신청을 할 수 있습니다. 문제가 없었기에 매각허가결정이 선고되었고 대금납부기한이 9월 15일로 정해졌습니다. 낙찰자가 8월 18일에 대금납부를 완료하였고, 9월 28일에 배당이 진행될 예정입니다. 배당이 완료되면 사건은 배당종결됩니다.

 용어 해설

매각결정기일
입찰 후 최고가를 쓴 입찰자에 대한 낙찰 허가 여부를 결정하는 날로 보통 경매낙찰 이후 7일 이내에 결정됩니다.

대금납부기한은 잔금을 납부해야 하는 기한으로 보통 낙찰 한 달 후로 결정됩니다. 이 기한 안에 잔금을 납부하지 못하면 다시 재경매가 진행되고, 앞서 제출한 입찰보증금은 돌려받지 못합니다. 재경매기일 전이라면 잔금에 대한 연이율 20%의 지연이자를 잔금과 함께 납부할 수도 있습니다.

② 법무비용

경매로 낙찰된 집을 담보로 잔금을 대출받는 것을 '경락잔금대출'이라고 합니다. 은행의 대출상황은 정부의 정책에 많은 영향을 받습니다. 정부의 정책에 따라 은행에서 대출받는 것이 수월해질 수도 있고, 조건이 까다로워지기도 합니다. 대출조건은 금융환경에 따라서도 변동이 많으니 그때그때 확인해야 합니다.

경락잔금대출을 받으려면 법무사를 통해야 합니다. 은행에서는 법무사를 통하지 않으면 대출을 해주지 않습니다. 은행에서 대출금을 낙찰자에게 줬을 때 그 돈을 혹여 다른 용도로 사용할 위험이 있기 때문이죠.

최저감정가		낙찰 보증금		16,007,300	관할법원	
기준시가	106,000,000	대출금		113,000,000	2순위	
낙찰가	160,073,000	채권최고액		135,600,000	제출일	

내역	사건명	소유권이전	근저당설정	말소	건수 7		
공과금 및 기타비용	취득세	1,760,800					법무사사무소 법무사 벽 국민은행 448601- 예금주 벽 법무사님계좌 취득세 1.1%
	소계	1,760,800	-		-		
	말소비	140,000					
	등기증지회지	36,000					
	주택채권	59,360	47,460				
	이전등록서류	100,000					
	송달료	200,000					
	소계	535,360	47,460		-		총잔금 144,065,700
	합계	2,296,160	47,460		-		총 비용의 계산
보수액	보수액	245,000					잔금 31,065,700
							은행비용 외 기타
	소계	245,000	-		-		통장 3,000
	부가세	24,500					연지대 75,000
	합계	269,500	-		-		화재 30,000
							보증보험
	교통비	100,000					계 108,000
	합계	369,500	-		-		계 108,000

법무사 영수증 예시

법무사의 인건비인 법무비용은 전체금액에서 세금을 제외한 금액입니다. 여러 가지 명목으로 추가되거나 할인될 수 있습니다. 대출금액의 0.5~1% 정도가 적정 금액인데, 대출금액이 소액이면 2%가 될 수도 있습니다. 과도하게 요구하는 경우에는 비용조정을 요구해야 합니다. 법무비용은 적당한 선에서 조정할 수 있습니다. 위 예시의 경우 대출금은 1억 1,300만원입니다. 이 경우 법무비용은 대출금의 0.5~1%, 즉 50만 ~100만원이면 적절합니다.

③ 세금

집을 살 때 내야 하는 세금은 취득세, 농어촌특별세, 지방교육세입니다. 예전에는 취득세와 등록세가 따로 있었는데 2011년도부터 취득세로 통합되었습니다. 세금은 경제상황에 따라 변동합니다. 정부는 부동산 가격이 지나치게 오르면 세율을 높이고, 부동산 가격이 지나치게 침체되면 세율을 낮추어서 시장을 조절합니다.

2013년도만 해도 집을 살 때 내야 하는 취득세가 통합 매매가의 4.6%였지만, 2024년 기준 6억원 이하, 85㎡ 이하는 1.1%입니다. 2주택 이상일 경우엔 취득세율이 달라집니다. 반대로 최대 100%까지 취득세 감면 혜택을 받을 수도 있습니다. 이러한 세금감면조치는 매번 달라지므로 집을 살 때 현재 세금이 얼마나 되는지 매번 확인해야 합니다. 신용카드로 납부하려면 잔금 납부일에 법원에서 법무사를 만나서 직접 납부하면 됩니다.

5,899만원에 낙찰받은 물건을 취득할 경우, 1주택으로 취득한다면 내야 하는 세금은 1.1%로 64만 8,890원입니다. 6억원 이하, 85㎡ 이하 주택의 경우 취득세는 1%, 농어촌특별세는 비과세, 지방교육세는 0.1%로, 둘을 합한 것입니다.

| 부동산 취득세 기준표 |

구분			취득세	농어촌특별세	지방교육세	합계세율
1주택	6억원 이하	85㎡ 이하	1%	비과세	0.1%	1.1%
		85㎡ 이상	1%	0.2%	0.1%	1.3%
	6억원 초과 9억원 이하	85㎡ 이하	취득가액 × 2/3억원 - 3) × 1/100	비과세	취득 세의 1/10	
		85㎡ 이상		0.2%		
	9억원 초과	85㎡ 이하	3%	비과세	0.3%	3.3%
		85㎡ 이상	3%	0.2%	0.3%	3.5%
2주택	조정지역		8%	0.6%	0.4%	9%
	비조정지역	6억원 이하	1%	0.2%	0.1%	1.3%
		6억원 초과 9억원 이하	취득가액 × 2/3억원 - 3) × 1/100	0.2%	취득 세의 1/10	
		9억원 초과	3%	0.2%	0.3%	3.5%
3주택	조정지역		12%	1%	0.4%	13.4%
	비조정지역		8%	0.6%	0.4%	9%
4주택 이상	조정지역		12%	1%	0.4%	13.4%
	비조정지역		12%	0.6%	0.4%	13%
주택 외 매매(토지, 건물 등)			4%	0.2%	0.4%	4.6%
원시취득(신축), 상속(농지 외)			2.8%	0.2%	0.16%	3.16%
무상취득(증여)			3.5%	0.2%	0.3%	4%
농지	매매	신규	3%	0.2%	0.2%	3.4%
		2년 이상 자경	1.5%	비과세	0.1%	1.6%
	상속		2.3%	0.2%	0.06%	2.56%

2024년 6월 기준

*단, 1주택자가 직계존비속 증여 시 3.5% 부과

*생애최초 구입 시 취득세 100% 감면(200만원 한도). 12억원 이하 경우(2025년 12월 31일까지 적용)

취득세율 인하 시점은 정책 발표일인 2022.12.21 부터 소급 적용하기로 했습니다. 다만, 지방세법 개정 사안으로, 시행을 위한 국회 통과를 하지 못해 여전히 계류중입니다.

| 취득세 계산에 유용한 필수 상식 |

다주택자 1세대 기준	• 배우자와 미혼인 30세 미만 자녀는 세대분리해도 1세대로 간주
	• 단, 일정 소득이 있으면 별도 세대 인정(중위소득 40%. 약 한달 70만원 소득일 때)
	• 미성년자는 소득이 있어도 별도 세대 인정 불가
	• 부부 공동 소유 시 세대당 1주택(단, 동일 세대 아닐 시 각각 1주택으로 계산)

주택 수 합산배제 사항	• 농어촌주택, 사원용주택, 공공임대주택 • 5년 이내 상속주택 • 재개발사업 부지 확보를 위한 멸실 목적 주택 • 공시가 1억원 이하 주택 • 일시적 2주택 (신규주택 취득 후 3년 내 처분)
분양권입주 권 주택 수 포함 여부	• 취득세 과세대상은 아니며 완공 후 부과 • 법 시행 이후 취득부터 주택 수 포함 • 입주권 취득 시 토지 취득세(4.6%) 부과
오피스텔 주택 수 포함 여부	• 주택 이외의 세율 4.6% 적용 • 주거용으로 이용 시 주택 수에는 포함(법 시행 이후 신규 취득분부터) • 분양권은 주택 수에 포함되지 않음

④ 국민주택채권 구입비용

국민주택채권이란 국민 모두를 위한 주택사업에 필요한 자금을 조달하기 위해 발행하는 채권입니다. 집을 살 때는 의무적으로 이 채권을 사야 하는데, 일종의 세금이라고 생각하면 됩니다. 국민주택채권은 굳이 가지고 있을 필요가 없기 때문에 사자마자 바로 할인해서 파는 것이 일반적인데 이때 비용이 발생합니다.

주택도시기금 홈페이지에서 '셀프 채권매입 도우미'를 클릭하여 매입대상금액을 조회할 수 있습니다. 시가표준액 5,000만원, 특별시 및 광역시

외 지역의 물건인 경우 매입비율은 1.4%로 금액은 70만원 정도입니다. 채권수익률 1.634%를 적용하면 국민주택채권 본인부담금은 11,438원에 불과합니다. 보통 소액이라서 비용 계산을 하지 않아도 무방합니다. 하지만 취득 시 반드시 들어가는 비용이기에 설명했습니다. 이 비용이 법무비용에 과도하게 산정되었는지 확인하세요.

⑤ 체납관리비와 체납공과금

체납관리비는 경매 입찰 전 관리사무소에서 미리 확인합니다. 관리비용은 전용부분과 공용부분으로 나뉘는데 전용부분은 낙찰자가 내지 않아도 되지만, 공용부분에 대한 관리비는 낙찰자가 인수합니다. 단, 최근 3년간 공용관리비에 한하며, 이전 관리비는 납부하지 않아도 됩니다. 체납된 관리비의 전용부분인 가스요금, 전기요금, 수도요금은 각 담당기관에 연락해서 경매로 인해 소유권이 변동되었음을 입증하는 등기부등본 등의 서류를 제출하면 요금이 소멸됩니다. 기준일은 소유권 이전이 된 날입니다. 요구하는 필요서류는 담당자마다 다릅니다.

⑥ 잔금

입찰 시 납부한 보증금을 제외한 나머지 잔금을 납부해야 합니다. 일부는 대출을 이용하고, 나머지 금액은 개인적으로 준비합니다.

용어 해설

관리비 전용부분과 공용부분
전용부분은 입주자가 사용한 전기, 수도, 가스 등의 공과금 일체를 말하며 공용부분은 인건비, 청소비, 소독비, 승강기유지비 등 아파트 시설에 대한 사용료를 말합니다.

잔금납부 완전 정복

먼저 법무사 혹은 경락자금을 대출받을 은행 담당자에게 잔금납부일을 알려줍니다. 잔금납부일 오전이나 하루 전, 낙찰자는 잔금을 법무사 계좌에 입금합니다. 법무사는 은행 대출금액과 낙찰자의 잔금을 법원에 직접 납부합니다. 이때 세금납부와 소유권이전등기가 함께 진행되는데 법무사가 등기를 마치면 나오는 접수번호로 등기접수를 확인할 수 있습니다. 며칠 후 등기부등본이 나오면 법무사에서 우편으로 보내줍니다.

혹시 불안하다면 잔금일에 법원으로 잔금을 들고 가서 법무사를 만나 함께 진행할 수도 있습니다. 대출이 없다면 낙찰자가 셀프등기로 소유권이전등기를 해도 됩니다. 낙찰자가 직접 법원에서 잔금을 납부하고, 세금을 낸 후 등기를 진행할 수도 있습니다.

1억원에 낙찰받았을 때 필요한 비용을 계산해볼까요?

① 보증금	10,000,000원
② 은행대출(50%일 경우)	50,000,000원
③ 잔금	40,000,000원
④ 세금(1.1%)	1,100,000원
⑤ 법무비 및 기타	약 700,000원
	총 101,800,000원

7,060만원에 낙찰받은 경우는 어떨까요?

① 보증금	5,635,000원
② 은행대출(50%일 경우)	35,300,000원
③ 잔금	29,665,000원
④ 세금(1.1%)	776,600원
⑤ 법무비 및 기타	약 500,000원
	총 71,876,600원

보증금과 잔금 외에도 약 130만원(세금, 법무비 및 기타)의 금액이 더 필요한 것으로 계산됩니다. 여기에 또 명도비용, 집 수리비용, 이사비용 등이 추가됩니다. 그러니 필요자금은 넉넉하게 계산하여 모자라지 않게 합니다. 여유자금을 항상 염두에 두어야 마음이 조급하지 않습니다.

대출상담사 이용하는 방법

경매 물건에 대한 대출인 경락잔금대출은 취급하는 은행이 따로 있습니다. 같은 은행이라도 어떤 지점은 경락잔금대출을 해주는가 하면 어떤 곳에서는 거절하기도 합니다. 은행직원이 경매에 대해 이해를 하고 있어야 대출이 가능한데, 그런 직원이 많지 않기 때문이죠.

이런 상황을 대비해 대출상담사를 활용하는 것도 좋습니다. 이들은 경매법원 앞에서 만날 수 있습니다. 입찰일에 법정 앞에서 명함을 나눠주는 대출상담사들은 경락잔금을 대출하는 은행을 소개해주는 일을 합니다. 이들의 수수료는 법무비에 포함되어 있으니 따로 비용을 지불하지 않아도 됩니다. 낙찰을 받고 나면 대출상담사들에게 수십 장의 명함을 받게 될 것입니다. 그중 두세 명에게 전화해서 대출을 문의해보세요. 너무 많은 곳에 연락처를 남기면 하루종일 대출 관련 전화에 시달릴 수도 있으니 주의하세요.

자금 마련을 위해 알아야 할 대출 기본공식

은행 집인지 내 집인지

코로나19가 확산한 2년간 세계적으로 집값이 모두 올랐습니다. 그중 한국의 상승률이 특히 두드러졌지요. 미국 댈러스연방준비은행이 2022년 7월 발표한 '주요 25개국 국제 주택가격' 분기 보고서에 따르면 2019년 말부터 2021년 3분기까지 한국의 주택가격은 150.95에서 180.96으로 20% 상승했습니다(2005년 가격을 100으로 봄). 이 기간 한국의 소득은 5% 오른 데 비해 집값 상승률은 소득증가율의 4배였습니다.

2024년 부동산은 상승 회복을 나타내고 있습니다. 2024년 9월 기준, 서울의 명목 주택 가격이 2021년 고점의 90% 수준을 회복했고, 서초구 등 일부 지역 아파트 가격은 전 고점을 넘어섰습니다. 언제나 그렇듯이 차근차근 돈을 모아 집을 사기에는 대한민국의 집값은 여전히 비쌉니다. 집을 사려고 한푼 두푼 모으다가는 그 사이에 집값이 더 올라 살 수 없게 되는 것이지요. 전세금 상승도 마찬가지입니다. 열심히 저축만 해도 2년마다 상승하는 전세금을 맞추기 힘든 상황입니다.

그래서 많은 사람들이 내 집 마련을 위해 은행 대출을 이용합니다. 투자가 아닌 내 집 마련을 목적으로 집을 구매하려는 사람들도 앞으로 값이 오를 것으로 기대되는 집에서 살고 싶어 합니다. 지금 가진 돈이 2억원이라면 서울 외곽의 빌라를 살 수 있지만, 대출을 2억원 더 받으면 아파트를 살 수 있습니다. 이러한 욕구들이 모여서 많은 사람들이 가진 돈의 한도 내에서 집을 사기보다는 자기가 모은 돈과 은행에서 대출받은 돈을 합쳐서 집을 사곤 합니다. 어떻게 보면 집주인과 은행이 집을 공동 소유하는 셈입니다.

하지만 과도한 대출은 독입니다. 집을 가진 거지, 일명 하우스푸어는 과도한 주택담보대출로 경제적 어려움을 겪는 사람을 말합니다. 어떻게 하면 하우스푸어가 되지 않고, 똑똑하게 대출을 받을 수 있을까요?

부동산 대출 공식 3가지 – LTV, DTI, DSR

대출을 실행하는 은행에서는 일정한 공식에 따라 대출을 합니다. 대출 공식은 크게 3가지로 분류되는데 집 가격이 기준인 LTV, 대출자의 소득이 기준인 DTI, 대출자의 기존 대출까지 고려한 DSR입니다.

| 주택 구입 시 지역별 LTV와 DTI |

구분	규제지역		비규제지역	
	LTV	DTI	LTV	DTI
무주택세대	50%	40%	70%	60%
1주택 원칙	대출불가		60%	50%
1주택 예외	50%	40%		
2주택 이상	30%			

LTV와 DTI는 완화되고 있지만 DSR(총부채원리금상환비율)은 완화되지 않았습니다(1금융권은 40%, 2금융권은 50%). DSR이 풀려야 진정한 규제완화입니다. LTV가 늘어도 DSR이 완화되지 않으면 원하는 만큼 대출이 가능하지 않습니다.

위 표는 주택구입 시 지역별 LTV, DTI에 대한 비율을 나타냅니다. 대출기준은 지역에 따라 달리 적용됩니다. 여기서는 먼저 LTV와 DTI가 무엇인지 알아볼게요. 투기과열지구, 조정대상지역 등 지역에 대한 부분은 뒷부분에서 자세히 다루겠습니다.

LTV(Loan To Value Ratio): 주택담보인정비율 - 집이 기준!

LTV란 집 가격에 비례해서 대출금액이 정해지는 것을 말합니다. 은행에서는 LTV를 적용해 집 가격의 최대 70%까지 대출을 해줍니다. 경매에서는 낙찰가의 80%와 감정가의 70% 중 낮은 금액으로 대출이 가능합니다. 감정가 1억 5,000만원의 집을 1억원에 낙찰받으면 최대 8,000만원까지 대출을 받을 수 있다는 뜻이죠. 이 비율은 지역과 정부 정책에 따라 수시로 바뀌니 대출 직전 반드시 확인해야 합니다.

단, LTV 기준금액은 최대 금액일 뿐 실제 대출액은 이보다 적을 수 있습니다. DTI, DSR, 혹은 지역에 따른 대출 상한선 등 다른 대출 기준들과 비교했을 때 가장 적은 금액으로 대출이 가능하기 때문입니다. 예를 들어 LTV를 적용했을 때 7,000만원이 대출 가능하더라도, DTI를 적용했을 때 대출 가능금액이 6,000만원이라면 최대 대출 가능금액은 6,000만원이 됩니다.

방공제를 하게 되면 대출금액은 더 줄어들 수 있습니다. LTV가 7,000

만원이더라도 방공제 2,500만원(과밀억제권역 외 기타지역 기준)을 하고 나면 최대 대출금액은 4,500만원이 될 수도 있습니다. 1인당 2건까지 MCI보증보험으로 방공제를 대체할 수 있습니다(48장 참고).

방공제란?

방공제는 금융기관이 대출 가능금액에서 소액임차인의 최우선변제금에 해당하는 금액을 제하고 대출하는 것을 말합니다. 이는 추후 최우선변제권을 가진 임차인이 먼저 배당을 받아갈 것을 대비하기 위함입니다. 대출금이 소액일 경우 방공제를 하고 나면 대출 가능금액이 없을 수도 있습니다.

지역	보증금 한도	최우선변제액
서울특별시	1억 6,500만원 이하	5,500만원
수도권정비계획법에 따른 과밀억제권역(서울특별시 제외), 세종특별자치시, 용인시, 화성시, 김포시	1억 4,500만원 이하	4,800만원
광역시(수도권정비계획법에 따른 과밀억제권역에 포함된 지역과 군지역 제외), 안산시, 광주시, 파주시, 이천시, 평택시	8,500만원 이하	2,800만원
그 밖의 지역	7,500만원 이하	2,500만원

2024년 6월 기준

내 집 마련을 목표로 한다면 대출은 집 가격의 50% 이내로 받는 것을 권장합니다. 임대용 물건은 월세가 들어오지만, 내 집은 스스로 벌어서 이자와 원금을 내야 하기 때문입니다. 무리한 대출은 삶을 궁핍하게 합니다.

DTI(Debt To Income): 총부채상환비율 - 소득이 기준!

DTI는 '소득' 대비 '주택담보대출 원리금에 신용대출 등 다른 금융부채의 이자를 더한 값'으로 대출한도를 계산합니다. 쉽게 말해 수입을 기반으로 부채상환능력을 측정하는 것입니다. 예를 들어 연봉이 4,000만원인데 DTI가 40%라면 1,600만원까지 대출 가능합니다. 현재 DTI는 최대 60%까지 가능합니다. 하지만 급여가 500만원일 때 매달 대출금 상환으로 300만원을 지출하는 것은 상당한 부담입니다. 임대용 물건이 아닌 내 집일 경우에는 대출을 받기 전 반드시 먼저 본인의 상환능력이 어느 정도인지 냉정하게 판단해야 합니다. 특히 매달 이자와 원금을 상환할 형편이 되는지 고려해야 적정 금액의 대출을 받을 수 있습니다.

DSR(Debt Service Ratio): 총부채원리금상환비율 - 기존 대출도 포함!

대출자의 상환능력 대비 원리금상환부담을 나타내는 기준입니다. 집주인이 보유한 모든 대출의 연간 원리금상환액을 연간 소득으로 나눠 산출합니다. DSR은 주택대출의 원리금과 신용대출 등 금융부채뿐만 아니라, 자동차할부, 학자금대출, 전세자금대출, 카드론 등 모든 대출의 원금과 이자를 더한 값으로 대출 상환능력을 심사하기 때문에 더 엄격합니다. DSR로 계산하면 연소득은 그대로인 상태에서 금융부채가 커지기 때문에 대출 한도가 축소됩니다.

> DTI = (주택대출 원리금 상환액 + 기타 금융부채 이자 상환액) ÷ 연간 소득
> DSR = (주택대출 원리금 상환액 + 기타 대출 전부의 원리금 상환액) ÷ 연간 소득

스트레스 DSR 2단계

2024년 9월 1일부터 스트레스 DSR 2단계가 시행되었습니다. 기존 스트레스 DSR 1단계는 은행권 주택담보대출에만 적용됐지만, 2단계부터는 은행권 주택담보대출, 1억원 이상 신용대출, 제2금융권 주택담보대출도 대상으로 포함됩니다. 스트레스 DSR은 과거 5년간 최고금리에서 대출 시점 금리를 뺀 값으로 가산금리가 붙는 방식입니다. 2025년부터는 전 업권의 DSR이 적용되는 모든 가계대출까지 순차적으로 확대해나갈 방침입니다.

서민 실수요자는 대출 규제 완화

9억원 이하 일반주택이라도 집을 사는 사람의 상황(서민실수요자, 무주택세대, 1주택 보유, 2주택 이상 보유)에 따라 대출 가능금액이 달라집니다. 서민 실수요자 기준은 '무주택세대주 + 부부합산 연소득 6,000만원 이하(생애 최초 내 집 마련은 7,000만원 이하) + 사려는 집값 6억원 이하'입니다. 무주택세대주는 세대원 모두가 주택을 소유하고 있지 않은 세대의 세대주를 의미합니다. 만약 1인 가구라면 본인이 세대주가 되므로 본인 소유의 주택이 없으면 무주택세대주가 됩니다. 하지만 30세 미만의 미혼은 부모님과 따로 살더라도 한 세대로 봅니다.

서민 실수요자를 위한 대출상품을 눈여겨보자

실수요자에게는 대출 문턱을 낮춘 정부

무주택 서민 실수요자를 위한 정부 대출상품에는 강화된 대출규제를 적용하지 않습니다. 주택도시기금과 한국주택금융공사에서 실행하는 대출은 금리가 훨씬 저렴하니 기준에 해당한다면 꼭 이용해보세요. 대표적인 네 가지 상품을 소개하도록 하겠습니다. 각각의 상품에 대한 자세한 사항은 주택도시기금 홈페이지(nhuf.molit.go.kr)를 참고하세요.

대출 상품	자격	금리	대출한도
신혼부부 전용 구입자금	부부합산 연소득 8,500만원 이하, 순자산가액 4.69억원 이하 무주택 세대주 신혼부부(혼인기간 7년 이내 또는 3개월 이내 결혼예정자) 생애최초 주택구입자	연 2.15% ~ 연 3.25%	최대 4억원 이내 (LTV 80%, DTI 60% 이내)
내집마련 디딤돌대출	부부합산 연소득 6,000만원 이하(생애최초 주택구입자, 2자녀이상 가구 또는 신혼구구는 연소득 7,000만원 이하), 순자산가액 4.69억원 이하 무주택 세대주	연 2.45% ~ 연 3.55%	일반 2.5억원 (생애최초 일반 3억원), 신혼가구 및 2자녀 이상 가구 4억원 이내 (LTV 70%, 생애최초 주택구입자는 LTV 80%, DTI 60%이내)
수익공유형 모기지	부부합산 총소득 6,000만원 이하(생애최초주택구입자는 7,000만원 이하), 순자산가액 4.69억원 이하로 생애 최초 주택구입자 또는 5년 이상 무주택자인 세대주	1.8%(고정)	2억원 이내 (주택가격의 최대 70%)

| 신생아 특례 디딤돌대출 | 대출접수일 기준 2년 내 출산(2023년 1월 1일 이후 출생아부터 적용)한 무주택 세대주 및 1주택 세대주(대환대출) 부부합산 연소득 1.3억원 이하, 순자산가액 4.69억원 이하 | 연 1.6% ~ 연 3.3% | 최대 5억원 이내(LTV 70%, 생애최초 주택구입자는 LTV 80%, DTI 60% 이내) |

신혼부부전용 구입자금

신혼집 구입비용을 고민하는 신혼부부를 위한 주택구입자금입니다. 대출대상은 부부합산 연소득 8,500만원 이하 무주택자로 생애최초 주택구입자입니다. 대출금리는 최저 연 2.15%부터 3.25%까지입니다. 부부합산 소득수준과 추가 우대금리에 따라 달라집니다. 대출한도는 최대 4억원(LTV 80%, DTI 60% 이내)입니다. 대출기간은 10년, 15년, 20년, 30년(거치 1년 또는 비거치)이 있습니다.

내집마련디딤돌대출

정부지원 3대 서민 구입자금을 하나로 통합한 저금리의 구입자금대출입니다. 대출대상은 주택매매계약을 체결한 자, 대출신청일 현재 세대주, 부부합산 연소득 6,000만원 이하인 자입니다. 대출금리는 최저 연 2.45%부터 3.55%(고정금리 또는 5년 단위 변동금리)까지입니다. 대출한도는 최고 4억원 이내이며 대출기간은 10년, 15년, 20년, 30년 중에서 선택합니다.

수익공유형모기지

주택 구입 시 수익을 공유하는 신개념 대출상품입니다. 대출자격은 생애 최초 또는 5년 이상 무주택자, 만 19세 이상 세대주, 부부합산 연소득 6,000만원 이하입니다. 대출금리는 연 1.8%(고정금리)이며 대출한도는 최고 2억원 이내(주택가격의 최대 70%)입니다. 대출기간은 20년입니다.

신생아 특례 디딤돌대출

신생아 출산 가구의 주거안정을 위한 주택구입자금 대출입니다. 대출자격은 대출접수일 기준 2년 내 출산(2023년 1월 1일 이후 출생아부터 적용)한 무주택 세대주 및 1주택 세대주로, 부부합산 연소득 1.3억원 이하, 순자산가액 4.69억원 이하입니다. 대출금리는 최저 연 1.6%부터 3.3%까지입니다. 대출한도는 최대 5억원 이내(LTV 70%, 생애최초 주택구입자는 LTV 80%, DTI 60% 이내)이고, 대출기간은 10년, 15년, 20년, 30년이 있습니다.

투자지역에 따라
대출 가능금액이 달라진다

집값은 내려도 문제, 올라도 문제

나라살림을 하는 정부에게 부동산에 대한 세금은 중요한 수입원입니다.
하지만 집값이 너무 오르면 서민들의 삶이 불안해집니다. 평소 살고 싶
었던 집이 순식간에 5,000만원이나 오르면, 1년에 2,000만원을 버는 직
장인은 일할 의욕을 잃게 되겠지요. 때문에 정부는 부동산이 적당하게
상승할 수 있도록 시장에 개입하여 조절합니다. 가격이 지나치게 오르면

> ### 당정 "다주택자 양도세 강화, 강남4주·세종시 투기지역 중복 지정"
> ▮ 주택시장 종합대책 마련
>
> 　　　　　　　　　　　　　　　　　등록 2017.08.02 09:48:02
>
> 정부와 여당이 부동산 시장의 과열을 막기 위해 다주택자에 대한 양도세를 강화하고, 강남4
> 구와 세종시를 투기지역으로 중복 지정하기로 했다.
>
> 2일 국회 귀빈식당에서 열린 '주택시장 안정화 대책' 당정 협의에서 이같은 내용을 골자로
> 하는 주택시장 종합대책을 마련했다.

출처:M이코노미뉴스

금리를 올리거나 세금을 중과하고, 대출을 규제합니다. 가격이 지나치게 하락하면 금리를 낮추고, 세금을 면제해주거나 대출을 완화합니다.

수도권과 그 외 일부 지역에 대한 투기수요가 증가하자, 정부는 2017년 8월 2일, '실수요 보호와 단기투기수요 억제를 통한 주택시장안정화방안'을 발표하였습니다. 사람들의 수요가 몰려 집값이 급등하는 지역을 투기지역과 투기과열지구, 조정대상지역으로 지정하고, 이 지역에 대해 대출 및 청약 규제를 하는 내용입니다.

2022년 11월 10일 정부는 부동산 시장의 매매전세 하락폭이 확대됨에 따라 [투기과열지구 및 조정대상지역 조정(안)]을 심의·의결하고, 규제지역을 전폭 해제하고, 각종 제한도 완화하였습니다. 정부 발표는 11월 14일부터 효력이 발생하였습니다.

이제는 강남, 서초, 송파, 용산(서울4개구)만 투기과열지구, 조정대상지역으로 적용됩니다. 이 외의 지역은 모두 규제지역에서 제외됩니다. (2022.11.14 이후부터) 투기지역, 투기과열지구, 조정대상지역으로 지정된 곳은 세금을 중과하는 것은 물론이고, 대출도 규제합니다. 그렇기에 투자자는 물건의 지역에 대한 분석과 함께 대출요건도 확인해야 합니다.

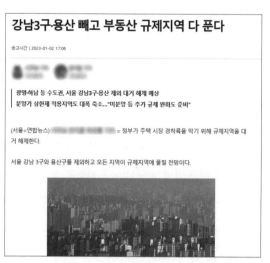

출처: 연합뉴스

투기지역

투기지역은 부동산 가격 상승이 지속될 가능성이 있는 지역으로 대상은 직전 1개월의 주택매매가격 상승률(국민은행이 발표하는 도시주택가격동향)이 전국소비자물가 상승률보다 30% 이상 높고, 최근 2개월간의 월평균 주택매매가격 상승률이 전국 평균보다 30% 이상 높거나 지난 1년간 주택매매가격 연평균 상승률이 직전 3년간 전국 평균 상승률보다 높은 지역입니다.

부동산 시장이 과열되면 정부는 정책으로 투기수요를 규제하고, 부동산 시장이 침체되면 규제를 완화합니다. 이러한 규제정책이 부활한다는 것은 부동산 시장이 상승세임을 상징합니다. 실제 투기지역과 투기과열지구로 지정된 지역에서는 부동산 가격이 크게 상승하였습니다. 이에 사람들은, "정부가 오를 만한 곳을 미리 찍어준다."라고 말하기도 합니다. 다르게 말하면 집값 상승이 예상되는 지역이지만 대출이 어렵고 현금이 없는 일반인들이 접근하기는 어려운 지역입니다. 예전에는 투기지구와 투기과열지구를 분리해서 설명했지만, 지금은 규제내용이 겹치는 상황이라 투기지역을 제외하고 투기과열지구만 설명하기도 합니다.

투기과열지구

투기과열지구는 주택가격상승률이 물가상승률보다 높은 지역에서 청약경쟁률이 5:1을 초과하거나, 분양계획이 전월 대비 30% 이상 감소한 곳 중에서 주택에 대한 투기가 성행하거나 우려되는 지역입니다. 건설교통부장관 또는 시장·도지사가 지정합니다.

현재 서울의 4개 구(강남구, 서초구, 송파구, 용산구)만 지정되어 있습니다(2024년 6월 기준). 투기지역과 투기과열지구에서는 주택 유형, 대출 만기, 대출금액 등에 관계없이 LTV와 DTI 한도가 각각 40%로 강화됩니다. 서민 실수요자 조건에 해당한다면 LTV, DTI가 50%로 완화됩니다. 1주택자는 주택담보대출이 원칙적으로 불가능합니다. 단 2년 내 기존주택 처분을 조건으로 한다면 대출이 가능합니다. 무주택 자녀의 분가, 부모 별거 봉양의 경우에도 예외로 대출이 가능합니다(2020년 7월 이후). 15억원 이상의 고가주택의 경우 실거주 목적이 아니라면 주택담보대출이 불가능하고, 2주택 이상이어도 마찬가지입니다.

조정대상지역

주택가격상승률이 물가상승률의 2배 이상이거나 주택가격, 청약경쟁률, 분양권 전매량 및 주택보급률 등을 고려하였을 때 주택 분양 등이 과열되어 있거나 과열될 우려가 있는 지역이 대상입니다. 현재 서울의 4개 구(강남구, 서초구, 송파구, 용산구)만 지정되어 있습니다(2024년 6월 기준).

정부는 부동산 시장상황에 따라 일부 지역을 조정대상지역에서 해제하기도 하고, 추가 지정하기도 합니다. 투자시점에 따라 다를 수 있으니 해당 시점에 다시 확인하는 것이 좋습니다.

조정대상지역은 LTV와 DTI 한도가 각각 50%이고, 서민실수요자 조건에 해당한다면 LTV, DTI가 60%로 완화됩니다. 투기과열지구와 마찬가지로 1주택자는 주택담보대출이 원칙적으로 불가능하지만 예외 상황이 똑같이 존재합니다. 그리고 조정대상지역 내에서 주택을 취득하면 자금조달계획서를 제출해야 하지만 경매 낙찰 시에는 제출 의무가 아직 없습니다.

2024년 기준 다주택자의 양도세 중과완화로 일반과세하고 있습니다.

지역에 따라 대출 전략을 달리하자

집의 가격에 대한 기준 LTV, 개인소득에 대한 기준 DTI와 함께 지역별 대출규제까지 체크해야 대출 가능금액이 얼마나 될지 예상할 수 있습니다. 지역에 따라 대출 가능금액이 어떻게 달라지는지 예시로 하나하나 살펴볼까요?

투기지역과 투기과열지구에는 대출 제한

직장인 A씨는 서울 송파구에 있는 빌라를 경매로 낙찰받았습니다. 내 집을 마련했다는 뿌듯함도 잠시, 부족한 돈을 대출받을 수 있을지 걱정입니다. 대출은 얼마까지 가능하고, 필요한 실제 자금은 얼마일까요?

서울 송파구는 투기지역에 속해 LTV 50%까지만 대출이 가능합니다. 만약 A씨가 1주택자라면 기존주택을 처분하는 조건으로 대출을 받을 수 있습니다. 약속을 이행하지 않으면 기한이익 상실로 대출을 상환해야 하고, 3년간 주택 관련 대출이 금지됩니다. A씨가 2주택자라면 대출이 불가능합니다. 대출을 받으려는 직장인 A씨가 서민 실수요자 요건에 부합하고, 집 가격이 6억원 이하라면 최대 50%까지 대출을 받을 수 있습니다. 생애최초구입자라면 주택가격에 상관없이 80%까지 대출이 가능합니다.

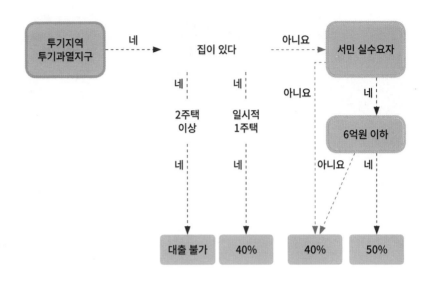

규제대상지역 외의 대출공식

대전에 사는 주부 K씨는 경기도 광주 초월읍에 있는 작은 빌라를 낙찰
받으려고 합니다. K씨에게는 현재 자신이 살고 있는 집이 있고, 이 집에
는 주택담보대출이 있습니다. 초월읍의 집을 낙찰받기 위해 추가로 받
을 수 있는 최대 대출 가능금액은 얼마일까요?

규제대상 이외 지역의 주택을 구입 시 최대 LTV 60%까지 대출이 됩니
다. 현재 살고 있는 지역이 대전인 것은 아무 상관이 없습니다. 서민 실
수요자 요건에 해당한다면 10% 추가 대출이 가능해 최대 70%까지 대
출을 받을 수 있습니다.

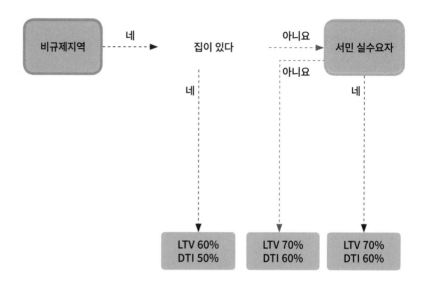

대출받을 때
미리 알아둘 것들

고정금리를 선택할까, 변동금리를 선택할까

같은 조건이라면 낮은 금리를 선택하는 것이 당연합니다. 대출금리는 기준금리와 가산금리로 이루어집니다. 기준금리는 한국은행의 최고 결정기구인 금융통화위원회에서 매달 회의를 통해서 결정하는 금리입니다. 가산금리는 개인의 신용이나 기타사항에 따라 달라집니다. 가산금리가 낮아지면 전체 금리가 낮아집니다.

대출금리 조건은 고정금리와 변동금리 중 선택할 수 있습니다. 고정금리는 대출기한, 혹은 일정기간 시중금리가 아무리 큰 폭으로 변하더라도 이자율이 변하지 않는 것을 말합니다. 반대로 변동금리는 시중금리에 따라 변동됩니다. 은행은 위험이 적은 변동금리는 이율을 낮게, 위험이 높은 고정금리 이율은 높게 책정합니다.

> **토막상식**
>
> ### 대출금리를 한눈에 볼 수 있는 '전국은행연합회' 사이트
>
> 전국은행연합회(www.ktb.or.kr) 사이트를 방문하면 전국에 있는 모든 은행의 대출상품, 이자, 상환조건 등을 한눈에 비교할 수 있습니다. 'OO은행, 연 1~2%의 금리로 대출 가능' 등 지나치게 낮은 주택담보대출금리는 사금융 영업직원의 홍보문구입니다. 현혹되지 마세요.

주택담보대출은 몇십 년에 걸친 장기대출이기에 고정금리라도 일정기간에만 해당하고, 그 기간이 지나면 변동금리로 변경됩니다.

원금과 이자! 같이 낼까, 따로 낼까

'원리금균등상환'은 원금과 이자를 매달 같은 금액으로 상환하는 방식입니다. 매달 같은 월상환금액을 내지만, 매달 내는 원금액과 이자액은 다릅니다. '원금균등상환'은 매달 같은 원금을 상환하는 방식입니다. 매달 이자가 적어지고, 내는 월상환금액도 줄어듭니다. 만기일시상환방법은 약정기간 동안 이자만 부담하고 만기에 대출금을 모두 상환하는 방식의 대출입니다. 주로 원리금균등방식을 이용합니다.

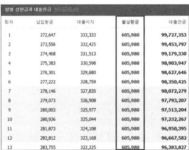

월별 상환금과 대출잔금 (원리금균등)

회차	납입원금	대출이자	월상환금	대출잔금
1	272,647	333,333	605,980	99,727,353
2	273,556	332,425	605,980	99,453,797
3	274,468	331,513	605,980	99,179,330
4	275,383	330,598	605,980	98,903,947
5	276,301	329,680	605,980	98,627,646
6	277,222	328,759	605,980	98,350,425
7	278,146	327,835	605,980	98,072,279
8	279,073	326,908	605,980	97,793,207
9	280,003	325,977	605,980	97,513,204
10	280,936	325,044	605,980	97,232,267
11	281,873	324,108	605,980	96,950,395
12	282,812	323,168	605,980	96,667,582
13	283,755	322,225	605,980	96,383,827

월상환금이 동일한 원리금균등상환

월별 상환금과 대출잔금 (원금균등)

회차	납입원금	대출이자	월상환금	대출잔금
1	416,667	333,333	750,000	99,583,333
2	416,667	331,944	748,611	99,166,667
3	416,667	330,556	747,222	98,750,000
4	416,667	329,167	745,833	98,333,333
5	416,667	327,778	744,444	97,916,667
6	416,667	326,389	743,056	97,500,000
7	416,667	325,000	741,667	97,083,333
8	416,667	323,611	740,278	96,666,667
9	416,667	322,222	738,889	96,250,000
10	416,667	320,833	737,500	95,833,333
11	416,667	319,444	736,111	95,416,667
12	416,667	318,056	734,722	95,000,000
13	416,667	316,667	733,333	94,583,333

월상환금이 다른 원금균등상환

대출기한에 따라 이율이 달라진다

주택담보대출은 금액이 크기 때문에 1~2년 짧은 기간에 상환하기가 현실적으로 어렵습니다. 납입기간이 길면 이자가 커지고, 이자가 아깝다고 기간을 너무 짧게 하면 매달 내야 하는 금액이 많아집니다.

1억원을 이자율 4%에 대출하여 20년간 원리금균등상환을 하면 매달 납입해야 할 원리금은 605,980원이고, 총 대출이자는 약 4,543만원입니다. 25년 혹은 30년으로 상환기간을 늘리면 전체 이자가 늘어나는 대신 매달 상환해야 하는 금액은 적어집니다. 1억원을 이자율 4%에 대출하여 30년간 원리금균등상환을 하면 매달 납입해야 할 원리금은 477,415원이고, 총 대출이자는 약 7,186만원입니다. 집을 살 때 가장 많이 선택하는 방식은 20년 혹은 30년 원리금균등상환입니다.

거치기간에 따라 부담이 달라진다

대출을 받은 후 원금을 갚지 않고 이자만 지불하는 기간을 거치기간이라고 합니다. 원금은 거치기간이 끝나고 난 후 매달 조금씩 나누어서 갚습니다. 3년 거치 20년 원리금분할상환이라면, 3년 동안 이자만 내다가 4년째부터 원금과 이자를 같이 상환하는 방식입니다. 거치기간이 길면 그동안 원금을 상환하지 않아 금액부담이 적습니다.

하지만 최근 정부의 가계부채대책으로 주택담보대출은 거치기간 1년 혹은 거치기간 없이 원리금분할상환대출로 이루어지고 있습니다. 이 조건은 정부의 방침과 경제상황에 따라 그때그때 다릅니다. 대출을 받을 때 현재 조건을 체크하세요.

MCI 보험(MCI: Mortgage Credit Insurance)

MCI는 은행과 같은 금융기관이 입은 손해에 대하여 보험가입금액 범위 내에서 보상하는 신용보험의 일종으로 모기지 신용보험입니다. 은행은 소액임차인의 최우선변제권으로 인한 손해를 막기 위해 그 금액만큼 대출한도를 낮추는데, 통상 방빼기 혹은 방공제라고 합니다.

대출자가 MCI에 가입하면 신용보험에서 은행에 최우선변제 금액만큼 보증을 하니, 방공제를 하지 않아도 되어 대출한도가 높아집니다. MCI는 1인당 두 건까지 가입할 수 있습니다.

중도상환수수료율

대출을 기간 내에 조기상환하면 대출자는 이자를 더 이상 내지 않아 좋지만, 은행은 수입이 줄겠지요. 그래서 은행은 대출을 중도에 상환하면 상환수수료를 받습니다. 전세로 임차인을 받아 대출을 조기상환하고자 한다면, 중도상환수수료가 없거나 적은 상품으로 선택하는 것이 좋습니다.

개인의 신용등급

대출 시 대출자의 신용점수는 매우 중요합니다. 돈을 거의 안 쓰는 짠돌이보다 신용카드를 어느 정도 사용하고 한 군데 은행에서 거래를 오래한 사람이 신용이 좋습니다. 은행은 사업자보다 월급 받는 직장인에게 더 저렴한 금리혜택을 주곤 합니다. 사소한 현금서비스를 사용하면 은행은 돈이 궁한 사람으로 여기니 사용하지 않는 것이 좋습니다. 카드, 세금 등은 적은 금액이라도 연체는 절대 금물입니다.

주택임대사업 등록해서
세금 줄일까?

일반임대사업자와 주택임대사업자가 있다

일반임대사업자는 상가나 업무용 오피스텔을 임대하는 사람입니다. 일반임대사업자는 1년에 두 번 부가세신고를 해야 하는 과세업자입니다. 예정신고까지 하면 총 4번의 신고가 필요합니다. 세금 관련 일이 좀 번거롭지만, 상가를 임대하면 임대사업자 신고는 필수입니다.

주택임대사업자는 민간임대주택을 취득하여 임대사업을 할 목적으로 「민간임대주택에 관한 특별법」 제5조에 따라 등록한 사람입니다. 임대주택은 취득유형에 따라 민간건설임대주택, 민간매입임대주택으로 구분되며, 임대 의무기간에 따라 공공지원, 장기일반민간임대주택으로 구분됩니다.

임대주택 관련 정보는 등록민간임대주택 렌트홈(www.renthome.go.kr)에서 확인할 수 있습니다.

구분	취득유형	임대의무기간
종류	· 민간건설임대주택 · 민간매입임대주택	· 공공지원민간임대주택(10년) · 장기일반민간임대주택(10년)

2020. 8. 18 기준

임대등록 전 유의사항

① 등록임대주택은 임대의무기간(10년 이상) 동안 임대하여야 하며 임대등록자의 개인적인 사정으로 말소 신청할 수 없습니다.

② 등록임대주택은 등록 이후부터 직전 임대료 대비 임대료 증액(5% 이내) 제한 규정을 적용받으므로 임대사업자가 임의로 임대료를 조정할 수 없습니다.

③ 세제혜택은 주택유형, 기준시가, 면적, 등록시기, 임대의무기간 등에 따라 상이하므로 등록 전 국세청(세무서) 또는 시군구(세무과)에 확인하시기 바랍니다.

임대사업자는 매년 2월에 사업자현황조사서를 제출해야 합니다. 그리고 매년 5월에는 임대소득세신고를 합니다. 임대사업자등록을 하지 않았더라도 임대소득이 있으면 소득세신고를 해야 합니다. 의무사항을 지키지 않으면 과태료가 적지 않으므로 주의합니다.

토막상식

임대차 3법 – 계약갱신청구권, 전월세상한제, 전월세신고제

2020년 7월 시행된 임대차 3법은 임대사업자라면 꼭 숙지하고 있어야 하는 법안으로, 임차인을 보호하고 임대인의 권리를 존중한다는 것을 골자로 만들어졌습니다.

계약갱신청구권은 세입자에게 1회의 계약갱신요구권을 보장해 현행 2년에서 4년(2+2)으로 계약 연장이 가능한 제도입니다. 단, 집주인, 직계존속·비속이 실거주할 경우 임차인의 계약갱신청구를 거부할 수 있습니다.

전월세상한제는 임대료 상승폭을 직전 계약 임대료의 5% 내로 하되, 지자체가 조례로 상한을 정할 수 있도록 한 제도입니다. 계약갱신청구권과 전월세상한제는 개정법 시행 전 체결된 기존 임대차 계약에도 소급 적용됩니다.

전월세신고제에 의하면 주택 임대차 계약 당사자(집주인과 세입자)가 30일 이내에 주택 소재지 관청에 임대차 보증금 등 임대차 계약 정보를 신고해야 하며(2021년 6월 1일부터), 만약 당사자 중 일방이 신고를 거부하면 단독으로 신고할 수 있습니다. 임대차 신고가 이뤄지면 확정일자를 부여한 것으로 간주됩니다.

주택임대사업자의 요건과 세금혜택

주택임대사업자로 등록하려면 필수 의무요건이 있습니다. 요건과 함께 받을 수 있는 혜택을 하나씩 알아봅시다.

주택임대사업자 의무사항

● 임대차계약 시 주요 의무사항

단계별	주요 의무사항	과태료
임대차 계약 시	**1. 임대사업자 설명 의무** • 임대사업자는 임차인에게 임대의무기간, 임대료 증액 제한(5%), 임대주택 권리관계(선순위 담보권, 세금 체납 사실 등)에 대해 설명하여야 합니다. ※ 또한, 둘 이상 임대차계약이 존재하는 다가구주택 등은 선순위 임대보증금에 대해서도 설명해야 합니다. (2020.12.10 이후)	500만원 이하
	2. 소유권등기상 부기등기 의무 (2020.12.10 이후) • 임대사업자는 등록 후 지체없이 등록한 임대주택이 임대 의무기간과 임대료 증액기준을 준수해야 하는 재산임을 소유권등기에 부기등기해야 합니다.	500만원 이하
	3. 임대차계약 신고 의무 • 임대사업자가 임대료, 임대기간 등 임대차계약 사항(재계약, 묵시적 갱신 포함)을 관할 지자체에 신고하여야 합니다. ※ (신고방법) 지자체(시·군·구)방문 또는 렌트홈 온라인 신고 ※ (제출서류) 임대차계약 신고서 및 표준임대차계약서 • 임대차계약 신고 이력이 없는 경우에는 세제 감면이 제한 될 수 있습니다.	1,000만원 이하
	4. 표준임대차계약서 양식 사용 의무 • 임대사업자가 임대차계약을 체결하는 경우에는 표준임대차계약서 양식(민간임대주택법 시행규칙 별지 제 24호)을 사용하여야 합니다. • 양식 미사용 시 임대차계약 신고가 수리되지 않을 수 있습니다.	1,000만원 이하

● 임대차계약 후 주요 의무사항

단계별	주요 의무사항	과태료
임대차 계약 후	**5. 임대료 증액 제한 의무** • 임대료(임대보증금 및 월 임대료)를 증액하려는 경우 임대료의 5% 범위를 초과하여 임대료를 증액할 수 없습니다. - 또한, 임대차계약 또는 약정한 임대료 증액이 있은 후 1년 이내에는 임대료를 증액할 수 없습니다. • 임차인은 증액 비율을 초과하여 증액된 임대료를 지급한 경우 초과 지급한 임대료의 반환을 청구할 수 있습니다.	3,000만원 이하
	6. 임대의무기간 준수 의무 • 임대의무기간(10년) 중에 등록임대주택을 임대하지 않거나 (본인 거주 포함) 무단으로 양도할 수 없습니다.	임대주택당 3,000만원 이하
	7. 임대차계약 유지 의무 • 임대사업자는 임차인에게 귀책사유가 없는 한 임대차계약을 해제·해지 및 재계약 거절을 할 수 없습니다. ※ (거절사유) 월 임대료 3개월 연체, 부대시설 고의파손·멸실 등	1,000만원 이하

주택임대사업자 세금 혜택

4년 단기주택임대사업자 제도는 완전히 폐지되었으며 임대의무기간은 10년입니다. 임대사업자의 세제혜택이 축소되고 혜택이 줄어들면서, 최근에는 임대사업자 등록을 하는 사람이 줄었습니다.

임대사업자 등록 시 주요 세제지원

※ 아래 세제지원은 개인 사업자를 대상으로 작성되었으며, 세제지원의 구체적 요건 및 지원내용 등은 반드시 과세기관(국세-국세청, 지방세-관할 시군구)에 확인하시기 바랍니다.

※ 렌트홈에서는 세제관련 상담이 불가능하오니 참고용으로 활용하시기 바랍니다.

구분 (22.3월 기준)	전용면적(㎡)			세제 지원요건	
	40 이하	40 ~ 60	60 ~ 85		
취득세 감면 (지방세)	취득세 면제 *세액 200만원 초과 시 85%경감		50% 경감 *임대주택 20호 이상 등록 시	- 공동주택을 신축, 공동주택·오피스텔을 최초 분양*한 경우 - 분양의 경우, 취득당시 가액 수도권 6억(비수도권 3억) 이하 - 취득일로부터 60일 이내 임대사업자 등록 필요 - '24.12.31 까지 취득세 감면 신청시까지 혜택 제공	
재산세 감면 (지방세)	면제 *세액 50만원 초과 시 85%경감	75% 경감	50% 경감	**매입** - 공동주택 2세대 이상 : 수도권 6억(비수도권 3억) 이하 - 오피스텔 2세대 이상 : 수도권 4억원(비수도권 2억원) 이하 - 다가구주택 : 모든 호실 전용면적 40㎡이하 - '24년 재산세 부과 분까지 감면	**건설** - 공동주택 2세대 이상 : 수도권 9억(비수도권 3억) 이하
종부세 합산배제 (국세)	매입			- 공시가격 수도권6억(비수도권3억) 이하 *'18.9.14일 이후 조정대상지역 내 신규 취득한 주택은 합산과세	
	건설 (2호 이상)			- 공시가격 9억 이하, 전용면적 149㎡ 이하	
임대 소득세 (국세) 감면				• (1호 임대시) 75%, (2호 이상 임대시) 50% - 기준시가 6억 이하, 국민주택규모 이하 - '22.12.31일 이전에 끝나는 과세연도까지 발생한 임대소득에 대해 경감	
임대 소득세 (국세) 분리과세				• 2천만원 이하 임대소득 분리과세 시 필요경비율·기본공제 차등 혜택적용 - 필요경비율 : (등록) 60%, (비등록) 50% / 기본공제 : (등록) 400만원, (비등록) 200만원	
양도 소득세 (국세) 양도세율 중과배제	매입			- 기준시가 수도권6억(비수도권3억) 이하 *'18.9.14일 이후 조정대상지역 내 신규 취득한 주택은 양도세 중과	
	건설 (2호 이상)			- 기준시가 6억 이하, 전용면적 149㎡ 이하+대지면적 298㎡	
장특공 특례 (70% 공제)	건설			- 기준시가 수도권6억(비수도권3억) 이하, 국민주택규모 이하 - '22.12.31일까지 민간임대주택 등록	
거주주택 비과세 (1회적용)				- (거주주택) 주택 보유기간 중 거주기간이 2년 이상 - (임대주택) 거주주택 외 모든 주택을 임대, 기준시가 수도권6억원(비수도권3억원) 이하	

* 공적의무(임대료 증액제한, 임대의무기간 준수) 미준수 시 세제지원이 추징될 수 있습니다.

2022년 10월 기준

임대사업을 하면 세금을 내야 한다

직장인은 매달 월급에서 일정금액을 세금으로 먼저 내고, 연말에 환급을 받습니다. 더 낸 세금이 있다면 돌려받고, 낸 세금이 적으면 더 내야 할 수도 있습니다. 하지만 사업자는 매달 내는 세금이 없기에 1년에 한 번, 매년 5월 31일 종합소득세 신고를 합니다. 임대사업자도 사업자이 기에 소득세를 내야 합니다. 임대사업자의 소득에 대한 세금을 임대소 득세라고 합니다.

임대소득이 연 2,000만원 이상이면 종합소득세를 내야 합니다. 종합소 득세율은 6~45%입니다. 구간별 누진세로 소득이 많으면 많을수록 세 금이 많아집니다. 다른 소득이 있는 사람은 불리하지요. 또 임대소득이 연 2,000만원 이하라면 분리과세가 됩니다. 분리과세는 정기적인 수입 이 아닌 비정기적인 수입에 적용되는 것으로 세율은 단일세로 14%입니 다.

2019년 1월 8일 세법개정안에 따르면, 대통령령으로 정하는 임대주택 에 대한 임대소득 분리과세 적용 시 필요경비율은 60%, 공제금액은 400 만원이 적용됩니다. 다만, '민간임대주택법'에 따른 임대주택으로, '소득 세법'에 따른 사업자등록이 있어야 하며, 임대료 또는 임대보증금의 연 증가율이 5% 이하여야 합니다. 이에 해당하지 않는 임대주택은 필요경 비율 50%, 공제금액 200만원으로 조정합니다.

3주택 이상 보유하고, 보증금이 3억원을 초과하면 간주임대료를 과세 합니다. 단, 40㎡ 이하면서 2억원 이하인 소형주택은 제외합니다. 사업 소득이 생기면 지역의료보험으로 전환되는데, 임대사업소득이 연 2,000 만원 이하인 피부양자는 그대로 유지됩니다. 직장의료보험 대상자는 급 여 외 연간 소득이 7,200만원이 되면 지역의료보험으로 전환됩니다. 임 대소득이 적은 소액임대사업자는 직장의료보험 자격을 그대로 유지할 수 있습니다.

누진세
소득 금액이 커질수록 높은 세율 을 적용하는 제도를 말합니다.

분리과세
소득세는 납세의무자의 소득을 종합하여 과세하는 것이 원칙이 지만 일부 특정 소득에 한해서는 합산하지 않고 분리해서 과세하 는데 이를 분리과세라고 합니다.

단일세
세율이 미리 고정되어 있는 제도 를 말합니다.

경매 성공의
마지막 단계,
명도

쉬운 명도,
어려운 명도는 따로 있다

무시무시한 명도, 저도 해야 하나요?

명도는 집에 살고 있는 점유자를 내보내는 일을 말합니다. 경매에서만
있는 일은 아닙니다. 권리 없는 임차인을 대상으로 한 여러 강제집행이
있습니다. 수협이 노량진수산시장의 상인을 상대로 진행한 명도소송 강
제집행이 그 예입니다. 서울중앙지방법원 집행관실의 집행인력 300명
과 100여 명의 경호인력이 동원되었고, 강제집행을 4차례 시도했습니
다. 법원의 집행관실에서 나왔다는 것은 노량진 상인들이 권리 없는 상
인들이라는 뜻입니다.

이런 뉴스를 보다 보면 명도는 일반인에게 매우 낯설고 과격한 것으로
여겨집니다. 가진 사람(임대인)이 못 가진 사람(임차인)을 괴롭히는 것처럼
보이지요. 하지만 이는 모두 법의 테두리 안에서 이루어지는 일입니다.
대화와 협상이 원만하게 이루어지면 부담스러운 강제집행을 하지 않아
도 됩니다.

경매에서 명도는 피해갈 수 없다

경매에서 명도는 반드시 거쳐야 할 과정입니다. 특히 주거용 물건은 더욱 그렇습니다. 집에는 집주인이나 임차인이 살고 있으니까요. 낙찰받은 집에 잔금을 납부하고 소유권 이전까지 한 후에도 명도가 마무리되지 않으면 온전한 내 집이라고 할 수 없습니다.

명도는 피할 수 없는 과정이기에 초보자라면 경매 물건을 고를 때 명도의 난이도를 고려해야 합니다. 명도가 쉬운 물건은 누구나 쉽게 입찰을할 수 있기에 낙찰가율이 높고, 명도가 어려운 물건은 입찰하는 사람이적어서 낙찰가율이 낮습니다. 경매물건정보를 보고 집주인의 상황, 대항력의 유무, 임차인의 보증금 배당 등을 파악한다면 명도의 난이도도가능할 수 있지요. 자세히 알아볼까요?

점유자의 상황을 이해해야 명도가 쉽다

경매에 나온 물건의 사연이 다양한 만큼, 해당 물건의 점유자가 현재 처한 상황도 다양합니다.

토막상식

등기부등본을 보면 집주인의 상황을 미리 알 수 있습니다

등기부등본에 온갖 카드 압류가 표시되어 있다면 집주인이 카드대출을 돌려쓸 만큼 경제 사정이 어렵다는 뜻입니다. 이런 집에 사는 집주인은 이사할 날을 최대한 미루고 싶어 할 것입니다. 금융권이 아닌 사업자용 대출이 걸려 있는 물건이 집 가격보다 높은 대출로 인해 경매에 나왔다면 이는 빚 세탁을 위한 것일 수도 있습니다. 이런 집에 사는 집주인은 많이 버티지 않고 이사를 할 것으로 예상할 수 있습니다. 물론 사람들의 사는 모습은 다양하기에 어디까지나 예상일 뿐입니다.

점유자가 집주인이라면 잔금을 낸 즉시 법원에 인도명령신청을 해 3일 이내에 결정을 받을 수 있습니다. 이후 강제집행을 할 수 있는 권리를 갖습니다. 임차인이라면 대항력 여부에 따라 결정 기간이 달라집니다. 법적으로는 단순하지만 강제집행을 하는 것은 비용과 에너지가 소모되는 일입니다. 그러니 강제집행까지 가기 전 가능한 한 대화와 협상으로 원활한 명도를 하길 권합니다.

명도하기 쉬운 집과 어려운 집!

난이도 하 | 보증금을 잃지 않는 임차인이 있는 집

임차인이 자신의 보증금을 전액 배당받는 집은 명도가 쉽습니다. 보증금을 모두 배당받는 임차인은 손해 볼 것이 없기 때문이죠. 특히 임차인이 스스로 경매를 신청한 집은 명도가 더 쉽습니다. 임차인이 경매 신청을 한 이유는 보증금을 돌려받고 이사를 하기 위해서니까요. 하지만 전액 배당받는 모든 임차인의 명도가 쉬운 것은 아닙니다. 사례를 볼까요?

> 임차인 오○○ 씨 할머니는 오래전부터 마포에서 전세로 살고 있었습니다. 인근 다른 집은 전세가가 폭등했지만, 집주인은 계약 갱신 때에도 전세금을 올리지 않았습니다. 덕분에 할머니는 인근에 비해 아주 저렴한 전세로 살고 있었습니다. 그러던 중 경매가 진행되었고, 할머니는 보증금 전액을 배당받는 임차인이 되었습니다. 낙찰자가 할머니께 명도를 요구했지만 할머니는 완강히 거부했습니다. 받는 배당금이 주변 시세보다 적어 다른 집에 이사 갈 수 없었기 때문입니다. 낙찰자는 예상 밖의 어려움을 겪어야 했고 오랜 실랑이 끝에야 할머니는 이사를 갔습니다.

난이도 중 | 일부만 배당받는 대항력 없는 임차인이 있는 집

임차인은 자신의 보증금을 법원에서 배당받습니다. 하지만 우선변제권의 순서가 늦으면 임차인은 자신의 보증금을 모두 배당받지 못할 수 있습니다. 대항력이 있는 임차인은 못 받은 보증금을 낙찰자에게 요구할 수 있지만, 대항력이 없는 임차인은 배당받지 못한 보증금을 낙찰자에게 요구할 수 없습니다. 보증금을 잃게 되는 것이지요. 억울하고 분할 것입니다. 그러니 명도도 어려울 수밖에요.

1억원 보증금으로 살고 있다가 배당으로 7,000만원만 돌려받는 세입자라면 "나머지 보증금 3,000만원 다 주기 전에는 한 발자국도 못 나갑니다."라고 명도를 거부하기도 합니다. 이런 임차인에게는 이렇게 이야기하세요. "그러시군요. 하지만 배당받으실 7,000만원은 제가 법원에 낸 잔금으로 받으시는 것입니다. 보증금을 법원에서 배당받기 위해서는 낙찰자의 명도확인서가 필요합니다. 이사를 안 가시면 저는 명도확인서를 드릴 수 없습니다. 선생님께서는 보증금을 배당받으실 수 없고, 보증금은 법원에 보관될 것입니다. 저는 명도지연에 대한 손해배상으로 임차인분의 보증금을 압류할 수 있습니다. 보증금을 다 못 받는 억울한 마음은 충분히 이해가 됩니다만, 돌려받지 못한 보증금은 낙찰자가 아닌 전 주인분에게 받으셔야 합니다. 전 주인의 급여나 다른 재산을 압류하실 수 있으니 가까운 법무사에 알아보세요."라고 말이죠.

난이도 중 | 그 밖의 임차인이 사는 집

'법원에서 전액 배당받는 임차인'이 명도가 가장 쉬운 점유자라면, '낙찰자가 보증금을 인수하는 임차인'은 어떨까요? 이런 물건은 보증금을 인수하는 조건으로 낙찰받은 것이므로, 낙찰자와 임차인은 명도에 관한 협상을 해야 합니다.

낙찰자 입장에서 임차인을 강제집행할 수 없다는 어려움이 있지만, 임차인 입장에서도 낙찰자에게 남은 보증금을 받아야 하는 불편함이 있습니다. 임차인의 상황이나 태도에 따라 달라질 수 있지만, 보증금을 받아야 하는 임차인도 편치 않은 상황이라는 것을 인식하고 대화를 진행하면 좋습니다.

배당금을 한 푼도 받지 못하는 임차인도 있습니다. 분명 집주인에게 보증금을 준 것은 사실이지만, 꼭 갖춰야 하는 권리를 갖추지 못한 임차인은 법원으로부터 배당을 받지 못하고, 낙찰자에게 보증금 인수를 요구할 수 없습니다. 앞선 권리들에게 밀려 순서가 늦어진 임차인, 또는 전입신고를 하지 못했거나, 제때 배당요구를 하지 못한 임차인입니다. 대항력 없고, 우선변제권이 없거나, 있어도 늦은 임차인은 인도명령 대상이고 강제집행이 가능합니다. 안타깝지만 그들에게 낙찰자가 해줄 수 있는 것은 이사비를 넉넉히 챙겨주는 것뿐입니다.

난이도 상 | 가장 어려운 집은 형편이 어려운 사람이 사는 집

법은 권리를 가진 사람을 보호합니다. 자신의 권리를 찾지 않는 사람은 보호하지 않습니다. 이는 법치사회에서 당연한 조치입니다.

"몰랐는데요."라는 변명이 통한다면 사회에서 법이 힘을 잃게 되겠지요. 그런데 안타깝게도 가난하거나, 어리거나, 늙거나, 아프고 약한 사람이 전입신고를 하지 않았거나, 확정일자를 받지 않았거나, 배당요구조차 하지 않아서 얼마 안 되는 보증금을 잃고 살던 곳에서 쫓겨나는 경우가 있습니다. 낙찰자 입장에서 이런 사람들을 명도하는 것은 매우 힘든 일입니다.

물건조사를 할 때부터 점유자가 형편이 어려운 사람인지 확인할 수 있습니다. 만약 등기부등본을 확인했더니 아버지가 돌아가시고 어린 자녀들만 남아 상속받은 집이라면 어떻게 해야 할까요? 이 집을 낙찰받을 경우 아이들을 상대로 명도를 해야 합니다.

그래서 현장조사를 가면 관리실이나 인근 주민에게 이 집에 특이한 점이 없는지 꼭 확인해야 합니다. 거동이 불편한 장애인이 살거나, 연로하신 어르신이 혼자 어렵게 살고 있다면 이웃들이 알고 있을 것입니다. 명도가 너무 어려울 것으로 예상된다면 차라리 입찰하지 마세요.

비어 있는 집이라면 집 상태부터 먼저 확인해야

점유자가 없는 빈집을 공실이라고 합니다. 아무도 살지 않는 집은 명도보다 집의 상태를 먼저 확인해야 합니다. 집은 오래 비어 있으면 쉽게 망가집니다. 겨울에는 베란다의 보일러가 터지고, 심한 경우 보일러 배관 누수가 있기도 합니다. 수도관이 터지기도 하지요. 오래 비어 있던 집은 그만큼 상태가 좋지 않습니다.

실제 빈집이라도 서류상 점유자가 있는 경우가 있습니다. 임차권등기가 된 상태로 경매에 나온 집은 빈집인 경우가 많습니다. 임차권등기를 하면 이사를 해도 대항력을 유지할 수 있기 때문이지요. 서류상 주소를 남겨둔 채 집을 비워둔 점유자도 있습니다. 이런 집은 서류상 점유자를 상대로 명도를 진행합니다. 오랫동안 집을 비웠지만, 미납관리비를 납부한 것을 확인한 후 명도확인서를 주어야 합니다.

서류상 점유자가 없는 집일 때는 누구를 대상으로 명도를 해야 할지 확인합니다. 집에 누군가 살고 있다면 신원을 파악하는 것이 먼저겠지요. 누군지 알 수 없는 점유자가 불법점유를 했더라도 집의 문을 마음대로 열고 들어가서는 안 됩니다. 낙찰자 중에는 경찰에 신고를 해서 신원을 파악했다는 낙찰자도 있고, 밤에 방문을 했다는 낙찰자도 있습니다. 우편물을 확인해서 점유자의 이름을 확인할 수 있다면 점유이전금지가처분을 신청하는 것이 쉽고 빠릅니다(55장 참고). 점유이전금지가처분을 신청하면 법적 절차를 밟아 집행관과 함께 문을 열고 집 안에 들어갈 수 있습니다. 이때 실제 사람이 살고 있는지, 어떤 사람이 있는지 확인할 수 있습니다.

집에 아무도 안 사는 것이 확실하다면, 열쇠로 문을 열고 점유하기도 합니다. 하지만 나중에 점유자가 나타나서 있지도 않은 손해를 배상하라고 요구하는 곤란한 일이 생기기도 합니다. 개문 후 점유는 매우 신중하고 조심스럽게 해야 합니다.

 용어 해설

점유이전금지가처분
임차인이 다른 사람에게 점유를 이전하지 못하게 하는 임시 처분입니다.

051 ▶ 점유자와의 떨리는 첫 만남, 수월한 명도의 시작!

얽힌 매듭을 풀어주는 명도의 순기능

경매는 누구나 참여할 수 있지만, 명도의 벽을 넘기는 쉽지 않습니다. 낯선 사람에게 찾아가서 "내 집에서 그만 나가주세요."라고 말하는 것이 쉬운 일은 아닙니다. 내 마음이 불편하기도 하고, 남에게 폐를 끼치는 것 같아 미안하기도 합니다. 명도가 정말 그런 것일까요?

경매를 통해 집은 새로 태어납니다. 집에 딸린 모든 권리는 사라지고, 이러지도 저러지도 못하고 남아 있던 점유자들도 제자리를 찾아갈 수 있습니다. 돈을 빌려준 사람은 돌려받고, 빚을 갚아야 할 사람은 빚을 갚고, 떠나야 할 사람은 떠나게 해주지요. 낙찰자는 꼬인 권리를 풀어주는 수고를 하고, 덕분에 저렴하게 부동산을 가질 수 있습니다. 그 마지막 매듭이 바로 명도입니다. 이 매듭 하나만 풀어주면 모든 것은 제자리로 돌아갑니다. 명도는 남에게 폐를 끼치는 일이 아닙니다.

낙찰받은 당일에 방문하라! 이유는?

명도를 하기 위해서는 점유자를 만나 대화를 해야 하지요. 어떻게 하는 것이 좋을까요? 경매법정에서 낙찰을 받고 나오면 2시 전후입니다. 낙찰을 받게 되면 흥분되고, 놀란 마음에 그대로 집에 가고 싶은 마음이 굴뚝 같을 것입니다. 하지만 낙찰 당일 방문하는 것이 좋습니다. 낙찰 당일 해당 물건에 방문해야 하는 이유는 다음과 같습니다.

1주일 내에 집의 상태를 파악해야 한다

매각불허가 신청기간은 1주일입니다. 매각불허가신청은 매각 자체를 허가하지 말아달라고 신청하는 것을 말합니다. 물건에 심각한 하자가 있다면 1주일 내에 파악해야 합니다.

토막 상식

입찰보증금을 돌려받을 수 있는 매각불허가신청

감정가의 결정 또는 매각물건명세서 내용에 중대한 흠이 발견되었을 때, 천재지변 등으로 부동산이 현저하게 훼손되었을 때 등의 이유로 낙찰자를 포함한 이해관계자는 낙찰 자체에 대한 매각불허가를 요청할 수 있습니다. 매각불허가 없이 잔금을 미납하면 입찰보증금을 몰수당하지만, 매각불허가를 받으면 입찰보증금을 돌려받습니다. 매각불허가 신청기간은 1주일이고 이 기간이 지나면 매각허가결정이 납니다. 매각허가결정이 된 이후 심각한 하자로 매각을 취소하려면 매각허가결정취소신청을 하여야 합니다. 매각허가결정취소는 매각불허가보다 번거로운 과정이기에 낙찰을 받으면 물건의 하자여부를 하루빨리 확인해야 합니다.

명도의 난이도를 파악하기 위해

처음부터 명도의 난이도를 골라 낙찰을 받아도 점유자에 따라 명도 난이도가 달라집니다. 세상에는 여러 가지 성향의 사람이 있으니까요. 첫 만남을 시도해보면 점유자가 어떤 사람인지 알 수 있습니다. 의사소통이 원활한 사람이 있는가 하면, 대화가 전혀 되지 않는 사람도 있습니다. 명도의 난이도에 따라 법적인 조치가 달라집니다. 명도에 순순히 응하지 않고 저항을 하는 점유자라면 처음부터 점유이전가처분신청을 하는 것이 좋습니다.

점유자가 마음의 준비를 할 수 있도록

점유자는 자신이 살고 있는 집이 경매에 들어갔으니 언젠가는 이사를 나가야 하는 상황을 알고 있지만, 대개 현실로 닥쳐야 이사계획을 세웁니다. 점유자가 이사를 나가야 하는 상황임을 알고, 준비를 하려면 시간이 걸립니다. 하루라도 빨리 낙찰 사실을 알리고 마음의 준비를 할 수 있도록 하면 좋겠지요.

매도 빨리 맞는 게 낫다

다른 날 다시 방문하려면 더 힘이 듭니다. 낯선 사람에게 집에서 이사를 나가라고 말하는 것은 불편한 일입니다. 하기 싫은 일은 차일피일 미루게 되지요. 다른 날짜를 잡아 점유자를 만나러 가려면 더 힘이 듭니다. 그냥 낙찰 당일 방문하는 것이 낫습니다.

전화로 첫 만남을 가질 때 꿀팁

방문을 했는데 점유자를 만나지 못할 수도 있습니다. 집에 아무도 없다면 연락처를 남겨두고 옵니다. 거창한 내용은 필요 없습니다. 포스트잇에 정중하면서도 간단하게 용건만 적어두면 충분합니다. "낙찰자 ○○○입니다. 앞으로의 일정에 대해 말씀드리고자 합니다. 전화 부탁드립니다. 010-000-0000."

배당받는 임차인이어서 이사할 마음의 준비가 되어 있는 점유자는 메모를 발견하면 바로 전화를 하는 편입니다. 전화상 점유자의 태도가 공손하지 않더라도 명도를 당해야 하는 점유자의 마음을 이해해주세요. 낙찰자에게 점유자와의 대화가 불편한 것처럼 점유자도 낙찰자가 불편합니다.

전화로 명도 이야기를 하는 것보다는 직접 만나서 이야기하는 것이 좋습니다. 콜센터 상담원이 감정노동자라고 하지요. 전화로 명도를 하다 보면 시비가 붙고, 싸움이 일어날 수 있습니다. 별것 아닌 말도 전화상으로는 불쾌하게 느낄 수 있으니까요. 전화상으로는 만날 약속만 잡으세요.

"앞으로의 일정에 대해 안내해드리려고 합니다. 제가 집으로 찾아뵙겠습니다. 수요일 오후가 좋으세요, 목요일 오전이 좋으세요?" 약속을 잡을 때는 세일즈콜 방식으로 해보세요. 그냥 "언제가 좋으세요?"라고 묻는 것보다 "A가 좋으세요, B가 좋으세요?"라고 묻는 것이 좋습니다. 사람들은 구체적으로 제시한 것을 거절하기 어려워합니다. 만약 "전 평일에 시간이 없는데요."라고 한다면, "그럼 주말 오전이 좋으세요, 오후가 좋으세요?"라고 묻습니다. "이번 주는 어디 가는데요."라며 다시 거절을 한다면, "다음 주는 어떠세요?"라고 다시 묻습니다. 일반적으로 세 번 거절하기는 쉽지 않습니다.

점유자와의 첫 만남, 수월한 명도를 위한 순서

① 만나는 장소는 되도록 점유자의 집으로

첫 만남의 장소는 낙찰받은 물건이 좋습니다. 아직 실내를 보지 못했으니 처음 내부를 볼 수 있는 날이기도 하지요. 점유자가 집으로 오는 것을 완강하게 거부한다면 외부에서 만나도 괜찮습니다.

첫 명도라면 혼자보다는 가족이나 친구, 동료와 함께 가세요. 같이 가는 사람이 경매를 잘 알 필요는 없습니다. 그저 옆에 있어주는 것만으로도 도움이 됩니다.

② 대략적인 일정 설명은 필수

점유자를 만나면 "안녕하세요? 앞으로의 일정에 대해 안내 드리려고 찾아뵈었습니다."라고 인사하세요. 낙찰자는 앞으로 일어날 일들과 일정에 대해 점유자에게 설명해야 합니다. 점유자는 앞으로 일어날 일들에 대해 자세히 알지 못하기에 반드시 자세한 설명이 필요합니다.

"지난달 25일 제가 이 집을 낙찰받았습니다. 저는 이달 20일경 잔금을 납부할 예정입니다. 잔금을 납부하면서 집의 소유권은 완전히 바뀌게 됩니다. 예상되는 배당기일은 다음 달 20일경으로 배당기일이 지나면 선생님께서는 불법점유가 되십니다. 배당기일까지는 이사준비를 해주셔야 합니다."

낙찰 후 약 한 달이 지나면 잔금을 납부해야 하고, 약 두 달이 지나면 배당이 됩니다. 점유자에게 정확하게 설명해야 점유자가 이사준비를 할 수 있습니다. 임차인은 배당기일까지 집에 살 수 있는 권리가 있습니다. 집주인이라면 소유권 이전 후 3일 이내에 인도명령이 결정되고, 강제집행을 할 수 있습니다.

"선생님의 보증금은 배당기일에 법원에서 배당받게 되십니다. 배당을 받기 위해서는 몇 가지 서류가 필요합니다. 전월세계약서 원본, 신분증, 도장 그리고 낙찰자의 명도확인서와 인감증명서입니다. 명도확인서는 명도가 되었다는 확인서입니다. 명도는 선생님께서 이사를 나가셨다는 뜻이고, 명도확인서는 이사를 완료하신 다음 드릴 수 있습니다. 배당은 명도확인서가 있어야 받으실 수 있습니다. 때문에 보증금을 배당받기 위해서는 하루빨리 이사준비를 하셔야 합니다."

③ 명도확인서 없이는 보증금을 줄 수 없다

임차인은 법원에서 배당을 받기 위해서 명도확인서가 필요하고, 낙찰자는 명도가 완료될 때까지 명도확인서를 줄 수 없지요. 그래서 임차인은 이사를 나가야 보증금을 돌려받을 수 있습니다. 보증금을 돌려받아야 이사 갈 곳을 구할 수 있다며 명도확인서를 그 전에 받을 수 있냐고 묻는 임차인도 있습니다. 임차인의 사정은 물론 안타깝습니다. 하지만 사정을 봐준다고 이사를 나가기 전에 명도확인서를 줬다가 임차인의 마음이 변하면 낙찰자는 매우 곤란한 상황이 됩니다.

명도 전에 명도확인서를 미리 주는 것은 히든카드를 내어준 것과 같습니다. 명도확인서로 배당을 받고 난 임차인이 맘이 변해 이사를 차일피일 미룬다면 낙찰자는 어쩔 수 없이 강제집행을 해야 할 수도 있습니다. 하지만 임차인은 명도확인서가 있어야 배당을 받아 그 돈으로 이사를 갈 수 있고, 낙찰자는 명도가 완료되기 전에 명도확인서를 줄 수 없는 상황이 비일비재하니 참 난감합니다.

이런 방법도 있습니다. 임차인이 배당을 받지 못한 채 배당기일이 지나면 임차인의 보증금은 법원에 공탁이 되어 보관됩니다. 보증금이 법원에 보관되는 중에 임차인이 이사를 나가면, 낙찰자는 명도확인서를 내어줍니다. 임차인은 그길로 법원에서 배당을 받아 새집으로 이사를 갈 수 있습니다. 이처럼 명도확인서는 명도가 완료된 후에 주는 것이 안전합니다.

④ 이사비를 달라는 점유자에게는 어떻게 대응할까?

"죄송하지만, 배당받으시는 분들께는 이사비를 드리지 않습니다. 하지만 ○○일 이전에 이사를 해주시면 감사의 뜻으로 이사비 ○○원을 드리겠습니다. ○○일이 지나면 이사비를 드릴 수 없습니다."

돈이 한 푼도 없어 이사를 하기 어려운 상태거나, 조용하게 명도를 하게 되어서 점유자에게 고마운 경우 약간의 위로금을 드리기도 합니다만, 원칙상 명도할 때 이사비는 주지 않아도 됩니다. 특히 명도확인서가 필요한, 배당받는 임차인에게는 이사비를 주지 않아도 됩니다.

⑤ 마지막 신뢰도를 상승시키는 한마디!

"이사 날짜를 잡으시면 알려주시고요, 궁금하신 점이 있으시면 언제라도 연락주세요."

임차인은 이 한마디에 감동합니다. 서로의 평화를 위해 임차인이 배당을 잘 받을 수 있게 최대한 도와주세요.

명도확인서 작성법

임차인은 낙찰자의 인감을 날인한 명도확인서와 낙찰자의 인감증명서를 법원에 제출하여야 배당을 받을 수 있습니다. 명도확인서는 컴퓨터로 작성해도 되고, 볼펜으로 직접 써도 무방합니다. 명도확인서는 1부를 작성하는데, 반드시 인감도장을 찍습니다. 그리고 낙찰자의 인감증명서와 함께 임차인에게 내어주면 완료입니다. 양식은 아래와 같습니다.

명 도 확 인 서

사건번호: 2022타경 1234
이　　름: 임차인
주　　소: 서울시 강동구 〇〇동 〇〇-〇〇〇 (낙찰받은 집주소)

　위 사건에서 위 임차인은 임차보증금에 따른 배당금을 받기 위해 매수인에게 목적부동산을 명도하였음을 확인합니다.
첨부서류: 매수인 명도확인용 인감증명서 1통 (낙찰자의 인감증명서)

년　　　　월　　　　일

매 수 인　　　　　　　　　(인)
연락처(☎)

〇〇지방법원　귀중

원활한 명도를 위한
대화의 기술

명도는 집에 살고 있는 점유자를 내보내는 일입니다. 법의 힘을 빌리지 않고, 대화를 통해 원만히 명도가 된다면 점유자와 낙찰자 모두에게 좋은 일입니다. 원만한 명도를 위해 우리는 점유자와 협상을 합니다. 점유자와 대화를 시작하기 전에 그들의 상황을 먼저 이해해볼까요?

경매에 나오는 집에는 나름의 사연이 있다

낙찰받은 집은 사연을 가지고 있지요. 사업이 어려워진 사장님의 집일 수도 있고, 집주인이 보증금을 돌려주지 않아서 이사를 가지 못하는 임차인이 사는 집일 수도 있습니다. 형제를 위해 담보로 잡혔던 집일 수도 있고, 재산상속에 불만을 가진 아들들의 집일 수도 있습니다. 경매를 당한 점유자들은 그간 어려운 일을 겪으며 쌓인 원망과 울분을 낙찰자에게 토해내기도 합니다. 점유자의 상황을 이해하면 그들의 무례한 행동도 이해가 됩니다.

고수가 알려주는 성공적 명도를 위한 대화법

점유자를 만나기 전에 어떤 협상을 할지 미리 정해두세요

점유자와의 첫 만남은 일정을 알려주는 것에서 시작합니다.

"제가 지난달 20일에 낙찰을 받았습니다. 잔금납부일은 이달 10일경입니다. 이때 소유권이전이 되고 그때부터 선생님께서는 이 집을 무단으로 점유하시게 됩니다. 배당기일이 다음 달 10일이므로 이때까지는 이사를 나가주셔야 합니다."

예상하는 일정을 알려주는 것이 좋습니다. 잔금납부일은 예상일보다 조금 이른 날짜로 공지하면 나중에 이사 날짜를 협상할 수 있습니다.

원망의 대상이 낙찰자가 아님을 알려주세요

보증금을 일부만 배당받는 임차인이나 하나도 배당받지 못하는 임차인은 낙찰자에게 노골적인 적개심을 드러냅니다. 보증금을 모두 내놓지 않으면 절대 이사 못 나간다고 하거나, 말도 안 되는 이사금을 요구하며 으르렁대기도 합니다. 이때 원인 제공자가 낙찰자가 아님을 알려주세요.

"정말 전 집주인이 너무했네요. 그런데 알고 계세요? 선생님께서 법원에서 일부라도 받으시게 될 보증금은 제가 납부하는 잔금에서 배당된답니다. 선생님께서 배당받지 못한 보증금은 전 집주인에게 받아내실 수 있어요. 전 집주인이 월급을 받거나 다른 재산이 있으면 압류하실 수 있거든요. 가까운 변호사나 법무사를 찾아가보세요."

흥정하듯이 협상하세요

동남아 국가의 재래시장에서 물건을 살 때는 상인이 부르는 가격의 절반 이하부터 흥정을 시작해야 한다고 합니다. 1만 5,000원짜리 물건을 상인은 2만원부터 부르고, 소비자는 1만원으로 깎아달라고 하는 거지요. 상인과 소비자가 조금씩 양보해서 1만 5,000원에 거래하였다면, 상인과 소비자 모두에게 만족스러운 거래입니다.

다음 달 10일까지 이사를 가라는 낙찰자의 이야기에 점유자가 발끈하며 대답합니다.

"당장 다음 달 10일까지 이사를 어떻게 가요? 시간을 더 주셔야 해요."

"그럼, 20일 정도면 되시겠어요?"

"다음 달 말은 되어야죠. 더 빨리 가도록 노력은 해볼게요. 이사비는 얼마나 주실 거죠?"

"저는 원래 이사비를 드릴 의무가 없습니다. 하지만 선생님께서 다음 달 20일 내에 이사를 완료하신다면 약간의 위로금을 드리겠습니다. 약속하신 20일을 넘기면 한 푼도 드릴 수 없습니다."

이 대화에서 낙찰자는 처음 점유자에게 10일까지 이사하라고 말했고, 점유자의 요청에 응해서 20일까지 연기해주었습니다. 사실 낙찰자가 처음 생각한 명도완료일은 30일입니다. 명도협상을 할 때 이사 날짜는 예상보다 빠른 날짜부터 시작하고, 이사비는 예상금액보다 절반 이하부터 시작합니다.

적당한 이사비란 얼마일까요?

점유자는 이사를 나가면서 억울한 마음을 갖습니다. 억울함을 해결하는 가장 쉬운 방법은 '돈'이지요. 그래서 대부분의 점유자는 이사비를 요구합니다.

사실 낙찰자가 점유자에게 이사비를 지급할 의무는 없습니다. 특히 배당받는 임차인에게는 더욱 그렇습니다. 그들은 보증금을 온전히 받고, 이를 받기 위해서는 낙찰자의 명도확인서가 필요하니까요. 보증금을 한 푼도 배당받지 못하는 임차인 혹은 집주인일 경우에는 사정에 따라 위로금 성격으로 이사비를 지급하기도 합니다. 하지만 그들이 원하는 금액과 낙찰자가 줄 수 있는 금액에는 큰 차이가 있습니다.

"내가 이 집에 인테리어 하느라 들인 돈이 3,000만원이에요. 그중에 1,000만원은 주셔야지."
"선생님, 제가 드릴 수 있는 최대 금액은 100만원이에요. 다음 달 20일까지 이사를 하시는 경우에 가능하고요. 날짜를 넘기면 100만원도 어렵습니다."

점유자가 1,000만원을 불렀지만, 진짜로 받을 수 있을 거라고 생각하는 것은 아닙니다. 몇 번의 협상이 있은 후, 다음 달 말일경으로 명도가 완료되고 이사비로 120만원이 지급되면 점유자와 낙찰자 모두에게 만족스러운 명도가 됩니다. 낙찰자가 지급할 수 있는 최대 이사비는 강제집행을 하게 될 때 발생하는 비용으로 평당 10만~20만원 정도입니다.

마지막에는 살짝 져주세요

이사를 가는 날, 꼭 이렇게 말하는 점유자가 있습니다.
"도어록을 떼어가긴 그렇고 중고비용으로 주세요."
"냉장고가 트럭에 안 들어가네. 좀 사주쇼."
심지어 방에 깔린 장판을 뜯어가겠다는 점유자도 있습니다. 이들이 왜 그러는 걸까요? 억울해서입니다. 이사하는 날까지의 관리비를 정산하고, 집 안의 쓰레기도 깨끗이 치워 놓기는 했는데, 점유자는 뭔가 억울함이 가시지 않습니다. 그래서 이사하는 날 이들은 종종 엉뚱한 요구를 합니다. 이때 가장 원만하게 해결하는 방법은 그들의 요구를 들어주는 것입니다. 5만원, 10만원으로 그들의 물건을 사주세요. 10만원으로 그들의 억울함을 달랠 수 있습니다. 마지막 협상에서 당당히 승리한 점유자는 기분 좋게 덕담을 하며 사라집니다.

"젊은 분이 고생하시네. 잘 사세요."

대면이 어렵다면 문자로 명도하자

직접 만나서 명도를 하지 않고, 문자나 모바일 메신저로 협상할 수도 있습니다.

'안녕하세요. 낙찰자 ○○○입니다.'

대화로 할 이야기를 문자로 보내면 됩니다. 이때 상대방도 문자로 답을 하도록 하세요. 만일 상대가 통화를 요구하면 다음과 같이 문자로 유도하는 게 좋습니다.

'업무 중이라 전화통화가 어렵습니다, 문자로 주세요.'

낙찰자가 직접 명도하는 것에 두려움이 많거나, 어리거나 약한 경우 '문자 명도'는 효과적입니다. 거친 점유자여서 상대하기 곤란한 경우에도 문자로 명도를 합니다.

SNS가 발달한 세상입니다. 전화번호만 알면 방금 소개받은 사람이 어떤 사람인지 금방 알 수 있습니다. SNS로 점유자를 파악하여 명도를 하면 유리합니다. 거꾸로 점유자도 낙찰자의 상태를 알 수 있습니다. 때문에 명도를 하는 사람은 메신저 프로필에 지나치게 자신을 드러내지 않는 것이 좋습니다.

부동산 경매
무작정 따라하기

053

서류로 남기는 증거자료,
내용증명

말이 통하지 않는다면 서류가 답이다!

내용증명이란 보내는 사람(발송인)이 받는 사람(수취인)에게 어떤 내용의
문서를 언제 발송하였다는 사실을 공적으로 증명해주는 우편 서비스입
니다. 개인 간에 발송되는 우편물의 문서내용을 증거로 남길 필요가 있
는 경우를 비롯해 손해배상청구, 계약해지 통보 등의 용도로 많이 사용
됩니다. 하지만 내용증명을 발송한다고 법적 효력이 발생하지는 않습니
다. 대신 나중에 소송으로 진행될 때 유리한 자료로 이용할 수 있죠.

내용증명은 경매 명도에서도 유용하게 이용됩니다. 법적으로 증거자료
가 되기도 하고, 쉽게 물러서지 않는 점유자에게 심리적 압박을 주는 효
과도 있습니다.

육하원칙에 따른 내용증명 작성방법

내용증명은 특별히 정해진 양식이 있는 것은 아닙니다. A4용지에 전달
하고자 하는 내용을 알기 쉽게 육하원칙에 따라 적으면 됩니다. 경매에

서 내용증명에 들어가는 필수 내용은 아래와 같습니다.

제목

이주계획촉구, 명도이행촉구 등 공적인 제목으로 씁니다.

수신

받는 사람의 주소와 이름, 즉 낙찰받은 집의 주소와 점유자의 이름은 내용증명을 받을 주소, 받는 사람의 이름과 같아야 합니다. 받는 사람은 1인입니다. 받는 사람이 여러 명이라면 받는 사람 모두를 대상으로 각각 작성합니다.

발신

보내는 사람의 주소와 이름, 즉 낙찰자의 이름과 낙찰자의 주소입니다. 이때 낙찰자의 주소는 주민등록의 주소와 같지 않아도 상관없습니다. 반송을 받을 수 있는 주소를 적으면 됩니다. 반송을 원하지 않으면 '반송 불필요'로 보내세요. 점유자가 우편을 받지 않아 반송이 될 경우 반송료를 지불해야 합니다.

내용

내용증명을 보내는 일의 원인과 현재 상황, 피해에 대한 내용을 구체적으로 기재하는 것이 좋습니다. 언제 이 물건을 낙찰받았고, 언제 점유자에게 연락을 시도하였으며, 점유자는 어떤 반응을 하였는지에 대해 사실적이고, 객관적으로 육하원칙에 맞추어 작성합니다. 또한 점유자에게 전해야 할 내용, 즉 잔금납부예정일은 언제이며, 예상배당일은 언제이고, 언제까지 이사를 해주길 바란다는 이야기를 정중하게 설명합니다. 내용증명 자체로 법적인 효력이 발생하는 것은 아니지만, 사실을 증명하는 데 사용되기에 신중하게 작성하여야 합니다.

부동산 명도에 대한 최고서

수신: ○○○ (이하 귀하)
주소:

발신: ○○○ (이하 본인)
주소:

경매낙찰부동산의 표시: (낙찰받은 집주소)
경매사건번호: ○○지방법원 20**타인 1234

안녕하십니까. 발신인은 20**년 *월 *일 ○○지방법원에서 진행된 20**타인 1234 부동산 경매 사건에서 상기부동산을 낙찰받아 매각대금을 완납한 상기부동산의 소유자입니다. 귀하께서 거주하고 계시는 부동산은 20**년 *월 *일에 소유권이 이전되었으며, 이에 따라 귀하께서는 점유하고 계신 부동산을 20**년 *월 *일까지 발신인에게 인도하시길 권고드립니다.

20**년 **월 **일 이전까지 명도를 완료하여 주시기 바랍니다. 만일 귀하께서 아직 이주계획이 없으시면 조속히 수립하여 주시기 바라며, 이사 날짜가 정해지면 발신인에게 바로 통보하여 주시기 바랍니다.

내용증명 수신 후 3일 내에 회신이 없을 경우 원만한 합의 의사가 없는 것으로 간주하고 법에 따라 강제집행이 이루어질 것이며, 그에 따른 모든 비용을 부담하시게 될 것입니다. 아울러 법적으로 강제로 이사를 시키는 '강제집행'은 그 과정이 온건하지 않아 가족에게 큰 상처가 될 수 있습니다.

모쪼록 현명히 판단하시어 불미스러운 일이 없기를 바라며, 원만한 합의를 통해 합리적인 인도 과정이 되길 기대합니다. 협의하실 사항이 있으시면 언제든 발신인에게 연락주시기 바랍니다. 귀댁의 건강과 건승을 기원합니다.

20**년 *월 *일
발신인: ○○○
연락처: 010-0000-0000

내용증명 보내는 방법

내용증명은 우체국에서 보냅니다. 같은 문서 3부를 준비하여 우체국으로 가져가면 우체국직원이 세 장을 나란히 놓고 펀칭을 찍어주거나, 도장을 찍어줍니다. 1부는 수신인에게 등기우편으로 보내고, 1부는 발신인이 보관하며, 나머지 1부는 우체국에서 보관합니다. 우체국이 편지의 내용과 날짜를 증명합니다. 이때 보내는 봉투의 받는 사람 주소와 이름은 본문의 수신인과 같아야 합니다.

비용을 지불하고 나면 내용증명을 발송했다는 영수증을 줍니다. 특수우편물 수령증을 제시할 경우 3년 이내에 한하여 발송한 우체국에서 열람할 수 있고, 재증명을 받는 것이 가능합니다.

내용증명번호가 인쇄된 우체국 스티커와 간인

인터넷으로 내용증명 보내기

우체국 방문 없이 24시간 인터넷우체국(www.epost.go.kr)을 통하여 내용증명을 신청할 수 있습니다. 내용증명 문서는 전자서명 및 위·변조방지 기술 등을 통하여 원본의 무결성을 보장하며 안전하게 내용을 증명합니다. 3년 동안 전자문서로 보관하므로 보관기간 이내에 언제든지 인터넷 상에서 문서를 조회하거나 재증명받을 수 있습니다.

'우편 → 증명서비스 → 내용증명'에서 내용증명을 보낼 수 있다.

인도명령은 일단
신청하고 본다

대화도 서류도 통하지 않으면, 이제는 법이다!

점유자와 대화가 통하지 않는다면 이제는 법의 힘을 빌려 점유자를 내보내야 합니다. 낙찰자가 잔금을 법원에 납부하고 소유권을 취득했는데도 불구하고, 점유자가 부동산에 계속 거주하고 있어서 소유권을 행사하지 못할 때 낙찰자는 법원에 인도명령을 요청할 수 있습니다.

매수자(낙찰자)의 요청이 합당하면 법원은 점유자에게 부동산 인도를 명령합니다. 만약 점유자가 인도명령을 따르지 않으면 낙찰자는 법원 집행관에게 강제집행을 신청할 수 있습니다. 단, 강제집행을 하기 전 반드시 인도명령결정문을 법원으로부터 받아야 합니다.

인도명령은 무조건 되는 것이 아니다

경매에서 채무자 및 소유자, 전액 배당받는 선순위임차인, 후순위임차인은 인도명령 대상입니다. 이러한 인도명령제도 덕분에 일반인도 마음 놓고 경매에 참여할 수 있게 되었답니다. 그러나 대항력을 갖춘 임차인의 경우, 점유자가 매수인에게 대항할 수 있는 권리가 있으므로 인도명령을 신청할 수 없고 강제집행도 할 수 없습니다. 대항력 있는 임차인을 파악하는 권리분석이 중요한 이유입니다. 또 권리가 모호한 점유자나 유치권자가 있거나 권리를 다투는 임차인이 있다면, 인도명령이 바로 결정되지 못하므로 별도의 소송들을 거쳐야 합니다.

인도명령결정문은 언제 나올까

임차인이 아닌 집주인이 점유자라면 인도명령결정문은 배당기일에 상관없이 잔금납부만 하면 바로 나옵니다. 그러나 임차인에 대한 인도명령은 법원배당기일이 지난 후 결정됩니다.

낙찰받고 잔금납부까지 보통 1개월이 걸리고 잔금납부 후 배당기일까지 1개월이 추가로 소요됩니다. 그러므로 낙찰로부터 법원배당기일까지는 약 2개월이 걸립니다.

구분	인도명령결정기간		
채무자	신청일로부터 3일 이내 인도명령결정		
소유자	신청일로부터 3일 이내 인도명령결정		
임차인	대항력 있음	심문서 발송	대항력 있는 임차인이 배당받으면 인도명령 가능
	대항력 없음	심문서 발송	심문 후 결정, 결정은 배당기일 이후
유치권자	심문기일 지정		심문 후 결정
기타 점유자	심문기일 지정		심문 후 결정

채무자와 소유자가 인도명령을 신청하면 3일 이내에 인도명령이 결정됩니다. 특별한 사유가 없는 임차인이라면 배당기일 이후 인도명령이

결정됩니다. 선순위임차인도 전액 배당받으면 인도명령 대상입니다. 그러나 권리사항이 명확하지 않은 임차인, 시시비비를 가려야 하는 유치권자 혹은 점유자라면 별도의 심문기일을 정해 판결한 이후 인도명령이 결정됩니다. 심문서는 재판을 위해 준비하는 서류, 심문기일은 재판날짜를 말해요.

인도명령의 유효기간

인도명령은 가장 강력한 권한이지만, 신청할 수 있는 유효기간이 있습니다. 인도명령은 매각대금 납부 후 6개월 안에 신청해야 합니다. 이 기간이 지나면 소송을 통해 점유자를 내보내야 하기 때문에 다소 복잡해지죠.

인도명령결정이 내려진 후에도 점유자가 이전을 하지 않으면 매수인은 강제집행을 신청할 수 있습니다. 인도명령결정은 신청 후 통상 1주일 내에 이뤄지며 법원은 점유자에게 인도명령결정문을 송달합니다. 이때 매수인은 인도명령결정문이 상대방에게 송달되었다는 '송달증명원'을 발급받아 강제집행을 신청할 수 있습니다. 법원마다 조금씩 다르지만 3~4주의 현장조사 이후 한두 달 안에 강제집행이 이뤄집니다. 보통 이 안에 점유자가 이사를 가는 경우가 많습니다. 참고로 인도명령의 소멸시효는 10년입니다. 인도명령이 확정된 날로부터 10년 내에 집행을 하면 되니 일단 신청해놓고 고민하는 것이 좋습니다(민법 제165조). 절차를 자세히 알아볼까요?

인도명령의 절차

① **인도명령신청**

인도명령신청을 할 수 있는 가장 빠른 날인 잔금납부일에 인도명령신청을 합니다. 인도명령으로 강제집행 신청을 하게 될지, 언제 할지는 당장알 수 없지만, 인도명령결정문을 미리 받아놓으면 필요할 때 바로 강제집행을 할 수 있기 때문입니다. 보통 잔금납부를 하는 법무사가 낙찰자대신 작성하여 제출합니다.

② **인도명령 심리 및 심문**

일반적인 경우 별다른 심리 없이 인도명령결정이 됩니다. 권리관계가모호한 임차인이 있거나, 유치권을 주장하는 유치권자가 있다면 심리와심문기일을 잡아 별도의 재판을 진행한 후 결정됩니다.

③ 인도명령결정

소유자는 신청 후 3일 이내에, 임차인은 배당기일이 끝난 후 인도명령이 결정됩니다.

④ 인도명령결정문 송달

낙찰자와 점유자는 인도명령이 결정되었음을 알리는 인도명령결정문을 송달받습니다.

⑤ 집행문 부여신청 및 송달증명원 수령

집행문은 집행기관이 그 적격을 따로 조사할 필요 없이 집행할 수 있게 하기 위한 서류입니다. 원고에 대한 강제집행을 실시하기 위하여 법원 사무관 등이 기명·날인한 후, 법원도장을 찍은 서류로 집행문 부여신청을 통해 받을 수 있습니다.

송달증명원은 점유자가 인도명령결정문을 송달받은 것을 확인하는 서류입니다. 낙찰자가 인도명령결정문을 받을 때 점유자도 같은 서류를 송달받습니다. 점유자가 인도명령결정문을 송달받은 것이 확인되면 낙찰자는 송달증명원을 발급받을 수 있습니다. 송달증명원이 있어야 강제집행을 신청할 수 있습니다.

 용어 해설

폐문부재

문이 닫혀 있어서 우편 송달을 하지 못하는 것을 말합니다. 수취인 불명, 해당 주소지에 사람이 살고 있지 않아서 우편 송달을 하지 못하는 경우들이 대표적입니다.

최근 법원은 채무자의 주소불명이나 수취인불명, 폐문부재와 같은 상황에서 신속한 경매절차와 채권자 권익 보호를 위해서 송달간주를 하기도 합니다. 송달간주가 되면, 채무자에게 실제 연락이 닿지 않아도 송달된 효과가 있어 송달증명원을 발급받을 수 있습니다.

부동산인도명령 신청서 작성법

낙찰인은 대금완납 후 6개월 내에 채무자, 소유자 또는 부동산 점유자에 대하여 부동산을 매수인에게 인도할 것을 법원에 신청할 수 있습니다. 부동산인도명령 신청서의 신청방법은 간단합니다. 법원에 비치된 부동산인도명령 신청서를 작성하고 인지세(1,000원)와 2회분의 송달료를 납부하면 됩니다. 필요한 송달료는 법원에서 알려줍니다. 우편요금이기에 그리 크지 않은 금액입니다.

부동산인도명령 신청

사건번호: 2022타인 1234

신청인(매수인): 서울시 마포구 합정동 ○○번지

피신청인(임차인): 서울시 송파구 가락동 ○○번지

위 사건에 관하여 매수인은 2019년 5월 30일에 낙찰대금을 완납한 후 채무자(소유자, 부동산점유자)에게 별지 매수부동산의 인도를 청구하였으나 채무자가 불응하고 있으므로, 귀원 소속 집행관으로 하여금 채무자의 위 부동산에 대한 점유를 풀고 이를 매수인에게 인도하도록 하는 명령을 발령하여 주시기 바랍니다.

20**년 10월 30일

매수인   나경매(인)

연락처(☎) 010-123-4567

서울동부지방법원 귀중

강제집행 전 최후 통보, 부동산 점유이전금지가처분

점유이전금지가처분이란?

인도명령결정문을 받고 나서도 점유자가 명도에 응하지 않으면 낙찰자는 어쩔 수 없이 강제집행을 해야 합니다. 하지만 모든 낙찰자가 원하는 것은 원만한 명도입니다. 강제집행을 하게 되면 강제집행비용을 낙찰자가 내야 하기에 금전적으로도 손해이고, 점유자의 짐을 강제로 이전해야 하기에 심적으로도 불편합니다. 낙찰자와 점유자 모두가 불편한 강제집행을 하기 전에 할 수 있는 마지막 조치가 바로 점유이전금지가처분입니다.

점유이전금지가처분은 말 그대로 설명하자면 점유자가 마음대로 주소이전을 하지 못하게 만드는 법적조치입니다. 주소를 바꿔치기하는 편법을 막기 위한 수단이죠.

예를 들어 인도명령대상자인 강○○ 씨가 몰래 이사를 나가버리고, 누군지 알 수 없는 정씨가 이사 온다면 인도명령대상자가 바뀌게 됩니다. 이때 낙찰자는 바뀐 점유자인 정○○ 씨를 상대로 다시 인도명령을 신청해야 합니다. 이 과정에서 명도가 지연됩니다. 이를 예방하기 위해서 인도명령대상자 강○○ 씨가 몰래 이사를 나가지 못하도록 점유이전금지가처분을 신청하는 것이지요. 하지만 명도과정에서 실제로 이러한 악의적인 점유이전이 일어나는 일은 흔치 않습니다.

점유이전금지가처분을 하는 진짜 이유는?

그 과정이 강제집행과 비슷하기 때문입니다. 점유이전금지가처분을 할 때 집행관이 열쇠수리공과 함께 집을 방문합니다. 집에 아무도 없다면 문을 열고 점유자의 소지품으로 점유자가 누구인지 확인한 후 점유이전금지가처분이 되었음을 알리는 공문을 집 안에 붙여두고 나옵니다. 퇴근하고 집에 돌아온 점유자는 집 안에서 낯선 흔적을 보게 됩니다. 그러면 곧 강제집행이 될 수 있다는 것을 실감하게 되고 심리적 압박과 함께 '이제는 피하지 말고 해결해야겠구나.'라는 마음가짐을 갖게 되죠.

점유이전금지가처분으로 집 안 상태 확인!

물건의 상태 확인과 함께 낙찰받은 집에 사람이 살고 있는지 여부를 확인할 때도 점유이전금지가처분은 유용하게 쓰입니다. 집행관이 문을 열 때 낙찰자도 집 안에 함께 들어가 사람이 생활을 하고 있는지 여부를 확인할 수 있습니다. 전입한 사람은 있는데, 확인이 안 될 때에도 유용하게 이용됩니다.

부동산 점유이전금지가처분 신청방법

① 부동산 점유이전금지가처분 신청서 작성

이 서류는 직접 만들어야 합니다. 다음 장의 '무작정 따라하기'의 예시를
참고해서 작성합니다.

② 필요한 서류 제출 및 송달 예납금 입금

등기소나 인터넷등기소에서 등기부등본을 발급받고, 낙찰 후 우편으로
송달된 매각허가결정문(법원에서 재발급 가능), 주민센터에서 발급받은 전
입세대열람을 첨부하여 부동산 점유이전금지가처분 신청서를 관할법
원에 제출하고 송달료를 입금합니다.

용어 해설

송달료
왕복 통상우편료(규격과 무게에
따라 다름) + 등기수수료 1,630원
+ 특별송달수수료 2,000원(2019
년 6월 기준)

③ 보증보험 보증서 제출

신청서를 제출한 후 1주일 후쯤 담보제공명령원이라는 우편물이 옵니
다. 이 우편물을 가지고 서울보증보험 사무실에 가면 보증서를 발급받
을 수 있습니다. 보통 점유자 재산 1%가 보증보험료이지만 정확한 금액
은 법원에서 정해줍니다. 이 보증서를 직접 혹은 우편으로 법원에 제출
합니다.

④ 결정문 송달

며칠 후 법원으로부터 결정문이 송달됩니다. 여기까지가 점유이전금지
가처분 결정문을 받기 위한 과정입니다. 결정문을 받으면 '점유이전금
지 강제집행'을 신청해야 합니다. 점유이전금지가처분 결정문의 유효
기간은 단 2주입니다. 2주가 지나면 이 결정문은 효력을 잃습니다. 늦지
않게 바로 신청하세요. 결정문 송달까지는 3~7일 정도 소요됩니다.

⑤ 점유이전금지가처분 집행

점유이전금지가처분의 집행과정은 강제집행과 같습니다. 법원집행관, 증인 2명, 신청자가 강제로 문을 열고 점유이전금지가처분이 되었다는 결정문을 집 안에 붙입니다. 퇴근하고 돌아온 점유자는 집 안에서 법원이 다녀간 흔적을 발견하게 되지요. 덕분에 점유이전금지가처분만으로도 명도가 진행되는 경우가 많습니다.

점유이전금지가처분, 전자소송으로도 진행하자

점유이전금지가처분도 전자소송으로 신청할 수 있습니다. 전자문서로 신청하고 확인을 하니, 번거로운 송달을 거치지 않아도 되고 비용도 절약됩니다. 대략 4일 정도 소요됩니다.

먼저 대한민국법원전자소송(ecfs.scourt.go.kr) 사이트에 접속합니다. '민사서류 → 민사가처분신청서 → 점유이전금지' 메뉴로 들어가 소송문서를 작성합니다. 채무자와 채권자의 내용과 신청이유 등을 작성합니다. 소명서류에 매각결정통지서, 전입세대열람, 부동산등기부등본을 첨부하고, 첨부서류에 건축물관리대장등본, 토지대장등본을 첨부합니다. 보정하라는 보정명령이 나오면 추가로 필요한 서류를 보충합니다. 담보를 제공하라는 명령이 나오면 서울보증보험에서 공탁보증보험을 발급받습니다. 2억원의 아파트 보증보험료는 약 1만 5,000원입니다. 점유이전금지가처분 결정정본을 받으면 인감증명서, 강제집행신청서와 함께 집행관실로 등기발송합니다. 이후 집행관과 날짜를 조율하여 집행합니다.

무작정
따라하기

부동산 점유이전금지가처분 신청서 작성하기

점유이전금지가처분은 법원 근처 법무사에서 대행하여 신청, 접수해 주기도 합니다. 법률용어가 많아 어렵게 느끼지만, 알고 보면 그리 어렵지 않습니다. 아래 예시에서 채권자, 채무자 이름만 바꾼다면 손쉽게 작성할 수 있습니다.

부동산 점유이전금지가처분 신청

신 청 인: **오낙찰**(낙찰자 이름)

　　　　　낙찰자 주소

　　　　　전화: 010-3916-0000

피신청인: **이점유**(점유자 혹은 세입자 이름)

　　　　　낙찰받은 집주소

신 청 취 지

1. 채무자(이점유)는 별지목록 기재 부동산에 대한 점유를 풀고 채권자(오낙찰)가 위임하는 집행관에게 인도하여야 한다.
2. 위 집행관은 현상을 변경하지 아니하는 것을 조건으로 하여 채무자(이점유)에게 이를 사용하게 하여야 한다.
3. 채무자(이점유)는 그 점유를 타인에게 이전하거나 또는 점유명의를 변경하여서는 아니된다.
4. 집행관은 위 명령의 취지를 적당한 방법으로 공시하여야 한다.

청 구 원 인

1. 신청인은 별지기재 부동산을 고양지방법원 202*타인 1234(사건번호를 쓰세요.) 부동산임의경매사건에 매수신청하여 금 243,100,000원(낙찰가를 쓰세요.)에 매수한 뒤, 202*년 8월 1일(낙찰허가 받은 날을 쓰세요. 보통 낙찰받은 날로부터 1주일 후입니다.) 낙찰허가결정을 얻어 202*년 9월 1일(잔금납부한 날입니다.) 매수대금 전부를 완납함으로써 별지목록 기재 부동산 및 그 대지의 소유권을 취득하였습니다.
2. 피신청인은 위 부동산의 별지기재 부동산에 대하여 전부를 점유하고 있는 점유자입니다.
3. 따라서 신청인은 위 부동산의 소유자로서 피신청인에게 건물의 명도를 요구하였으나 모두 이에 불응하고 있습니다.

4. 신청인은 피신청인을 상대로 건물명도의 소를 제기하려고 준비 중에 있으나 이 판결 이전에 피신청인이 점유명의를 변경한다면, 신청인이 비록 승소판결을 얻는다고 해도 집행 불능에 이를 우려가 있으므로 본 신청에 이른 것입니다.

5. 본 신청에 대한 담보제공을 보증보험회사와 위탁계약을 체결한 문서로 제공할 것을 신청하오니 허가하여 주시기 바랍니다.

소 명 방 법

1. 소갑 제1호증　　　부동산등기부등본
1. 소갑 제2호증　　　매각허가결정문
1. 소갑 제3호증　　　전입세대열람내역

첨 부 서 류

1. 위 소명방법　　　각 1통
1. 송달료납부서　　　1통

202*년 10월 1일

위 신청인　　오낙찰　(인)

○○지방법원 귀중

최후의 조치!
강제집행

진짜 마지막 수단, 강제집행

강제집행은 법적으로 의무를 이행하지 않는 사람에 대하여, 국가의 강제권력에 의하여 그 의무이행을 실현하는 작용 또는 그 절차를 말합니다. 점유할 자격이 없는, 대항력이 없는 사람이 남의 소유인 집을 부당하게 점유하고 있을 때 강제집행을 할 수 있습니다. 낙찰받은 집의 소유자는 물론 권리 없는 임차인도 강제집행대상입니다. 짐만 덩그러니 남은 빈집도 강제집행으로 짐을 처리해야 합니다.

앞서 부동산 점유이전금지가처분 신청서를 보냈음에도 임차인이 요지부동이고 명도에 응하지 않는다면 어쩔 수 없이 강제집행을 진행해야 합니다. 강제집행은 쉬운 일이 아닙니다. 강제집행을 한다는 것은 부동산 점유이전금지가처분과 강제집행 예고로 이미 2번 그 집의 현관문을 강제로 열었다는 뜻이고, 그만큼 점유자와의 신경전을 했다는 뜻입니다. 그리고 생판 모르는 남의 물건을 빼내서 컨테이너에 싣게 하는 것이죠.

강제집행 과정에 필요한 모든 비용은 낙찰자가 법원에 선납해야 합니다. 컨테이너에 실려 물품보관소에 보관된 짐의 보관비용을 낙찰자가 부담하고, 3개월 후에도 점유자가 찾아가지 않으면 보관비용을 추가로 내야 합니다. 그래도 찾아가지 않으면 낙찰자는 점유자의 물건을 동산 경매진행으로 처분해야 합니다. 돈과 시간이 낭비되는 일입니다. 초보자가 이 과정을 겪는다면 다시는 경매를 하고 싶지 않을 것입니다.

강제집행 진행 절차

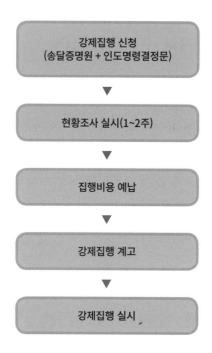

① 강제집행 신청

강제집행 신청을 하려면 인도명령결정문과 송달증명원이 필요합니다. 인도명령결정문은 강제집행을 하기 위한 필수서류로 잔금납부하는 날 법원에 신청합니다(54장 참고). 송달증명원은 점유자에게도 인도명령결정문이 도달했다는 것을 증명하는 서류입니다. 낙찰자는 송달증명원을 발급받고, 본인의 신분증, 도장, 인도명령결정문, 송달증명원을 가지고 해당 법원의 담당 경매계에 가서 강제집행신청서류를 작성합니다.

인도명령결정문

송달증명원

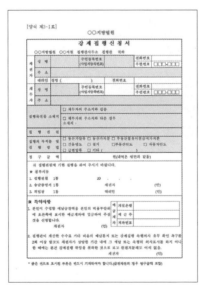

강제집행신청서

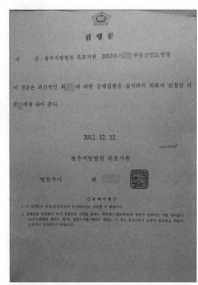

강제집행문

② 현황조사 실시

강제집행 전 집행관은 마지막으로 현황조사를 진행합니다. 강제집행 신청 서류에 미흡한 것은 없는지 최종적으로 확인한 후 강제집행을 승인합니다.

③ 집행비용 예납

이때 집행관 사무원이 집행비용예납안내 접수증을 발급해줍니다. 접수증을 들고 법원 내 은행으로 가서 수수료, 여비 등의 명목으로 예납을 해야 하는데 이 방식은 법원마다 다릅니다. 예납금을 미리 받고, 본 집행 때 추가금액을 받는 곳이 있는가 하면 예납 시 본집행 비용까지 납입해야 하는 곳도 있습니다. 접수증을 가지고 법원 내에 있는 은행에 가서 납부하면 영수증을 발급해줍니다. 아래 예시를 보면 수수료, 여비, 우편료로 약 85,590원이 지출되었네요.

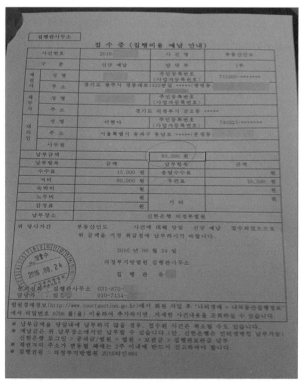

집행비용예납안내 접수증

④ 강제집행 계고

법원은 실제 강제집행을 하기 전에 계고(예고)를 합니다. 법원에서 이제 곧 강제집행을 할 것이라고 알리는 최후통첩과 같죠. 법원의 집행관 2명과 낙찰자 본인, 그리고 증인 2명이 함께 집을 방문하는데 이때 열쇠기술자를 불러 강제로 집에 들어갈 수 있습니다. 이때 집행관은 집 안을 살펴보고 강제집행에 필요한 인부의 수와 차량의 크기를 가늠하여 비용을 계산합니다. 집행관이 문을 열 때 낙찰자도 점유자의 생활 상태를 확인할 수 있습니다.

이때 집에 사람이 있는 경우가 더 유리합니다. 법원 집행관까지 대동한 낙찰자를 보면 협상이 잘될 가능성이 높기 때문이죠. 집에 사람이 없어도 괜찮습니다. 집행관은 신발장같이 잘 보이는 곳에 예고장을 붙입니다. 점유자가 집에 돌아와서 곧 강제집행이 된다는 법원의 예고장을 보면 심리적 압박을 느끼게 됩니다. 이 과정에서 점유자는 백기를 들고 명도에 응할 가능성이 높죠.

예고장을 붙였는데도 점유자와 명도가 원만하게 이루어지지 않으면 이후 본집행을 진행합니다.

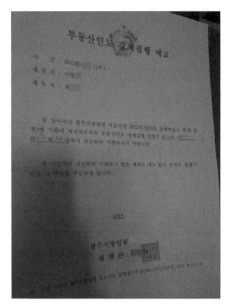

현관 바로 옆에 집행관이 붙이는 강제집행예고장

⑤ 강제집행 실시

점유자가 부재중이거나 집행하는 날까지 명도협의가 되지 않으면 강제집행이 실시됩니다. 텔레비전에서 험악한 강제집행을 본 적이 있나요? 상가임차인들과 무력으로 대치하는 뉴스가 바로 그렇죠. 하지만 우리가 다루는 일반물건에서 강제집행을 할 때는 그런 경우가 거의 없습니다. 실제 강제집행을 하는 물건은 점유자의 소재를 알 수 없거나 만날 수 없는 경우가 대부분이기 때문이죠. 입찰 시 미리 명도의 난이도가 높은 물건을 피했기 때문입니다.

강제집행일이 되면 예고할 때와 같이 집행관 2명, 증인 2명과 함께 집행할 집 앞에서 만납니다. 열쇠기술자가 문을 열고 들어가면 인부들이 일사불란하게 움직입니다. 일반적인 이사보다 더 많은 인원이 투입이 되어 2~3시간이면 모든 물품을 컨테이너박스에 싣습니다. 이 물건은 물류보관센터에 보관되며 3개월분의 보관비용은 낙찰자가 미리 예납합니다. 이 기간이 지나도 물건을 찾아가지 않으면 물건들은 동산경매로 처리합니다. 이 비용을 추후 점유자에게 청구할 수 있지만, 경매를 당해 잠적한 점유자에게 청구하는 것은 쉽지 않은 일입니다. 가능한 한 강제집행 전에 명도협의를 하는 것이 낙찰자와 점유자 모두에게 도움이 됩니다.

권리분석도 명도도 어렵다면, 경매컨설팅 업체를 찾아보자!

경매 과정에 어려움을 느끼는 초보자를 위해 부동산 경매컨설팅은 권리분석과 입찰 방법 등에 대해 상담을 진행하고, 입찰 대행도 합니다. 그렇더라도 입찰자가 경매를 아예 몰라서는 안 됩니다. 경매컨설팅은 경매 과정에서 문제가 생기면 해결방법을 찾아줄 수는 있지만 문제 자체를 없애줄 수는 없습니다. 경매를 전혀 모르고 경매컨설팅을 이용하면 지도 없이 여행하는 것과 같은 답답함을 느낄 수 있습니다.

부동산 경매컨설팅의 수수료는 대체로 낙찰가의 1~2% 정도입니다. 보통 입찰 전에 준비비용으로 일부금액을 내고, 낙찰 후 잔금을 받습니다. 추후 경매컨설팅을 철회하고 싶어도 입찰 전에 지불한 준비비용은 환불되지 않습니다. 해결해야 할 문제가 많고 명도가 까다로우면 더 높은 수수료를 받기도 합니다. 명도 비용은 별도이고, 해결해야 할 문제가 생기면 추가비용이 듭니다. 경매 과정 중 권리분석, 명도 등 필요한 과정에서만 의뢰하는 것도 방법입니다.

낙찰받은 물건, 어떻게 활용할까?

부동산 경매
무작정 따라하기

057

경매로 드디어
내 집 마련 성공!

나도 내 집이 생겼다!

경매를 하는 가장 큰 이유 중 하나가 내 집 마련입니다. 살던 동네에 경매로 나온 물건을 낙찰받기도 하고, 예비부부가 신혼집 마련을 위해 경매에 도전하기도 합니다. 경매로 내 집 마련의 꿈을 이룬 사람들의 사례를 알아볼까요?

사례 1 | 내 집 마련으로 시작해 임대수익까지 얻은 알짜 싱글 여성

박○○ 씨는 전세로 살고 있는 집의 기한이 만기가 되었습니다. 집주인은 전세금 인상을 요구했고 올려주지 않으면 이사를 해야 했지요. 박○○ 씨는 경매로 내 집 마련에 도전하기로 하고, 혼자 살기 좋을 만한 아파트를 골라 입찰을 했습니다. 패찰을 거듭하는 동안 계약만기일이 다가오자 집주인에게 사정을 이야기하였습니다.

"이사를 준비 중인데, 아직 이사 갈 집을 마련하지 못했어요. 시간을 더 주실 수 있을까요?"

집주인의 양해를 얻어 열심히 경매에 매진한 끝에 박○○ 씨는 결국 마음에 드는 아파트를 낙찰받았습니다. 명도와 인테리어를 마친 집에 이사를 한 후, 한동안 살다 지금은 월세를 주고 낙찰받은 다른 집으로 이사를 하였습니다.

사례 2 | 부모님께 손 벌리지 않고 스스로 집을 마련한 신혼부부

여자친구와 결혼을 할 예정이었던 서○○ 씨는 자신의 직장인 을지로와 여자친구 직장인 강남 근방에 집을 알아보다 높은 집값에 놀라 결혼을 포기할 뻔했습니다. 부모님 도움 없이 가진 돈 5,000만원으로 신혼집을 마련하려니 구할 수 있는 집이 없었기 때문이죠. 전세자금대출을 받아 전세로 들어간 친구들이 오르는 전세보증금에 힘들어하는 것을 보아왔던 서○○ 씨는 경매로 내 집 마련을 하기로 했습니다. 그 결과 성남의 1억원짜리 낡은 빌라를 낙찰받아 새집처럼 수리를 하여 신혼집 마련에 성공하였습니다. 이 집을 낙찰받을 때 대출을 7,000만원 받아 투자금은 약 3,500만원이 들었습니다. 서○○ 씨는 남은 1,500만원으로 임대용 물건을 낙찰받아 살고 있는 집의 대출이자까지 내고 있습니다.

사례 3 | 경매로 귀촌의 꿈을 이룬 가장

어선면허를 딸 정도로 낚시가 취미인 한○○ 씨의 남편은 늘 섬에서 살고 싶었습니다. 그러다 건강이 나빠져서 운영하던 식당을 더 이상 계속할 수 없게 되자 부부는 귀어를 결심하게 되었습니다. 한○○ 씨 부부가 관심 있던 섬의 농가주택은 부동산 시장에 매물로 거의 나오지 않았고 집을 지을 수 있는 토지는 지나치게 비쌌습니다.

그러던 중 평소 눈여겨보던 지역의 농가주택을 경매로 발견했고, 부부는 한순간도 망설이지 않았습니다. 아름다운 해변으로 유명한 해수욕장이 가깝고, 앞바다는 낚시꾼들이 많이 찾는 곳이었습니다. 부부는 부동산중개사무소에도 안 나오는 귀한 물건임을 단박에 알아보았지요. 한○○ 씨는 다른 경쟁자를 제치고 20만원 차이로 아슬아슬하게 낙찰을 받았습니다.

"가족들이 모두 내려가 살기로 했어요. 도시에서만 살았지만, 섬살이도 꽤 괜찮을 것 같아요. 이제 아이들도 다 컸으니 살고 싶은 삶을 살아도 되겠지요."

흙집을 짓고 사는 부부의 모습이 행복해 보입니다.

이처럼 경매를 통해 내 집 마련의 꿈을 이룬 사람이 무척이나 많습니다. 열심히 분석하여 무사히 낙찰받고, 명도까지 끝냈다면 이제 진짜 내 집에 들어가볼까요?

이사를 알리자!

내 집 마련을 하기 위해 경매로 낙찰을 받으면 기존에 살던 집에서 새집으로 이사를 하게 됩니다. 자가에서 살고 있었다면, 기존 집을 매도하거나 임대를 주고 이사를 합니다. 전세, 월세로 있었다면 집주인에게 이사 예정을 알립니다. 아직 임대차 계약기간이 남았다면 다음 임차인을 들이기 위한 중개수수료를 부담해야 하는데, 부동산직거래 카페 등에 광고를 내어 직접 임차인을 찾으면 중개수수료를 절약할 수 있습니다. 낙찰받은 집의 잔금 납부 시기와 이사를 하는 시기가 맞지 않을 수 있으므로 자금준비에 차질이 없도록 주의합니다.

낙찰받은 집, 인테리어는 필수다!

간혹 집 상태가 좋은 경우도 있지만, 기본적인 인테리어는 피할 수 없습니다. 특히 나와 가족이 직접 살 집이니 더욱 신경을 써야겠지요.

인테리어 업체 사장님은 고객에게 공사의뢰를 받으면 기술자를 섭외하여 공사를 진행합니다. 공사견적은 자재비와 인건비로 구성되어 있는데, 여기에 업체의 이윤도 포함됩니다. 저렴하게 인테리어를 하고자 하면, 방산시장이나 온라인쇼핑몰에서 직접 자재를 사고 기술자를 불러 시공을 하면 됩니다. 페인트나 도배의 자재는 무엇으로 할지 결정만 하면 조금만 검색해도 알 수 있을 만큼 가격이 공개되어 있습니다.

인테리어는 도화지에 그림을 그린다고 생각하면 쉽습니다. 넓은 면에서 시작하여 좁은 면으로, 위에서 아래로 하는 것이 좋습니다. 의뢰를 해도 좋고, 시간이 있다면 직접 해도 괜찮습니다. 요즘은 블로그나 유튜브 콘텐츠가 풍부해서 초보자도 스스로 인테리어를 할 수 있답니다.

가장 먼저 작업하는 페인트칠!

전문가가 아니어도 하기 쉬운 것이 바로 페인트칠입니다. 페인트칠 하기 전 도배와 바닥 시공을 하면 페인트를 흘릴 수 있어서 커버링(바닥을

토막상식

페인트 작업의 고수가 되는 꿀팁!

① 마르는 데 시간이 걸려도 냄새가 나지 않는 수성페인트가 집에 쓰기 적합합니다. 유성페인트는 저렴하고 쉽게 칠할 수 있지만 냄새가 고약하죠.
② 작은 크기, 큰 크기의 롤러와 붓을 구비해 때에 따라 바꿔 쓰면 좋습니다.
③ 문손잡이는 커버링 테이프로 감싸거나 아예 빼두는 것이 좋습니다. 아무리 잘 칠해도 페인트는 떨어지기 마련이니 보호용 비닐로 바닥을 덮어 보호해야 합니다.
④ 페인트칠을 하기 전 면을 고르게 하기 위해 사포로 골고루 문지르고, 깨지거나 구멍이 난 곳은 실리콘으로 모양을 만들어 매끈하게 합니다.
⑤ 색이 잘 살아나게 하는 젯소를 골고루 바르고 시작합니다.
⑥ 붓은 벽의 중심부터 바깥 방향으로 칠하며 한 방향으로 칠해야 붓자국이 남지 않습니다. 가장자리와 모서리를 미리 붓으로 칠한 다음, 넓은 면을 롤러로 칠하면 수월합니다.
⑦ 두세 번 반복해 칠하는 것이 좋습니다. 단, 한 번 칠한 곳은 완전히 마른 후 덧칠해야 합니다.

보호하기 위해 비닐로 싸는 작업)을 해야 합니다. 모든 곳에 페인트칠을 할 수 있는데, 특히 나무로 된 곳을 칠하기 좋습니다. 문짝과 문틀, 몰딩을 같은 색으로 칠해 통일감을 주는 것도 좋습니다. 철로 된 현관문을 칠할 때는 전용 페인트가 있으니 참고하세요.

뿌리를 뽑아야 하는 곰팡이 제거

관리가 되지 않은 집에는 곰팡이가 자주 발생합니다. 한번 생긴 곰팡이는 완전히 뿌리를 뽑아 제거해야 합니다.

곰팡이가 생긴 부분의 벽지는 콘크리트가 나올 때까지 뜯어내야 합니다. 그리고 락스를 묻힌 수세미로 벽면을 깨끗하게 닦아내야 하는데 이 과정이 힘들어요. 곰팡이는 닦는 동안 공기 중에 떠다닙니다. 그렇기에 모자와 마스크로 단단히 무장하고 이 작업을 해야 해요.

닦아낸 후 완벽하게 말려야 합니다. 콘크리트 속에 곰팡이가 남아 있어 완벽히 건조하지 않으면 곰팡이가 다시 살아나기 때문이죠. 2~3일 말려주는 것이 좋습니다. 이후 초배를 합니다. 본격 도배를 하기 전에 콘크리트를 덮어주는 작업이죠. 결로로 인한 곰팡이라면 초배를 하고 그 위에 결로를 막는 방습제를 붙이면 좋습니다. 그 후 도배를 진행합니다.

곰팡이는 생명력이 깁니다. 집 안 곳곳에 분포하고 있다가 조금의 습기에도 쉽게 자리를 잡죠. 곰팡이가 살짝이라도 보이면 그때마다 살균 물티슈로 닦아내세요. 그리고 곰팡이가 핀 옷이나 가구는 아쉽지만 회생 불가능하니 모두 버리는 것이 좋습니다. 가장 중요한 것은 환기입니다. 매일 한 번은 꼭 환기하세요.

도배는 전문가에게 맡기자!

도배는 초보자가 시공하기 어렵습니다. 도배에 대한 기본지식을 습득한 후 전문가에게 의뢰하는 것이 돈도 덜 들고, 잘할 수 있는 길입니다. 도배지는 주로 소폭합지, 장폭합지, 실크지를 씁니다. 그 외 재질에 따라 한지벽지, 부직포벽지, 직물벽지, 돌벽지 등 여러 가지가 있습니다.

종이의 질을 높여서 만든 벽지인 합지는 가장 많이 사용하는 벽지입니다. 합지의 폭이 좁은 것은 소폭합지, 넓은 것은 광폭합지라고 합니다. 광폭합지가 소폭합지에 비해서 디자인이 다양하고, 가격도 비싼 편입니다. 실크지는 진짜 실크가 아니라 종이 위에 코팅을 한 것입니다. 코팅한 만큼 두께가 더 두껍고, 이물질이 묻었을 때 걸레로 닦아낼 수 있습니다. 가격은 합지보다 비싸고 시공비도 더 비쌉니다.

바닥공사는 재질 선택이 반이다

가정집에서는 흔히 모노륨이나 마루, 최근에는 타일도 많이 씁니다. 예전에 쓰던 겹치는 장판은 잘 찢어지지만 고급형 장판은 두꺼워서 인기가 있습니다. 겹치는 부분 없이 바닥에 본드를 써서 붙이는 모노륨을 씁니다. 마루는 한 장 한 장 이어서 바닥에 깔 수 있는데, 바닥재 전문매장에서 구입 후 요청하면 기술자가 물건을 가지고 와서 시공해주기도 합니다. 타일은 고급형에 주로 쓰며 두께에 따라 가격 차이가 많습니다.

화장실, 부분 수리할까? 전체 수리할까?

기존 타일을 그대로 두고 변기, 세면기, 수건장 등을 교환하는 것이 부분 수리입니다. 기존 타일을 깨끗이 닦고, 부분 수리만 해도 화장실은 환해집니다. 전체 수리는 새로운 타일로 화장실 천장, 벽과 바닥까지 시공하는 것입니다. 특별한 이유가 없다면 기존 타일 위에 타일을 덧대는 덧방

시공을 해도 괜찮습니다.

싱크대와 신발장만 바꿔도 집이 살아난다

브랜드와 디자인에 따라, 크기에 따라 가격이 다양합니다. 싱크대와 신발장까지 교환하면 집은 새집처럼 바뀝니다.

누구나 임대사업자
할 수 있다

임대수익을 만드는 사람들

경매를 하는 이유 중 하나가 임대수익 만들기입니다. 매일 출근하지 않아도 월급처럼 입금되는 임대수익은 매력적입니다. 여러 채의 집을 가진 다주택자는 주택임대사업자로 등록하여 임대사업을 하여야 합니다. 강제는 아니기에 사업자등록을 하는 것과 하지 않는 것 중 어느 편이 유리한지 판단하여야 합니다.

사례 1 | 전업주부에게 쏠쏠한 부수입을 가져다준 경매

구○○ 씨는 전업주부입니다. 남편의 월급으로 생활은 여유롭지만, 스스로 경제활동을 하지 못하는 것에 대한 우울감이 밀려왔습니다. 결혼 전 하던 일은 놓은 지 오래되었고, 특별한 기술도 없는 터라 어떤 일을 해야 할지 몰랐습니다. 우연히 알게 된 경매는 그녀에게 새로운 재능을 발견하게 해주었습니다. 임대수익이 날 만한 물건을 찾고, 노련하게 현장답사를 하고, 적당한 가격으로 낙찰받아, 부드러운 대화로 명도를 하고 난 후 인테리어를 마치니 월세수입이 들어왔습니다. 이제 그녀에게 임대사업은 단순한 부수입이 아닌 적성에 맞는 일입니다.

사례 2 | 고시공부처럼 접근한 부동산 경매

최○○ 군은 대학입시에 실패한 재수생이었습니다. 입시공부는 뒷전이고 부동산 경매 공부를 시작했습니다. 어릴 때부터 부동산투자를 하는 어머니를 따라다닌 것이 조기교육이 되었나 봅니다. 입시공부하듯 집중하여 물건을 찾고, 전투적으로 입찰을 하여 첫 낙찰을 받았습니다. 어리다고 무시하는 점유자를 직접 만나지 않고 '문자 명도'로 해결하며, 자재를 사고 기술자를 불러 수리도 혼자 거뜬하게 해내었습니다. 첫 낙찰에서부터 투자금이 안 드는 '플러스피투자'에 성공한 이 스무 살 임대사업자의 꿈은 부동산재벌이 되는 것이라고 합니다.

사례 3 | 부동산 임대수익으로 퇴사 후 경제적 자유를 얻은 직장인

김○○ 씨는 대기업의 연구원으로 재직하는 안정적인 직장인입니다. 하지만 늦은 나이에 결혼을 하여 아이들이 어리고, 언제 퇴직을 할지 모른다는 생각에 다른 수입원을 만들고 싶었습니다. 아내와 함께 5년 동안 경매를 하며 서른 채가 넘는 물건을 낙찰받았고, 일부는 전세를 주고, 일부는 월세를 주어 임대수익을 내고 있습니다. 몇 년 전에는 아내를 대표이사로 하고, 아이들을 주주로 둔 가족법인을 설립하였습니다. 수익이 난 부동산 일부는 매도를 하면서, 지금도 꾸준히 낙찰을 받고 주택임대사업을 하고 있습니다.

사업자라면 세금공부는 필수다

주택임대사업도 엄연한 사업입니다. 소득에 따른 세금도 여러 가지가 있고, 납부 시기도 각각 다릅니다. 시기별로 어떤 세금을 내야 하는지 미리 알아볼까요?

사업장현황신고: 매년 2월 10일까지

면세사업자는 과세기간 종료 후 31일 이내에 당해 사업장의 현황을 사업장소재지 관할세무서장에게 신고하여야 합니다. 주택임대사업자도 사업장현황신고를 해야 하지요. 사업장현황신고서에는 임대하는 여러 주택에 대한 기본정보를 비롯해 임차인의 보증금과 월세 등을 기재하여야 합니다. 임대수익이 소액이라도 있으면 반드시 신고하여야 하며, 미신고 시 가산세가 있습니다. 예전에는 2,000만원 이하는 신고하지 않아도 되었지만, 2018년도에 종료되었습니다. 국세청 홈택스(www.hometax.go.kr)에서 직접 신고할 수 있습니다.

종합소득세신고: 매년 5월 31일까지

이자·배당·사업(부동산임대)·근로·연금·기타소득 등의 종합소득이 있는 사람은 다음 해 5월 1일부터 5월 31일(성실신고확인서 제출자는 6월 30일)까지 종합소득세를 신고·납부하여야 합니다.

종합과세의 세율은 6~42%로, 누진과세이기에 근로소득이 높은 근로자가 임대소득까지 있으면 세금이 많아집니다. 임대소득이 2,000만원 이하인 주택임대사업자의 소득은 분리과세(14%)를 적용해 다소 유리합니다. 사업을 하는 분은 세무사무소를 통해 종합소득신고를 할 때 함께 신고하면 됩니다. 소액이라면 국세청 홈택스에서 직접 신고하기도 합니다.

재산세납부: 매년 1차 7월 31일, 2차 9월 30일까지

매년 6월 1일에 소유주를 기준으로 부과됩니다. 주택의 재산세는 7월 16일부터 7월 31일까지 1/2을 내고, 9월 16일부터 9월 30일까지 나머지 1/2을 냅니다. 재산세 본세금액이 20만원 이하일 경우 7월에 한 번에 부과되기도 합니다.

종합부동산세 합산배제(비과세) 신청: 매년 9월 30일까지

주택임대사업자는 종합부동산세 합산배제신청서를 제출하여 종합부동산세 합산 과세 대상에서 제외되는 주택을 신고합니다. 종합부동산세는 전국의 주택 및 토지를 유형별로 구분하여 인별로 합산한 결과에 따라 부과합니다. 다주택자이고 공시가격 합계액이 6억원을 초과하는 경우, 그 초과분에 대하여 과세되는 세금입니다. 주택임대사업으로 등록된 주택은 9월 16일부터 9월 30일까지 종합부동산세 합산배제 신청을 합니다. 홈택스를 통해 신고 가능하며 한 번 신청 후 변동사항이 없다면 이후 재신고할 필요가 없습니다.

종합부동산세 납부: 매년 12월 15일까지

국세청에서 부과·고지한 종합부동산세의 납세의무자라면 매년 12월 1일부터 12월 15일까지 종합부동산세를 납부합니다.

싸게 낙찰받아
비싸게 팔자!

시세차익, 시간에 투자하자!

가장 쉽게 시세차익을 내는 방법은 시간에 투자하는 것입니다. 조금 저렴하게 낙찰받아 임대수익을 올리다가 임대 만기가 될 때에 맞춰 매도를 하는 것이지요. 집 가격은 꾸준히 상승하기에 일정 기간 보유하면 시세차익을 낼 수 있습니다.

또 하나의 방법은 오를 만한 물건에 투자하는 것입니다. 개발이 예정된 지역의 낡은 물건을 낙찰받으면 원주민의 혜택을 그대로 볼 수 있습니다. 다만, 개발이 취소되거나 지연되는 경우가 많아 정황을 잘 파악해야 합니다.

경매로 시세차익을 만드는 사람들

사례 1 | 임대와 매도를 반복해 수익을 만들다

이○○ 씨는 조금씩 모아둔 종잣돈으로 소액부동산 투자를 하고 있습니다. 그녀는 강원도 지방의 작은 아파트를 3,000만원에 낙찰받아 보증금 1,000만원에 월세 25만원으로 임대를 주었습니다. 2년 후 인근 인부들이 집을 필요로 해서 월 40만원으로 임대료를 올려 받을 수 있었습니다. 인부들이 나간 후 인근 시세가 5,000만원으로 올라 시세보다 저렴한 4,500만원으로 내놓으니 바로 매도가 되었습니다. 낙찰 당시 75%를 대출받아 총 투자금은 약 150만원에 불과했습니다. 150만원을 투자하여 2년간 216만원, 다음 2년간 396만원의 임대수익을 내고 4년 후 1,500만원의 양도차익을 얻을 수 있었습니다. 임대기간 중 들어간 수리비와 유지비, 양도세를 제외하고도 괜찮은 수익입니다.

사례 2 | 개발 예정지역의 물건을 낙찰받아 수익을 올리다

박○○ 씨는 서울 중심가의 낡고 허름한 빌라에 입찰하려다가 깜짝 놀랐습니다. 별 볼 일 없어 보이는 빌라인데 인기가 높았기 때문입니다. 알고 보니 물건이 있는 지역은 개발이 예정된 곳이었고, 그래서 투자자들이 몰렸던 것이지요. 박○○ 씨는 이 물건을 낙찰받았고, 해당 빌라는 현재 재건축이 진행 중입니다. 재개발과 재건축 예정지역의 물건에 대한 투자는 시간이 많이 걸리지만 시세차익을 내는 좋은 방법입니다.

사례 3 | 낙찰받자마자 시세차익을 내다

시세보다 저렴하게 낙찰을 받으면 바로 팔아 시세차익을 낼 수도 있습니다. 오○○ 씨가 낙찰받은 경기도의 아파트는 인근에서 인기 있는 아파트입니다. 오○○ 씨는 평소 잘 알고 있던 이 아파트를 시세보다 저렴하게 낙찰받았습니다. 명도를 마치고 수리를 한 후 부동산에 매물로 내놓았습니다. 부동산 시장이 상승하고 있던 터라 오○○ 씨는 낙찰 후 6개월 만에 5,000만원의 시세차익을 낼 수 있었습니다. 단기매도였지만 법인명의 투자였기에 양도세는 30%를 냈습니다. 1,500만원의 양도세를 냈는데도, 3,500만원의 시세차익을 만들 수 있었습니다.

낙찰받은 물건,
다양하게 활용하는 법

시세차익, 임대수익 외에도 활용할 수 있다

주택용도 외에도 낙찰받은 물건을 활용하는 방법은 다양합니다. 여러
사람이 함께 살며 공유하는 셰어하우스로 활용할 수도 있고, 리모델링
을 통해 아름다운 펜션으로 사용할 수도 있습니다. 다른 사람들은 낙찰
받은 물건을 어떻게 활용하고 있을까요?

사례 1 | 고시텔을 낙찰받아 셰어하우스로 바꾸다

장○○ 씨는 7개의 셰어하우스를 운영하는 사업자입니다. 그가 최근 관
심을 가지고 보는 경매 물건은 셰어하우스를 운영하기에 적합한 대형
물건입니다. 특히 최근에 입찰을 고려하고 있는 고시텔은 꽤 욕심이 납
니다. 위치가 지하철과 가까워 인근 고시생이 아닌 일반 직장인에게 적
합한 셰어하우스가 될 것으로 예상됩니다. 고시텔의 방은 낡고 불편하
기에 인테리어가 탁월한 셰어하우스로 탈바꿈하게 되면 인근에서 가장
인기 있는 곳이 될 것입니다.

사례 2 | 탁월한 안목으로 낡은 집을 낙찰받아 리모델링하다

안○○ 사장은 중소기업을 운영하고 있습니다. 사업이 번창하여 사옥이

전을 준비하다가 갤러리로 운영하던 건물을 낙찰받았습니다. 예술가가 건축한 이 건물은 구조는 아름답지만, 관리가 부실해 많이 손상된 상태였습니다. 하지만 건물 자체가 튼튼하게 잘 지어진 것이 맘에 들었습니다. 안○○ 사장은 수억 원의 비용을 들여 세 개의 건물을 개성 있게 리모델링하였습니다. 본체는 사옥으로, 정원 딸린 건물은 카페로, 뒤채 건물은 펜션으로 탈바꿈하였지요. 이 건물은 파주에서 핫플레이스로 유명합니다. 탁월한 안목이 흉물을 멋진 건물로 재탄생시켰습니다.

내 집의 가치는 내가 만드는 것!

경매는 부동산을 취득하는 여러 방법 중 하나입니다. 조금 번거로운 일을 겪으면서 조금 저렴하게 사는 것이 장점입니다. 조금 저렴하게 낙찰받은 집에 가치를 더하면 집의 가치는 더 커집니다. 여러분은 낙찰받은 부동산에 어떤 가치를 불어넣을 수 있으신가요? 직접 내 물건의 가치를 높일 수 있다는 것은 참 멋진 일입니다.